端木子贡
儒商祖师

【安之忠　林　锋◎著】

当代世界出版社

图书在版编目（CIP）数据

端木子贡：儒商祖师 / 安之忠，林锋著. —北京：当代世界出版社，2013.5

ISBN 978-7-5090-0901-7

Ⅰ.①端… Ⅱ.①安…②林… Ⅲ.①端木子贡（前520～前456）—传记 Ⅳ.①B222.3

中国版本图书馆CIP数据核字（2013）第046105号

书　　名：	端木子贡：儒商祖师
出版发行：	当代世界出版社
地　　址：	北京市复兴路4号（100860）
网　　址：	http://www.worldpress.org.cn
编务电话：	（010）83908456
发行电话：	（010）83908409
	（010）83908455
	（010）83908377
	（010）83908423（邮购）
	（010）83908410（传真）
经　　销：	全国新华书店
印　　刷：	北京紫瑞利印刷有限公司
开　　本：	710毫米×1000毫米　1/16
印　　张：	17
字　　数：	265千字
版　　次：	2013年5月第1版
印　　次：	2013年5月第1次
书　　号：	ISBN 978-7-5090-0901-7
定　　价：	32.00元

如发现印装质量问题，请与承印厂联系调换。
版权所有，翻印必究；未经许可，不得转载！

·目 录·

上部
孔门高足

第1章　孔子适卫 003

第2章　子贡拜师 017

第3章　风波陡起 031

第4章　匡蒲之难 045

第5章　刀剑之盟 063

第6章　子贡观礼 082

第7章　颠沛流离 095

第8章　丧家之犬 107

第9章　陈蔡绝粮 122

第10章　孔子归鲁 137

下部
儒商祖师

第 11 章　子贡出马 ……… 153

第 12 章　三寸不烂 ……… 166

第 13 章　孔子之死 ……… 176

第 14 章　守丧岁月 ……… 188

第 15 章　父子入齐 ……… 199

第 16 章　义利之分 ……… 213

第 17 章　天命有归 ……… 225

第 18 章　定陶授徒 ……… 233

第 19 章　范蠡论道 ……… 244

第 20 章　子贡卒齐 ……… 257

上部
孔门高足

第1章
孔子适卫

孔子周游列国,是春秋历史上最具有象征意义的事件,也是最富有诗意的流浪。孔子的深邃智慧由此形成,他的一众弟子也在这漫长的旅程中完成修炼。子贡因为这一机缘,而得以拜入孔子门下,由"商"入"儒"。

商人,是唯利是图的"小人"。子贡却因为出生于卫国君子世家,从小立志要做一名"君子"。"小人"所关心的是利益,"君子"所关心的却是道德修养。那么,有没有一条中间的调和道路呢?子贡在外公蘧伯玉那里没有找到答案。带着这个问题,他做了一名孔子的学生。

孔子的其他学生,或者"谋粮"从政以走仕途,如冉有;或者"谋道"从学以增益道德,如颜回;或者单纯为了忠诚于和孔子的师生之谊以作陪伴,如子路……每个人都各有目的,但只有子贡的目的最与众不同:他要从孔子这里学习和领悟儒学的最高之道——"仁"的精髓,并且将其借鉴,用来改造"商",最终提升"商"……

虽然以孔门高足而著称,名列"十哲",但子贡的最高成就,却在于创造性地完成了"儒"与"商"的结合,提出了"义利合一"的崭新命题,并且开启了"儒商"先河……

当鲁定公十三年这个春天的晚些时候，孔子终于下定决心要离开自己的父母之邦鲁国了。

这一年，孔子55岁，在鲁国的功业刚刚达到顶点：从鲁定公九年出仕，拜为中都宰。一年中，升为司空，接着又升为大司寇。鲁定公十年，在著名的夹谷之会中，辅佐鲁定公挫败了强大的齐侯，顺利促成与齐结盟。鲁定公十二年，开始了在鲁国最为轰轰烈烈的政治改革：堕三都，欲逼迫三桓（季孙氏、孟孙氏、叔孙氏）还政于国君，结果功败垂成，愤而将辞。

然而孔子毕竟不忍心就这么离开鲁国，虽然以子路为首的众弟子催促再三，孔子却坚持再等一等。

他要等的是"春祭"这个重大的日子到来。等待在这一天，鲁定公和季氏不忘"致膰俎于大夫"（将祭天的肉用来赠送给大夫），那样一来，孔子还有最后的一个借口，可以在鲁国留下来。

这一天终于来到了。

在盛大的排场过后，鲁侯定公登上坛台主祭，但是相礼的司仪却不再是孔子，而是变成了季氏。

孔子一行人已经备齐车马，在遥远的地方张望。从早晨一直等到晌午始终不见有祭品送来。

从晌午又等到下午，仍无动静。祭祀的一众人群早散去无踪，只留下阵阵浓烈的烟柱冲向云霄。众弟子无不饥肠辘辘，强抑怒火。其中，子路的脾气最为火爆，心直口快，想到什么就说了出来。

"哼，太不像话了！"他的话也正道出了众人的心声，"按照'礼'制，把祭祀用过的烤肉送给每个陪祭的大夫一份，这是从古代的贤王就流传下来的规矩。虽然君侯和季氏不肯重用老师，然而大礼不废，国犹可为，我们还有留下来的理由。可现在，我们还留在这里干等什么呢？难道非要人耻笑说，我们是为了几块小小的胙肉，因为得不到胙肉而负气离开的吗？"

"唉！"孔子的脸色一直吓人地阴沉着，这时才终于吐出来一句话："我的'道'在鲁国看起来是不可能再行得通了，这是我的命啊！可是，将'道'传播到世间各地，去唤醒人们一起来创造一个礼乐兴盛、清平安乐的和谐之世，却又是我不得不去践行的'天命'！我们走吧！"

于是，在苍茫的暮色中，夫子终于辞别鲁国，带着他的弟子们，大概有三四十人的样子吧，乘着几辆马车，一行人缓缓地，充满无限眷恋，却又毅然决然地，踏上了周游列国的漫漫旅途。

皇矣上帝，临下有赫。

监观四方，求民之莫。

维此二国，其政不获。

维彼四国，爰究爰度。

上帝耆之，憎其式廓。

乃眷西顾，此维与宅。

孔子一行人且走且歌，沉沉的暮色就像一张巨大的网，铺天盖地伸展开来，从四面八方向中间收拢，逼近……

离开鲁国以后，因为鲁、卫接壤，是兄弟之国，卫国又以素多君子著称，因此孔子毫不犹豫地选择了卫国作为第一站。

子路的妻兄颜浊邹，在卫国做官，因此子路先行去安排食宿。

孔子一行人缓缓行来，踏入了卫国的领土。这已经不是孔子第一次来到卫国了。孔子此前大概有两次经过卫国：

一次是在孔子的少年时代，有机会到自己的先祖微子启的封国宋国去，曾经路经卫国。那时候孔子还处于"志于学"的阶段，籍籍无名，因此只在民间匆忙考察了卫国的山川地理、风土人情，发现卫人的道德规范、是非观念，都与鲁人基本相像，都保留了周王室的许多古老风俗。因此孔子得出了卫国与鲁国是兄弟之邦的结论：两国血缘上一母同胞，文化上同根同源。

另一次，大约是在孔子四十七八岁的年龄，孔子到南方的楚国去拜会老子，往返的时候，都经过卫国。这时候孔子已经完成了自身道德的修炼，学问上圆融无碍，开始广收门徒，声名远播。尤其经过和老子的会晤后，从老子那里窥到了《易经》的妙旨，从而领悟了"道"的奥秘，智慧更加精进。在卫国，孔子受到了热烈的欢迎，与一大批君子相交，例如仲步圉善治宾客，祝佗善治宗庙，王孙贾善治军旅，公叔文子能举贤才，蘧伯玉有"直"的美德，公子荆善居室，孔文子"敏而好学，不耻下问"，宁武子"邦有道则知，邦无道则愚"……这些君子，都和孔子一样怀抱着崇高的理想，希望通过自己的道德修养，影响和改造社会，净化人心。

卫国给孔子留下了如此美好的印象，以至于孔子在被迫离开鲁国后，自然而然选择了卫国来"行道"。

这天，距离卫国的都城帝丘，已经不远了。脚下崎岖的小路和起伏的山岭都已经变成宽广、坚实的土地。农田是整齐划一的，宛如一张绿色的锦绣大毯铺在湛蓝的天底下，平平的，大大的，田里的土壤无不经过了精心的梳理，连拳头大小的板结都没有。站在高处，放眼望去，密密麻麻，横着那么多大大小小的村庄，一条条河流蜿蜒而过。村庄点缀在土地与河流间，古老而安详，慵懒而闲适。

"真是一个有德之人居住的国家啊！"目睹这和谐而又壮丽的一幕，孔子忍不住发出感叹。

原来，卫国是太祖康叔的封国。康叔与周公旦，还有周武王，这三个人是同母异父的兄弟。

当年，武王克殷，曾经置有管叔、武庚、蔡叔三监。后来，武王驾崩，周公旦摄政，遂有管、蔡叛乱。周公东征，诛武庚，杀管叔，放蔡叔，三监乃废。周公旦于是封康叔于卫。从《书》上的几篇文字记载中，可以看出周公旦对康叔的殷殷教导和兄弟之情。在《康诰》中，周公旦告诫康叔，要做到"明德慎罚"，对本国的人民要广施恩德，宽大仁慈，对那些四方归附的国家，更是应该谨慎地使用刑罚，必须做到适中才行。在《梓材》中，周公旦用建造房屋与耕作为例，譬喻启发康叔，造房首先要打好基础，然后才能建造起房子来，而且基础必须要打得结实坚固。还有种田，要勤于耕耘，把杂草除尽，才能长好庄稼。在《酒诰》中，周公旦教导康叔应该禁酒，要想治理好国家，最要紧的就是必须要严禁群饮闹事……

一路前行，目睹在这个康叔的遗风所流布的国家，到处村庄密布，田地广袤，庄稼茂盛，孔子忍不住连声感叹：

"好一番人丁兴旺的景象啊！"

正在替孔子驾车的学生冉有，向来以勤学好问著称。他在孔子门下学习的是为政之道，因此立即抓住机会，一边赶车，一边回过头来问孔子：

"老师，您告诉我们说，治理国家的第一步，就是要使人丁兴旺。这个我们已经知道了。那么接下来该怎么做呢？"

"你能够提出这样的问题，很好。"孔子点了点头，说道，"既然这个国家的人丁已经很兴旺，那么，接下来应该做的就是'富民'，使百姓安居乐业，逐步过上丰衣足食的日子。"

"富民之后呢？"

"富民之后，就是教化。古代的贤人说：'仓廪实则知礼节，衣食足则知荣辱。'老百姓富起来之后，自然而然产生了对'礼'的追求，这时候就要顺应和引导他们，去进行'礼'和'乐'的教育！"

将近晌午的时候，孔子率领一班弟子，进得帝丘城来。城中更是一派繁华喧嚣，车水马龙，人头攒动。

一辆高头大马的车子迎面过来。瞧这车子，车身足有三四尺高，五六尺长。黄盖朱轮，檀木为辕，文杏做梁，再加上骁健雄壮的驷马，排列整齐，很有一番不凡的气象。

"老师，"冉有慌忙道，"这好像是卫侯的车子出巡吧，我们是不是停在路边让一让？"

"不是，"孔子肯定地说道，"这叫做'轺车'，在'礼'上来说，只不过是迎接客人的最高规格。这要是比起诸侯的出巡的排场来，那还差得远呢！不过，这用来欢迎我们，倒实在是最合适不过的了。"

话音刚落，车子已经到了近前。子路从车子上跳下来，身后也下来一人，恭恭敬敬地来到孔子跟前。子路给他介绍："这位就是我的老师。"又给孔子介绍："这是我的内兄颜浊邹。"

"久仰，久仰！"孔子跟颜浊邹互相施了礼。

当下，颜浊邹恭恭敬敬地把孔子请上了车子，他则亲自驾车，在路边众人好奇地注视下将孔子迎回家中。

这是一处大大的院落，占地足足有三五十亩。院子里假山池沼，亭台轩榭，一应俱全。仅仅房屋就有数十间，这样的地方，孔子一行虽然有三四十人，住下来也是绰绰有余，不会觉得狭窄。

接下来，众人安放东西，熟悉环境，沐浴更衣，洗去一路的风尘和疲惫，晚上早早就睡了。

第二天，孔子和往常一样，起来得很早。众弟子中，有的尚酣睡未起，有的则已经在院子里活动身体。子路向来是最有精神的，照例持了一柄剑，在院子里舞得呼呼生风，一派的龙虎气象。

孔子的晨课则与众不同。他早上通常都要弹奏一段乐，在鲁国的家中，通常是弹琴，轻抚瑶琴，来上一段《文王操》。那是他当年专门去跟乐师师襄子学习的。师襄子除了琴艺高超，还是一个击磬高手。因此，孔子在学琴之余，顺便又跟师襄子学了击磬的本领。这天，人在客途，行李都还捆作一团，没有解开，琴是来不及取出了。于是孔子随手拿出磬来，击磬自乐。

磬音清脆悦耳，宛如水晶珠子般碰撞着，构成了一连串的潺潺不绝的旋律，从房间里飘到院子里。

众弟子都被这乐声给迷住了。连子路也停止了舞剑，在院子里一块石头上坐下来，细细体悟老师乐曲中的心境。

孔子不知不觉，将自己的心事都融入了乐声中。因为被迫离开鲁国，难免有些幽怨之意；但想到卫国或许自己的"道"能够得到施展，又多少有了一些希望。磬音因此变得忽而低沉，忽而高亢。

磬音传到了门外，一个挑着一担盛土用的草包的农夫，正好走到门口，在那里歇脚，听到磬声，侧耳细听。

磬，本来是从石磬演化而来。原本是农夫在田中耕作劳累，在地头上歇息的时候，击打石磬以为娱乐，消除耕作的劳累。因此，农夫中能击磬的人很多，那击打石磬的简单而纯粹的欢乐，常能将浸透衣衫的汗水与沉重得足以压弯腰脊的疲惫一扫而光。

这位农夫显然正是一位击磬高手。因此一听到院子里传来的磬音，就不由和着磬音打起拍子来。

"多么动人的磬声啊！"

院子里的击磬者一听就是一位技艺不凡的乐者。然而农夫从磬声中，却体会不到那种简单而纯粹的欢乐。

"咦，这位击磬者好像满腹心事，正在因为什么不满而满腹牢骚呢！看来他并不是真的在击磬，而是借击磬在诉说和排遣内心难以掩饰的幽怨和失望。唉，这样的磬声，不听也罢！"

门外人自言自语的声音，引起了院子里子路的注意。子路蹑手蹑脚地来到院子外面，看是什么人。

"喂——"他压低声音，对那位农夫道，"是你在说话吗？小声点，不要惊扰了我们老师击磬！"

"击磬？难道这样拙劣的磬声，也叫做'击磬'？"农夫见子路的衣着不像是卫国人，听他的口气，很不友善，农夫的态度随之也粗暴起来，以嘲弄的口气道，"我虽然是个山野之人，但也从来没有听过这么低俗的磬音。"

"低俗？"子路怎么能容忍有人这么说他的老师？他恨不得上去将对方打一顿。不过这是在卫国作客，他强压怒火，问那人："你可知道里面击磬的是什么人？"

"不是说了是你们老师？"

"那么你可知道我们老师是什么人？"

"不知道。"

"谅你也不知道，否则就不会这么说了。"子路冷哼一声，提高了声音。"我们的老师乃是从鲁国来的孔丘，是当今之世的'圣人'。你难道会认为圣人击磬，所奏出来的磬音会是低俗的吗？"

"那又如何？"农夫也冷笑道，"不过是一位在鲁国不得志，想来我们卫国谋求一官半职的圣人。圣人也不过是和凡夫俗子一样，遇到挫折就心灰意冷，满腹牢骚。在一个地方志向不得实现，就辗转到另外一个地方。如果只是一味执著，不肯圆融通达，那还到处流浪做什么？没有君主欣赏的话，不如干脆隐退算了！强似背着这么一个可怜的'圣人'名号，到处摇尾乞怜！"

发了一通激烈的言论后，农夫不再理会子路，也不再去听院子里传出来的磬声，挑起担子走了。

只听他且走且歌：

世道已经如此，
还有什么好说？
何不因时制宜，
圆融以求通达？
何必固执己见？
好比涉水过河，
水深不拉衣襟，
水浅才挽裤管。

子路听了农夫的歌中，似乎大有深意。本来满腔怒火，现在却若有所思。他回到院子里，孔子已经被歌声惊动，停止了击磬。众弟子也围过来，子路上前去简单禀报了事情的经过，不过并没有将农夫批评孔子的激烈言辞告诉孔子，只说农夫从磬音中听出孔子"有心事"。孔子不由感叹：

"唉，这是一位隐者啊！"

"什么是隐者？"

"隐者，就是不与世俗同流，隐居山林田野，以求洁身自净的智慧贤达之士。"孔子解释说，"我自己并非不想做那样的隐者，可是我的使命是传播大道，以求肃清整个混沌不明的人世。要独善其身很容易，只要往山林里一逃就可以了。然而要拯救这个混乱污浊的世道，就必须勇于投身到滚滚洪流中去，而不害怕被污染。如果天下人都选择做隐士，而没有人勇于匡扶时世，没有人肯为其他人的福祉做出自我牺牲，那我们人类与禽兽何异？天下还有什么希望？"

孔子这一番话，令众弟子对他的了解，又深入一层；更坚定了跟随他"行道"以拯救天下的决心。

孔子和众弟子抵达卫国的消息，很快一阵风一样在卫国朝野传遍了。卫国的当政者是卫灵公，是一位颇具传奇色彩的君主。当初，卫襄公偶尔宠幸了一位贱妾，结果贱妾有了身孕，做了一个梦，梦见一个浑身金光的人从云端里对她说："我是康叔，特来告诉你，你会生一个男孩，将来是要当卫国的国君的，你可以给他起名叫'元'。"贱妾醒来后，惊异不已，一问才知道"康叔"是卫国的先祖。后来，十月怀胎，一朝分娩，果然是个男孩。这件事情被襄公知道，认为这个孩子是应神谕而生，于是给其起名"元"，立为太子，就是后来的卫灵公。

这位似乎肩负振兴卫国使命的卫灵公，行事却出人意表，一方面任用贤臣，励精图治，前面孔子所称赞的那些君子，都在朝中担任要职；一方面却又好色成性，不但宠幸女色，例如以风流妖冶著称的夫人南子，而且宠幸男色，有一个面首叫弥子瑕，偷偷驾驶卫灵公的车子回去探望病重的母亲，将自己吃剩的鲜桃喂给卫灵公吃，而卫灵公居然对这些举动并不生气。

就是这位行事往往出人意料的卫灵公，对于曾身为鲁国大司寇的孔子来到卫国，疑心重重。

尽管有不少朝中官员，纷纷推荐孔子，请求卫灵公为孔子安排官职，但他并没有马上答应下来。

也难怪，孔子由鲁来卫，本来就没有得到正式邀请，是自己的一厢情愿。以他在鲁国的高官身份，和挂着"圣人"的名头，到任何国家都会引起轰动。这么不请而自至，的确让人费解。

卫灵公表面上对孔子的到来不理不睬，暗中却让弥子瑕派了人去监视孔子师徒，注意他们的一举一动。

孔子师徒等人就这么在颜浊邹家住了下来，没有人知道卫灵公什么时候会召见。颜浊邹每天上朝回来，见了孔子都似乎面有愧色。孔子反而要安慰他："不必操之过急，凡事需天时、地利、人和，缺一不可。"

为了让颜浊邹宽心，也为了让众弟子不至于闲着，孔子决定给他们找一件事

端木子贡：儒商祖师

情来做：搜集卫国众多君子的言行，编辑成一部书，类似于《卫君子言行录》，以传诸后世，也让弟子们在这个过程中来了解卫国诸君子的道德修养和行为礼节。弟子们果然很高兴地去做这件事情了。

而孔子呢，借此机会，也正好与卫国的诸位君子故旧，重新有了来往。而当时卫国尚在世的诸君子中，尤其以蘧伯玉最有贤名。孔子上次在卫国和诸君子交游，就受邀住在蘧伯玉家中。二人一见如故，彻夜对谈。后来孔子回到鲁国，凡有卫国使者到鲁国，蘧伯玉一定请其代为致意孔子。孔子做了官，每年也一定派使者到卫国，顺便致意蘧伯玉。因此二人可谓惺惺相惜。

这天，孔子带着子路等几个亲近的弟子，来到蘧伯玉府上。一路驾车行来，一路给弟子们讲蘧伯玉的德行：

原来，这位蘧伯玉出身于卫国的官宦世家，以贤著称。蘧伯玉受家风熏染，从小养成秉性正直、坦荡无私的性格。从卫献公初入仕，历经献公、殇公、灵公三代国君，到现在蘧伯玉已经是88岁的高龄。多年的政治历练，使他总结出了一套"以德治国"的政治方略，主张"弗治之治"。正是在他为首的一群贤大夫的共同努力下，才使得卫国几经战乱，仍然屹立不倒。

蘧伯玉的德行，连卫灵公都钦佩不已。有一次，夜已经深了，卫灵公还和夫人南子同坐在宫中饮酒作乐。忽然，听到一辆车子从远处疾驰而来，来到宫外门口，却突然慢了下来，最后悄无声息地经过宫门，过了一会儿，才重新响起马蹄声，车子远去了。南子对卫灵公说："刚才那辆车子上坐着的人，一定是蘧伯玉。"卫灵公好奇地问："夫人为什么这么肯定？"南子回答道："从礼节上来讲，为人臣子的，经过君主的门口，一定要从车子上下来；在路上看到君主的驾车，一定要站在路边恭恭敬敬地行礼。凡是真正的君子，即使在没有人看见他的地方，也要保持礼节，不肯放弃了自己的德行。蘧伯玉是个真君子，平日里对君主毕恭毕敬，这个人一定不会在深夜里因为暗昧无人看见而失了礼节。大王不信就派人去问一问。"卫灵公果然差了人追上去，一问，坐在车子里的正是蘧伯玉。蘧伯玉从此更加声名大振。

听了老师讲的蘧伯玉的德行，子路等弟子都扪心自问：换了是我，能够在暗昧之处不失君子之风吗？

就这么来到蘧伯玉府上，有人通报进去，很快，一头银须的蘧伯玉亲自从里面跑着迎接出来。

"哈哈，仲尼，你可来了！我一直在等你呢！"

"夫子，一向可好？"孔子其时已经为人师多年，桃李满天下。然而在蘧伯玉面前，仍然以学生自居。

"好，好！"蘧伯玉年纪比孔子大了30多岁，却一点没有倚老卖老的意思，拉着孔子的手往里走。"来，快给我讲讲，你这些年不见，又悟出了什么大道？我听说你在鲁国设帐授徒，弦歌自娱，过得很是快活哪！后来做了官，也是一路官运亨通，得到君主的器重，很是做了一番轰轰烈烈的事情。正当人生得意、抱负大展之际，怎么又辞官不做，离开父母之邦了呢？"

"说来话长——"孔子跟随蘧伯玉进屋后，分宾主坐下，将自己如何堕三都，最后功亏一篑的事情简略讲了一遍。

"原来如此！"蘧伯玉是何等人，一听就知道孔子的做法是对的，为鲁定公不能用孔子，被三桓所挟持的悲惨命运，深为担忧。"唉，三桓不除，鲁国终无复兴之日，我恐怕看不到那一天了！"

不过，他毕竟性情开朗，一挥手，似乎要将这些阴霾一扫而光。"算了，不说这些令人沮丧的事情。对了，你这次到卫国来，可是有什么打算？说给我听听，看我能不能帮上你的忙？"

"哪里有什么打算。"孔子苦笑一声，"不过暂且找个落脚之地，一来看卫国的君主肯不肯用我。如果用我，我就推行我的'大道'；如果不用，我就耐心地等着鲁国的君主召唤我回去。我不能走得太远，因为如果走远了，我担心鲁国的诏书下来，我不能在最短的时间赶回去！"

"哈哈。"蘧伯玉大笑起来。"这么多年，你还没有放弃自己的'大道'吗？你真是个天真而固执的家伙！"

两个人就这么开怀大聊起来，从列国间的政治情形，到君子个人的道德修养，一聊就是大半天。

正聊得起劲，不知不觉，吃中午饭的时间到了。蘧伯玉吩咐安排了简单的午饭，招待众人。

刚吃完饭，外面响起一阵车马的喧嚣声。门开了，一个英俊潇洒的年轻人从外面大步流星走进来。

"外公，我来看您了！"

来的年轻人正是蘧伯玉最喜爱的外孙子贡。子贡从几年前接手了家族的生意，此番刚从吴国贩玉回来。

"阿赐，你来得正好！"蘧伯玉叫着子贡的小名。子贡复姓端木，名赐。他的名字是有来历的：在他出生的时候，母亲梦见一个神人在云端里托着一块五彩的玉石送来，不久生下子贡，因此取名"赐"。

蘧伯玉招呼着子贡进来，让他给孔子见礼。"阿赐，这就是我常给你讲的鲁国的圣人孔仲尼！"

"啊？原来是孔夫子驾到，失礼，失礼！"子贡从蘧伯玉口中听说孔子的大名已经不知道多少次了。因此，一惊之下，连忙上去磕头见礼。

"快起来！"

孔子从他一进来，就一直在打量他。只见这个年轻人浓眉大眼，一双眼睛炯炯有神，一看就透着聪明伶俐。加上他是蘧伯玉的外孙，家教渊源、学问和道德自然是错不了！孔子最喜爱的就是人才，一见子贡这等俊秀之才，钟爱之情，溢于言表。

子贡起身后，在蘧伯玉的身边落座，这才有机会认真打量孔子。只见孔子身材高大，面貌奇特，果然与凡夫俗子不同。尤其在他那一颗大脑袋里，不知道蕴藏了多少的智慧与深奥思想。

一瞬间，子贡忽然产生了一种争强好胜的念头，要测试一下孔子的学问到底有多深。他灵机一动，从怀里掏出来一块用锦帕包裹着的玉石。

"孔夫子请看，这是我从吴地重金收购来的一块玉璧，叫做'苍龙之璧'。小小一块玉璧，竟然价值百金，不也太贵了吗？"

"哦？"孔子轻轻接过玉璧，在手上观赏了一会儿，说道，"我对于玉的鉴赏是个外行，不懂得它的市场价值。不过，我听说，'苍璧礼天'、'璧圆象日'，古代的人们在春季、秋季都要举行'出日'和'入日'的祭祀日神的祭礼，用的就是这种玉璧。如果从这个意义上讲，这是无价的啊！"

"为什么人们对于玉看得很贵重，而对于珉（一种像玉的美石）却看得很轻贱？仅仅是因为珉非常多，而玉却非常稀有吗？"

"不，君子'贵'玉，是认为玉有'德'！"

"哦？"子贡眼睛一亮，"愿闻其详！"

孔子喝了口茶，静静地整理了一下思绪，然后滔滔不绝地讲起来。"君子认为，在玉的身上存在着和君子一样的'德'。玉，内性温润，而外表散发出纯正的光泽，这叫做'仁'；玉的质地细密而坚实，这叫做'智'；玉的棱角方正，而不伤害到人，这叫做'义'；玉的重量沉重而向下坠，这叫做'礼'；玉的敲击声音清脆而悠长，终了就戛然而止，这叫做'乐'；瑜不掩瑕，瑕不掩瑜，这叫做'忠'；玉的气质纯洁而充满光华，仿佛长虹贯日，这叫做'天'；玉的精神体现了山川的沉稳与内敛，这叫做'地'；玉制的圭、璋是用于礼仪上的，叫做'德'；因为玉有以上这九种'德'，天下没有君子不尊重玉的德性，与自身的道德修炼相砥砺的，因此《诗》上说：'言念君子，温其如玉。'君子能够像做到像玉一样拥有如此诸多的德性，就完美了！"

他这一番话，直听得子贡目瞪口呆，汗水从额头上涔涔而下。向来自负的子贡，第一次知道天外有天、人外有人，素日里外公蘧伯玉总批评他应该在学问之道上多下工夫，他还不服呢！

"哈哈，讲得好，讲得妙啊！"蘧伯玉虽然爱好收集玉器，藏有不少珍贵玉璧，但从未如孔子这般深思"玉德"，这才知道孔子在这些年里，学问和个人修养，一日千里，已经远非自己可比。因此，老头子捋着胡须，哈哈大笑："仲尼啊仲尼，从今以后，我该尊你一声'夫子'了！"

"哪里，哪里，不敢，不敢！"

孔子却知道，自己在学问之道上也许有所超越蘧伯玉，但在治世之道上还要向蘧伯玉多多请教。

二人惺惺相惜一番，时候已经不早，孔子起身告辞。蘧伯玉坚持要挽着孔子的手，亲自将他送出门。子贡以晚辈身份执礼，在前面替孔子将马车赶过来，扶孔子登车安坐。蘧伯玉还在唠唠叨叨，嘱咐着孔子什么，大意是既然来到卫国，就不要急着离开。如果在颜浊邹那里住够了，就干脆搬来和自己一起住。孔子再三感谢蘧伯玉的好意，二人才恋恋不舍地分开了。

　　一声鞭响，马蹄嘚嘚，子路驾车，载着孔子和众弟子缓缓而去。背后，蘧伯玉还在冲着远去的马车不停地挥手。在他边上，子贡呆呆地发着愣，他从来没有像这一刻这么失魂落魄过……

第2章

子贡拜师

子贡拜入孔门，和孔子探讨的第一个问题就是关于商品交换的基本规律：待价而沽。

价，是商品的价格。然而商品的价格并非一成不变，而是随着市场行情的涨跌在不断地变化着。最好的商人，一定在商品的价格处于最高的时候卖出去，在处于最低的时候买进来。在一高一低之间进行交易，就会获利无数，这就是中国最古老的"货殖之术"。

子贡无疑是精于此道的，然而老师孔子的一番关于商品价值的论述，却令他陷入了思索：就拿玉器来说，原来除了自身的产地、质地和纹理，还有内在道德上的附加价值。决定一件玉是否是稀世之物的根本，在于它是否有"德"。这是子贡从未听说过的。

从这里开始，子贡才意识到：原来一个好的商人，可以赋予商品以更高的价值；相反，一个不好的商人，却坐拥稀世之珍而不自知，将其稀里糊涂地当做寻常之物出售。只有商人自身的道德修养与商品的内在品质相得益彰，才能达到"货殖之术"的最高境界……

子贡这天晚上再也无法入睡。从外公蘧伯玉处回来后，他一直在思考着孔子关于"玉德"的一番论述……

因为蘧伯玉爱好玉石收藏的缘故，子贡从小也对玉石表现出浓厚的兴趣。在玉器鉴赏方面，很早就积累了一整套经验。因此，在4年前接过家族的生意后，他根据自己的爱好和特长，选择了将玉器经营作为主要业务。不管是去晋国、秦国，还是去楚国、吴国，他都能根据当地的情况，对各地出产的玉器做出准确判断，在价值的估计上也八九不离十，从未有看走眼的时候。那些国家的玉器商人，都对子贡的渊博学识佩服得不行。可以说，几年下来，子贡已经成为一个卓越的玉器经营商人，一向自负而争强好胜的他，在这个行业中已不做第二人想。

可是，就是这么一个以精通玉器，爱玉、识玉、懂玉自诩的子贡，却被孔子的一番话给镇住了！

孔子所论述的玉，是子贡所从来没有听说，甚至没有想到过的。同样是一块玉石，在子贡眼里，看到的是产地、质地和纹理，是在市场上具有怎样的价值，以什么样的价钱吃进、什么样的价钱卖出……然而这一切都不过是玉的外在价值。孔子却一眼看到了玉的内在价值：和君子一样珍贵无价的品质。玉，在子贡眼里不过是一件以稀为贵的"物"，在孔子眼里，却是一个活脱脱有生命的"人"，是注重自身道德修炼的君子，是可以交谈的，可以用来互相影响、砥砺进取的好朋友。玉，说到底就是天地造物赐给世人的一块普通石头，然而不同的人眼中看来如此面目迥异，其实投射在上面的正是不同人的内心欲望和道德修养水平。

应该说，子贡一向是以"君子"自诩的。毕竟卫国是君子之国，他的外公蘧伯玉又是著名的贤君子。在他小时候，外公也带他见过其他诸如公叔文子、史鱼等卫国大名鼎鼎的君子。子贡一心以他们为榜样，宛如匠人雕琢、打磨玉器一样，将自己作为一个君子之器而严加修炼。

也正是因为他如此聪慧过人而严格自律，在青年人中是那么的出类拔萃，因此才在越国经商的时候，引起了越国的一位姑娘勾环的喜爱。环是当地一位有名的富商之女，出身富贵，貌美智慧，不知道吸引了越国多少青年男子的目光。子贡来到越国经商，和勾姓富商谈一笔采购玉石的生意，生意并不大，子贡初涉商道，在经验和智慧上也没有办法和勾姓富商相比。但子贡不卑不亢，既不讨好富商，也不狂傲自大。他的一切表现都符合一个"君子"的风度，令越国这个野蛮之国的姑娘勾环，看得十分新鲜且心生倾慕。勾姓富商非常欣赏子贡，赞扬他年少有为，有礼有节，将来一定是位了不起的商界巨贾。听说了女儿的心事，勾姓富商干脆向子贡提出，将女儿嫁给他！子贡在见了勾环后，也被她的貌美和温柔所吸引，于是双方就定了亲。

一年前，子贡刚刚和勾环完婚，将勾环从越国接回卫国来。勾环虽然是野蛮之邦来的，却在子贡的调教下，非常注意孝顺公婆，团结妯娌，使得子贡的父亲端木巨和母亲蘧氏交口称赞。

这次，子贡从吴国经商回来，给勾环带回来不少珍贵的首饰，金银玉器，琳琅满目，可是勾环却顾不得去一一欣赏。

"阿赐，我要告诉你一件事情！"

"环儿，我也要告诉你一件事情。"

"阿赐，你先说！"

"我今天去外公那里，碰到一个人，是从鲁国来的圣人孔仲尼……"于是子贡把自己和孔子不期而遇，听孔子论述了一番"玉德"的经过，详细告诉了勾环。勾环心不在焉，也听不懂这么深奥的内容，只是胡乱地点着头。

"那有什么？不就是遇到了一个怪人吗？我这几天听人说，咱们这里来了一个鲁国的怪人，原来是他呀！"

勾环是从街坊邻里的闲谈中，得知孔子师徒一行来到帝丘的。只不过传言很乱，说什么的都有。

"对了，环儿，你要告诉我什么事情？"

"我……"

勾环话到嘴边，却又忽然脸上一红，将话又咽回了肚子里。毕竟，有些话是不方便说出口的。她默默地将子贡的手捉住，轻轻地、羞涩地放入自己怀中。

"阿赐，你这次回来，应该会多住一些日子吧？"

"为什么这么问？"

"爹和娘都着急抱孙子，我想，我想……咱们结婚1年多了，也该有个孩子了……这样你再出去做生意，走多远，去多久，我有孩子在身边做伴，也不会觉得孤独、寂寞，不会夜夜想你……"

"对不起，环儿，我把你一个人丢在家里，委屈你了。"子贡怜爱地将她拥抱入怀中，轻轻吻着她……

勾环作为一个女人，一个妻子，希望和丈夫有一个孩子，为自己的生命开辟一片全新的天地，这是再正常不过的要求，子贡当然不会拒绝他；但子贡作为一个男人，一个在事业上、学问上、道德上都希望有所建树的"君子"，他也有自己明确的追求，期望能把自己的生命和精神提升到一个更高的层次，这一念头，在他有了几年经商的职业生涯之后愈发强烈而明晰。

由于从小出生在君子之国、仕宦之家，子贡周围所看到的、所听到的，都是关于个人的道德修炼以及为百姓谋福利的政治追求，是一个个坦荡无私的君子。他还以为天下人都是如此。

可是等他年纪渐长，才发现原来人也是分等级的，分君子和小人、贤与不贤、孝与不孝的，有人追求道德修养，但也有人追求私欲享受；有人喜欢洁身自好，偏偏另有人喜欢同流合污。不同的生长环境决定了不同的品质性格，不同的品质性格又决定了不同的人生目标的设定与追求，并最终导致了一系列不同的人生行为。

而随着子贡开始经商，走出卫国，到列国去行走，接触了形形色色的人，才发现人与人之间的差距，有时候超出了想象。

而在所有的人中，最令子贡觉得看不起的，就是商人。子贡本身在接过家族生意的时候，并没有认为做商人有什么不好。他的祖父、父亲都经过商，是真正的君子，即使经商做生意，也是一派的君子作风。商业经营当然一定要牟利，但不是应该得到的利润一定不拿；即使应该得到的利润，也要别人先拿，自己最后再拿。正因为受到他们的熏染，子贡才觉得商人没什么不好。

可是等子贡入了这一行，去列国间行走，和做各种生意的商人打交道，子贡才知道商人这一行业原来这么复杂。而大部分的商人都是一副唯利是图的嘴脸，张口闭口全是铜臭，似乎不谈钱就不会开口说话。在山珍海味的酒桌上，在歌舞升平的娱乐场所，子贡和他们一起称兄道弟，表面上看起来好不快活，可是在他的内心，却有一个声音一直在微弱地喊着："不，这不是我想要的生活！"

他结识了那么多的大商人，自己也从一个初入行的小商人，到成为受人尊敬的富商大贾，可是他却并没有功成名就的感觉，也并没有感觉到越来越多的金钱给自己带来快乐，相反烦恼却增多了！

他开始思索：生命存在的价值是什么？人生在世的意义是什么？难道仅仅追求这个生命在活着？还是追求赋予这个生命一个脱离现实社会的广阔空间，将其在精神世界里提升到无限高的天空里去？

他越来越发现：人的精神与这个生命赖以存在的肉体似乎是分离开的。这个肉体是一个欲望的集合，各种各样的欲望在这里彼此交错，仿佛一群各自不同的人，每个人要争着发出自己的声音。例如眼睛希望看到无限美好的事物，鼻子希望闻到无限美好的气味，嘴巴希望吃到无限美好的食物，耳朵希望听到无限美好的声音……而这些东西一定是我们的身体存在所必需的吗？恐怕不是。我们其实只需要粗茶淡饭就能活下去，可是为什么那么多人却偏偏不停地追求，恨不得将天下美好的东西都被他一个人占有才好？欲望的力量真是可怕啊！

当然也有人追求精神生活，将自己的物质欲望压抑到最低，而将更多的时间用来思索和追求。例如自己的外公蘧伯玉就是这样的，他每天都在问自己：我今天比昨天进步了没有？我今天是否改正了昨天的不足之处呢？每当新的一天来临，他都在否定昨天的自己，以求进步！

可是子贡也不认为外公蘧伯玉就是一个德行完美的君子。他总觉得外公将自己绷得太紧，似乎在他身上有一个无形的"我"，将现实中的这个"我"看管得太严，生怕这个现实中的"我"犯什么错误！

在子贡的想象中，一个真正的君子一定是悠游自在的，是没有烦恼和忧愁的，是在精神世界里自由翱翔的！

这样的君子，子贡并没有碰到过，直到今天他碰到了孔子，碰到了这位从鲁国来的当今之世的圣人!

所谓圣人,就是超出了一般的具有七情六欲的人,而将精神世界扩充到与宇宙天地无限广大的人。

圣人,是君子中的君子;圣人,是君子的道德修炼到最高境界以后所能达到的境界,唯有超凡,才能入圣。

圣人的才学果然深不可测,即使圣人身边的学生,似乎一个个也卓越不凡。子贡想到了他看到的孔子身边的学生,例如那个赶车的,虽然是担当驾车的贱役,却一点没有自以为卑下的样子。反而从他的安详而坚毅的神态里,似乎看得出,他正在从事一项崇高的工作,内心充满喜乐。

由此,子贡得出一个结论:在圣人的门下,一定是君子的集合!如果能够和这些君子在一起,每天一定会很快乐!

至此,子贡终于明白,为什么自从和孔子见了一面以后,自己内心里仿佛湖水被投入一块石头一样,涟漪阵阵了?原来有某个深处的地方被触动,一个压抑已久的声音在强烈地喊出来:

"我要追随他!"

这个念头一经滋生就不可阻挡。子贡被这个强烈的念头驱使着,天一亮就披衣起身,跑来外公蘧伯玉家。

蘧伯玉人老觉少,早已经起身,在院子里做一套自己编的养生套路。一见子贡这么早赶来,老人家哈哈大笑:

"阿赐,这么早?我看你的眼睛红红的,昨夜一定是彻夜未眠吧?有什么想法,说来听听!"

"外公,您怎么知道我一夜未眠?"子贡觉得外公的一双眼睛真厉害,仿佛能一直看到他心里去。

"任何一个像你这样聪慧而好学的年轻人,见到孔仲尼这么博学通达而道德修养极高的圣人,都无法不被他吸引。"蘧伯玉理解地说道,"不要说你们年轻人,连我一把年纪,都想拜在他门下呢!"

"外公,您真的觉得孔仲尼这个人值得追随?他的学问渊博无比,道德修炼也超凡脱俗，可是我真的能够从他那里学到东西吗？"

"那当然。"蘧伯玉将外孙拉到身边坐下来，慈祥地看着他，问道："乖孙，你这几年，经商有成，走遍列国，也算见识了世面。我问你，你可觉得有什么东西，一直在你的内心困扰你吗？"

"有的。"子贡没想到外公如此了解自己的内心，真诚地道出了自己的困惑。"我走过的地方越多，见到的人多，我的内心越困惑：为什么会有那么多的人，不懂得珍惜上天赐予我们的这个独一无二的生命？不懂得作为自己的主人，去用道德修养来管理和约束自己，却偏偏放纵欲望，像禽兽一样愚蠢而贪婪地活着？是他们没有机会接触有道德的君子，从而错过了通晓大道的机会吗？还是因为在这个世界上，根本像他们那样才是真正的活着，而我们所谓的道德修炼，是自欺欺人？"

"你问得好！"蘧伯玉又哈哈笑起来，"我就知道以你的聪慧和悟性，一定会提出这样的问题。不错，生而为人，是上天造物赐予我们的一种恩惠。可是偏偏有人不认为这是一种恩惠，以为一切都理所当然。挥霍和糟蹋这个生命，将宝贵的生命浪费在庸庸碌碌和争名夺利上，结果就酿出了那么多的战乱、欺诈、掠夺，诚信丧失，道德沦丧，才会有那么多生命被践踏，丧失作为人的最起码的尊严。作为一个君子，就是要秉承上天赋予的使命，先完成自身的道德修炼，然后积极去投身这个人世，通过自己的道德水平去影响世人，去宣扬天德，去教化世人，去帮助更多的人醒悟，我觉得这就是我们存在于世的理由和价值。只可惜，我已经老了，没有精神和力气再去做这么艰巨的工作。好在孔仲尼已经在做这件事情，我也足以欣慰了！"

"这么说，外公您是同意我去追随他，和他一起做这项工作，去做一个真正的君子该做的事情了？"

"为什么不呢？"蘧伯玉道，"如果你真有这个决心，去追随孔仲尼，那么你将来一定前途不可限量！"

"可是那样一来，我就要放弃手头的生意了。"子贡还有些担心，"我这个担子交给谁来接呢？"

"为什么要放弃？你可以一边跟随仲尼做学问，一边继续经商啊！"蘧伯玉道，"我听说，'道并行而不相悖，万物并育而不相害'。你的祖父、父亲，不都是一边做官，一边经商吗？不要小看商业之道，它和学问之道、为政之道一样，都是需要用一生的时间去历练、揣摩的，虽然仲尼的门下只有言语、文学、政治、德行四科，并没有专门设立'商科'，但我相信你一定可以触类旁通，通过其他的门径，最后一定可以参悟商业之道。阿赐，把握这次难得的机会吧！"

"是！"

听了外公的一席话，子贡感觉内心仿佛照进了一束光亮而温暖的阳光，有种豁然开朗的感觉。

回家之后，已经深思熟虑的子贡，才将这件事情向自己的父亲端木巨禀报："父亲，孩儿有一件事，想和您商量。"

"哦？"

"您可听说鲁国的圣人孔仲尼来到帝丘了吗？"

"听说了，那又如何？"

"我听说很多人都争着去拜他为师，咱们卫国的君主也准备给予他厚赏，要封他做大官呢！"

"怎么，你也想去拜他为师？"

"是！"

"如果你想好了，就按照自己的意愿去做吧！"端木巨自从儿子行过冠礼后，就把他当做一个成年的"君子"对待，不但放心地将家族的生意交给他去做，而且在言行上都十分注意尊重和维护他。不过，他还是表达了自己的担心："那个孔仲尼，我虽然没有见过，不知道他的学问和道德水平究竟怎么样，不过，他在卫国待的时间，只怕不会很长，大王也不会重用他。"

"为什么？"子贡听了，颇为不解。这和外面传说的情况大不一样啊！父亲在朝中为官，显然另有消息来源。

"我暂时不方便告诉你，总之我判断，有人对孔仲尼来卫国不高兴，害怕他做了大官，和在鲁国一样发动改革，会伤害到他们的利益。具体我就不告诉你是什么人了。总之，你去拜他为师可以，政治上的事情，不要掺和进去。还有，我提醒你，生意上的事情，不要荒废了！"

"我知道了！"

子贡从父亲的话中，另外听出玄机，这才知道自己把事情想得太过简单了。但他刚刚下了决心，要去追随孔子。在外公蘧伯玉那里，也得到了鼓励，岂能因为父亲几句话而改变主意？

对于自己拜师之事，父亲既不鼓励，也不反对，这令子贡有些始料未及。他只好来找母亲蘧氏。

"娘，我和您说件事情？"

"是你和环儿准备要孩子的事情吧？环儿今天早上已经告诉我了。"蘧氏毕竟是女人家，最关心的是什么时候抱孙子。

"不……不是这件事……"子贡脸上一红，心想女人就是女人，所关注的事情永远和男人不同。

"那是什么？"

"娘，您听说一个从鲁国来的圣人，叫孔仲尼吗？"

"听说了。"

"我在外公那里刚好遇到他，和他浅浅地交谈了一番，觉得受益匪浅，所以我想去拜他为师。"

"去拜在圣人门下，好呀！"蘧氏高兴地道，"那样你的学问和道德又可以进益了，娘也替你高兴。"

"可是我担心到时候学问做不好，生意又耽误了，我不知道这么做值得不值得。"

"傻孩子，生意什么时候做都来得及，天下的钱没有赚完的时候。可是学问和道德这件事情，一刻都耽误不得。圣人来到咱们卫国，这是千载难逢的机会。你不是一直没有遇到明师吗？现在明师自己送上门来了，可别错过了。"

"这么说，娘您是支持我的！"

"当然支持！"

毕竟是蘧伯玉的女儿，深深懂得学问和道德比金钱对一个君子来说更为重要。子贡得到母亲的肯定，顾虑一扫而光。

从母亲那里出来，子贡回到自己的房间，见勾环已经迫不及待，在动手准备针线等物，要开始做小孩子的衣服了。

"阿赐，你说我们会生个男孩，还是女孩？"

"环儿，先不说这个，来，我和你商量一件事情。"子贡将她拉到身边，告诉了她自己准备去拜孔子为师的事情。

"你要去拜师？"勾环有些吃惊。在她眼里，子贡天文地理、文章经济无所不通，已经是个非常了不起的人物了。如今他居然还要去拜师，可见那个叫孔子的圣人一定更加了不起！她不懂得学问和道德上的事情，只是关心子贡拜师后，还有没有时间在家里多陪伴自己。"只要阿赐你喜欢的事情，就去做吧！我只要看到你开心就好，可是，你一学习起来，还会有时间回家来看我吗？"

"老师就在颜大夫家，离咱们这里不远。况且，就是拜了师，也不能日夜和老师在一起呀！"

"那就好！"

和家里人都商量一遍以后，子贡对于拜孔子为师这件事情，再无任何的犹豫，他决定立即去见孔子。

这天一早，梳洗整齐，换上一身崭新衣服的子贡，精神抖擞地来到颜浊邹家。按照孔子规定的拜师礼：每个拜师的人，要准备一束（十条）风干的腊肉。

子贡为了显示隆重，不但准备了腊肉，还特地挑选了一块玉琮，作为献给孔子的拜师礼。尽管不是价值连城，却也名贵非凡。

怀揣美玉，手提腊肉，子贡兴致勃勃地来到颜浊邹家门口，院子里却静悄悄的，不见一个人。

子贡有心敲门，却害怕里面孔子正在讲学，自己打扰了众人。因此在门口肃立，只等有人出来。

正在这时候，身后响起脚步声。一个青年人从身后过来，看到子贡站在门口，不由轻"咦"了一声。

此人看上去和子贡年纪相仿，只是个头要矮了一些，身材单薄，脸色显得苍白而没有血色。不过，此人有一个令人印象深刻的地方，就是他的额头特别大，一双眼睛深凹进去，眼眶里却仿佛跳动着两团火焰。那是一双强烈的渴求学问和道德的眸子，任何人都会被他的向学之心所感动。

"你是……来拜师的？"

"是！"子贡虽然在当日孔子身边的弟子行列里未见此人，但可以肯定，他应该是孔子的学生。"请问师兄如何称呼？可肯帮我通报一声，就说端木赐求见夫子！"

"不必客气，叫我颜回就可以了。"原来此人就是大名鼎鼎的颜回。他此时还只有25岁，但自从14岁入孔门，在孔子门下已经11年，算得上资格深厚的学生之一。何况他一心向学、聪慧博识，很是受到孔子的赏识和其他学子们的尊敬。有时候，孔子有事外出，就会安排颜回代为讲学，颜回对于老师传授的知识，不但牢记于心，而且都能有所发挥，阐发入微。

当下，颜回嘱咐了子贡一声："你且在这里稍等！"然后就匆忙进去了，很快又从里面出来。因为走得太急，苍白的脸上泛起红晕，甚至咳嗽起来。

"夫子答应见你，我带你进去！"

"多谢！"

在颜回的带领下，子贡跟随他进了院子。院子里静悄悄的，众人都聚集在屋子里听孔子讲着什么。

颜回没有把子贡带去教室，而是带到了另外一个房间。里面整洁而摆设简单，只有一床一几，然后就是堆得高高的书简。原来这里正是颜回的房间，他身体不好，夜里又学习到很晚，所以一人一间屋子，算是特别照顾。像这种待遇的，除了他，还有子路，其他都是几个人一间屋子。

"夫子正在讲课，一会儿就结束了，你先在我这里坐一会儿。我这里也没有什么好招待你的，随便坐！"

这种情形，子贡觉得也不便推辞，只好将束脩找个地方放下来，坐下来和颜回聊起家常。

"你刚才说,复姓端木?"

"是!"

"端木这个复姓并不多见,据我所知,是黄帝的后裔鬻熊氏的后人,祖居于大梁,不知道对不对?"

"正是。我们端木家的先祖,是鬻熊氏之孙,讳称典,子孙世代为周朝大夫,后随平王东迁。我的曾祖父讳称广单,被卫国聘为客卿,自此迁居到了卫国。我父亲讳称巨,乃当今之大夫。"

"哦?就是那个因'匡君泽民'被称作'卫之贤大夫'的?原来是尊父,那么你母亲姓蘧,你是蘧夫子的外孙了?失敬,失敬!"

"颜师兄对于我们卫国的情况非常熟悉啊!"

"哪里,我不过是几年前曾经来到过卫国,在我们本家颜大夫这里住过一些时日,听他谈论过朝野情况,因此有所了解。"

二人正在聊着,外边已经响起喧哗声,孔子的讲课已经结束。有年轻弟子过来传话,要子贡过去见孔子。

"颜师兄,那我先去见夫子了!"

"请自便!"

子贡谢过颜回,带上束脩,跟随年轻弟子来到孔子的房间。孔子刚下了课回来,在那里喝茶。

"端木赐特来拜见夫子!"子贡先恭恭敬敬地将束脩献上,然后跪下来给孔子磕头。"请夫子批准,收我作弟子!"

"阿赐,你来拜我作老师,是蘧夫子的主意,还是你自己的主意?"

"是我自己的主意。"

"可是你能从我这里学到什么呢?蘧夫子的学问和道德都是当今第一流的,你大可以跟随他学习啊!至于为官之道、化民之术,他比我更是不知道精通多少。我还有什么可以教你的呢?"

"我外公和您说的不一样,他说在各个方面都比不上您,他甚至想自己来做您的学生呢!因为年纪太大,怕追随在您身边会连累您,因此才打消了这个念头。听说我要来拜师，他不知道多羡慕呢！"

"哈哈，那是蘧夫子自谦了！不过好吧，既然你来了，又按照我的规矩带来了束脩，我没有不收留你的道理！"

"多谢夫子！"

于是子贡按照拜师礼，恭恭敬敬地给孔子磕了9个响头。孔子显然对他也很看重，亲自将他扶起来。

起身以后，子贡又从怀里将自己带来的那块玉琮掏出来，小心翼翼地捧给老师。"老师，您不是以美玉之德来譬喻君子吗？这块美玉是我行走列国，从一位巨商手里购来的。当今之世，也只有老师您这样的君子，才能配得上这块纯洁无瑕的美玉，所以无论如何，请您一定要收下！"

"不，太贵重了，我不能收！"孔子推辞道，"既然我被你谬赞为君子，那么你当知道，'君子不夺人所爱'。这么珍贵的玉器，一定是你的心爱之物。在普通人眼里，美玉譬喻为君子、朋友，在爱玉者眼里，美玉更是等同于妻子、儿女，我怎么可以将你和你的亲人生生拆散开来呢？"

"可是……"

"你的心意我领了，但这块玉无论如何，请你收回。我只希望你时时摩挲它，能够将我说的九种玉德集于一身，那就是我对你最高的期望，也不辜负你我因为玉而相识，以君子而结交了！"

"我明白了！"

子贡听孔子说得这么诚恳，也知道"君子不强人所难"，因此将玉重新收入怀中，不再提此事。

"那么，我这里有言语、文学、政治、德行四科，你准备学哪一科？"

"文学是我不擅长的，政治和德行我在外公那里粗略学习了一些，我看还是学习言语科好了！"

"那你就入言语科吧！"

从这天起，子贡就正式拜在孔子门下，成为言语科的一名学生。所谓言语，就是今天的外交。

端木子贡：儒商祖师

作为孔子入卫以来所收的第一个学生，子贡的出身又是名家巨族，因此难免在弟子中引起不小的轰动。

初入孔门，子贡难免有些自我表现之意，害怕被先入门的弟子看不起，因此慨然提出，由他请客！

众弟子都唯子路是瞻。子路只比孔子小9岁，在拜入孔门之前，以"野人"自称，将野鸡毛插在头上，野猪皮穿在身上，提着剑到处抱打不平，行侠仗义，恶人见了他望风而逃，老实巴交的人见了他也躲避三分。后来虽然被孔子"礼诱"，被孔子所折服，但豪爽与火爆的脾气却保留至今。

子路在那天蘧伯玉家中就见过子贡，对这个蘧伯玉的外孙印象还不错，因此见子贡来投师，也格外照顾。

"走，大伙儿都去吃酒去！阿赐他们家是这里的大户人家，不怕我们这些个酒囊饭袋，尽管放开吃！"

有了子路的招呼，大家完全放了心，兴致也上来了。从离开鲁国以后，还没有吃过一顿正经大餐呢！

子贡为了招待好众人，在帝丘最有名的酒楼摆了满满一大桌，都是卫国最著名的地方特产。

毕竟是孔门弟子，虽然说是要大吃特吃，其实在饭桌上，每个人都严守礼仪，酒是浅尝辄止的，吃饭也都一声不吭，只闷头吃饭。只有那整只的蒸乳猪上来的时候，众人才不由啧叹出声来！

酒宴进行完毕，时候还早，于是众人提议：由子路来舞剑助兴！子路也不推辞，仗着酒兴，拔剑而舞！

他的剑法凌厉，脚步扎实沉稳，一看就知道在剑术之道上刻苦修炼，已经下了不止二三十年的苦功！

众人齐声喝彩。子贡钦佩地望着子路，也仔细在心里辨别着每一个孔门弟子，他们都是自己的师兄，每个人在孔子门下都各自发挥自己的特长，卓有所成，和他们在一起，真是快乐无比呀！而自己要赶上他们中的任何一人，都不知道需要多少的时日，看来，我必须奋起直追才行！

第3章
风波陡起

孔子行"道",而不被世人接受,这其实从他离开鲁国的时候就知道了。

然而,明知不可而为之,正是孔子的可贵之处。即使只能通过卫灵公的夫人南子,冒着被诽谤和流言中伤的危险,而去争取一个微乎其微的机会,孔子也还是毫不犹豫地去做了。这就是子贡所初步认识的老师孔子。

商人逐利,为了利益的获得,可以不择手段。然而君子也要被逼迫不择手段,以谋求"道"之实现,这就是这个世界令人无奈之处了。黑白颠倒,泥沙俱下,君子和小人一样不得不采取非常手段。而在这么一团混沌中,更显出君子操守的可贵之处。

子贡想做的是一个商人中的君子,但只有见了孔子为了推行自己的"道"而如何委曲求全,子贡才懂得,自己将要选择的将是一条怎样的人生之路……

做君子难,做一个商人中的君子,尤其难;但唯其如此,才值得付出毕生去追求……

当孔子一行人来到帝丘一月将终的时候，卫灵公终于要下定决心召见孔子了。这令孔子和众弟子很是欢欣鼓舞。

一大早，孔子就把自己的一套新衣服拿出来，整齐地穿好，又对着镜子照了半天，确认没有一点失礼之处。

颜浊邹则早在外面，将车子擦得锃亮，拉车的两匹马，也显得格外精神，似乎知道今天有喜事降临。

众弟子将孔子送到门口，人人都渴望孔子能够带上自己一道入朝。但孔子却没有带任何人，只吩咐颜浊邹驾车，二人匆匆奔卫国的王宫去了。

卫国的王宫和鲁国的王宫一样雄伟而古老，每一处细微之处的建筑都透露出"礼"的精神。

孔子没有心思去过多地关注这些细节，只是在脑子里盘算着，卫灵公会问自己什么，自己如何作答。

在宫门口，车子停下来，颜浊邹领着孔子进了宫中，首先和庙堂上的各位大夫一一见面，作了介绍。

这些人中，有孔子的故交，例如负责军事的王孙贾，负责宗庙祭祀之事的祝佗等人，他们都上来与孔子寒暄，孔子客气地回应着。也有大部分人是第一次见到孔子的圣人面目，难免客套一番。

这时候，里面传出话来：请孔子觐见！颜浊邹将孔子送到内宫的门口，在那里站住了，他只能送到这里了。

在内宫门处，站立着一个人，风度翩翩，肤色白皙，一张脸蛋俊美如同少年，此人正是弥子瑕。

弥子瑕接着引领孔子往里面走，去见卫灵公。但弥子瑕却将孔子引到了旁边一个小室，吩咐道："将人事放在这里吧！"

"人事？什么人事？"孔子一愣，不知道他在说什么。

"哦？你没有带人事来？"弥子瑕听了，脸上浮起一丝轻蔑的神色。"亏你还被称作'圣人'呢，连这点儿基本的礼节都不懂。"

孔子这才明白，他在向自己索要好处。可是自己来时，只顾想着如何应对卫灵公,并没有想到"人事"。

不过,他反应极快,立即从自己腰间解下来一块佩玉,交给弥子瑕:"这是我在鲁国时候,鲁侯赐给我的。虽然不算多么稀有,不过毕竟是君王恩赐之物,一直不敢须臾离身。就用它充作'人事'吧。"

"哼!"弥子瑕接过那块佩玉,看了看,掂了掂,勉强在鼻子里哼了一声,说道:"跟我来!"

于是在弥子瑕的带领下,孔子这才来到卫灵公所在的地方。卫灵公已经是一位60开外的老人,虽然眼不花,耳不聋,但是37年的君王生涯,毕竟已经消耗了他太多的体力和精神,难免疲惫不堪。因此,一见之下,给人的印象是虽然他在强自支撑,却已经是风烛残年,有心无力。

孔子一进来立即大礼参拜:"鲁国孔丘,见过大王!"

"你就是鲁国那位'圣人',快,靠前些,让寡人看仔细。"卫灵公久闻孔子之名,今日亲见,不免有些心急。

他上上下下,仔细将孔子打量一番。孔子身材高大,从小有"长人"之称,即使跪坐,也与常人站着相当。他的面貌也非常奇特,历史上对他多有描述。尤其他的额头,非常宽,似乎里面藏有天地宇宙的全部智慧。卫灵公仔细看了半晌,不由地发出一番感慨:"寡人早想见先生一面,只可惜今天才见到,太晚了!"旋即又高兴道,"鲁国有圣人而不能用,上天将先生送到卫国来,这是我们卫国历代祖先的积德,也是我们卫国百姓的福分啊!请问先生,在鲁国俸禄多少?"

"6万石。"

"那寡人也给先生6万石。"

他倒是非常慷慨,孔子对卫灵公的第一印象,虽然觉得他老了一些,但如果真心求贤,励精图治,自己在卫国推行大道,未必不能成功。在鲁国未竟的事业,说不定在卫国能成就大功!

"多谢大王!"

他抖擞精神,以为接下来,卫灵公一定会问自己,什么是治国安民之道,他早已准备好了。

可是，没想到卫灵公竟然问道："对了，听说先生在鲁国做的官是大司寇，为什么这样的高官厚禄，先生还不满意，竟毅然决然地离开了？是鲁侯对你不好吗？还是另有原因？听说在鲁国事实上把持朝政的，并非鲁侯，而是三桓，这是传闻还是属实呢？"

他这一连串的问题，都涉及孔子和鲁国的恩怨，也涉及鲁国的很多政治机密。孔子一下子愣住了。

该怎么办呢？如果是如实回答，势必涉及对鲁国、对鲁侯的不利之语。自己虽然不是鲁国的臣子了，但毕竟还是鲁国的子民。所谓"子不嫌母丑"，评论和指责自己的父母之邦，绝非君子所为！因此，他只能含糊地道："请大王恕罪，父母之邦的君主，孔丘不敢妄加评议！"

没想到，他这番诚实的回答，却令卫灵公很扫兴。从孔子口中打听不出什么"内幕"消息，卫灵公觉得很无趣。

"算了，不说这个了！"卫灵公于是换了一个话题，"寡人自从接掌卫国的国事以来，已经37年了。从寡人的曾祖父、祖父算起，卫国的历代君主励精图治，也已经数代了。然而卫国虽然保持了强盛，却始终不够强大。请问先生，有什么办法能够使卫国快速地壮大起来呢？"

卫灵公这个问题提出来，又令孔子为难了。他不是不相信卫灵公这番话是发自内心，但一个像他这样已经年过花甲的君主，尚且有称霸图强之心，难免让人觉得有些滑稽。何况，卫国和鲁国一样，都是以"礼"立国，历代君主以使用和传播"王道"作为自己的使命。在天下列国之中，卫国和鲁国一样，起着模范作用，是"道德标兵"，在这样两个国家，怎么能推行霸道呢？

孔子犹豫了一下，只能这么回答卫灵公："要使一个国家迅速强大起来，就好比让一个身体还没有发育成熟的孩子去担负千斤的重担，我觉得这不但无益，而且有害。作为一个国家的君主，大王应该关心的是自己的道德修养如何提高，如何向古代的圣贤和先王学习。至于百姓，让他们去做自己应该做的事情，就可以了。每个人都做自己应该做的事情，有人勤事农耕，有人修习经济，有人操练军事，国家自然就走上了富裕强盛的轨道，还需要大王操什么心呢？"

他的这番话，听起来冠冕堂皇，的确是"大道"，可是这番"弗治而治"的道理，卫灵公从蘧伯玉那里已经听得太多，耳朵都磨出了茧子。如今听孔子老调重弹，卫灵公不由地打起了哈欠。

弥子瑕在旁边，趁机轻轻咳嗽了一声，示意孔子，卫灵公已经很累了，需要休息。孔子只能起身告辞。

从宫里出来，孔子的心情和刚才进去时候迥然不同，没有心思再和众人寒暄招呼，仓促出了宫。

颜浊邹驾车将孔子送回家，一路上一个字也不敢问起孔子见卫灵公的情形，孔子则呆呆地出神，想着心事。

来到家门口，众弟子听到车轮声，都迎接出来，但看到孔子的脸色，人人知道夫子此去，未能得到卫灵公的重用，因此一个个也都识趣地缄默不语。倒是孔子自己，看到众人如此神色，知道自己失态，让大家感觉到了沉重的压力，因此自嘲道："虽然没有劝说大王接受我的'大道'，不过好歹也得到大王厚赐，答应给我一年6万石的俸禄。至少我们可以在这儿安心住下去，不用赖在颜大夫府上白吃白喝了！"

这一番话，逗得众人都笑起来，沉闷和沮丧的气氛一扫而光，但只有少数人察觉到孔子内心的失意。

几天后，子贡找个机会，去外公蘧伯玉那里，将孔子不被卫灵公重用的事情说了大概。蘧伯玉道："我早知道大王不会用他，这是意料之中的事情。不过，如果非要谋个一官半职，得去通门路。"

"通谁的门路？"

"有两条路可以走：一条是弥子瑕，只要给他送上足够令他心动的钱财，谋个一官半职，有何难哉！"

"可是我看孔夫子好像很清高，似乎也没有什么多余的钱财。要他去求弥子瑕，只怕行不通。"

"那还有另外一条门路，就是大王的夫人。"

"南子夫人？"

"不错。南子夫人别看是一介女流，似乎只是依仗貌美而得到大王的宠爱。其实她这个人心计、智谋、手段，无不是第一流的；爱才、识才、任才、尽才，各方面比大王不知道高明多少。"

"可是让孔夫子去通过南子夫人这条途径而谋求官职，他会答应吗？"

"很难，至少现在不行。因为还缺少一个非这么做不可的机缘，但我想那机缘用不了多久就会出现。"

"什么机缘？"

"到时候你就知道了。阿赐，吉人天相，人各有命，用不着去替你的老师操心，你只管把自己的学问做好就行了！"

"是！"

有了外公蘧伯玉的一番指点，子贡果然不再去替老师担心，而是专心学习言语之科的技巧。

而孔子呢，虽然没有得到卫灵公的赏识，但却实实在在地领了俸禄，衣食无忧，更加悠闲而轻松，继续和弟子们编修《卫君子言行录》。

没有谁会想到，正是这么一部采集和编辑卫国君子言行的书，会给孔子师徒带来在卫国的第一次厄运。

厄运是从那个叫公叔戍的人来登门拜访孔子开始的。公叔戍是公叔文子的儿子。公叔文子原名公叔拔，是卫献公的孙子，贤明通达，德行深厚，生前在卫国就享有非常大的名气和声望。在他死后，被封为"文"的谥号。

他不但自己贤能多才，而且敢于举贤，自己的家臣僎有能力，他就推荐僎和自己做一样大的官。

公叔文子生前，就是卫国首屈一指的大富豪。他的钱多得连卫灵公都嫉妒。然而因为公叔文子为人谦恭，从不张扬，在卫灵公跟前从来不失臣子之礼，卫灵公也就不敢打他的念头。

可是到了公叔戍继承家业以后，就不一样了。这个公叔戍从小在富裕的家庭里长大，骄横自大惯了，目中无人。仗着父亲给自己留下的丰厚家产，非常的狂妄，到处炫耀自己的财富，结果引得卫灵公对他非常不满。公叔戌尤其对卫灵公年老昏庸，占据君主之位而不让贤，满腹牢骚。当年阳虎去进攻匡地，回来的时候突然带领部队从鲁国的都城中经过，据说就是公叔戌的邀请。只是卫灵公命令弥子瑕指挥军队，早有防范，阳虎才悻悻而去，公叔戌没有得逞。

公叔戌一直在图谋作乱，暗中聚集了不少卫国的王室子孙和富家子弟，只是在等待一个合适的时机。

孔子师徒的到来，起初令公叔戌颇为忌惮。因为一旦孔子被卫灵公重用，卫国就会出现一派欣欣向荣的新气象，到时候自己就更加没有机会了。然而卫灵公不用孔子，公叔戌认为，这正是自己的机会。

孔子要采集公叔文子的言行事迹，不能不向公叔戌调查。公叔戌以此为由，亲自上门来拜见孔子。

孔子对于公叔戌的到来非常高兴，迫不及待地就问："我听说，夫子'不言'、'不笑'，是真的吗？"

他口中的"夫子"自然是指公叔文子，公叔戌在提到家父的时候，也是一脸恭恭敬敬的神态：

"的确是这样。不过还要更进一步。家父是应该他说话的时候才说，因此别人不厌恶他说话，每说出一句话，一定有相当的分量；平时非常严肃，只有在他发自内心地感觉到快乐时才会笑，因此别人不厌恶他笑。"

"那么，'不取'又是怎么回事？"

"家父说过一句话，叫做'义然后取'。不取，就是所有那些不符合'义'的要求的钱财，一律不拿！"

"'义然后取'？"孔子喃喃地念叨着这四个字，赞叹不已，"说得实在太好了！也只有夫子才能说出这样精辟而富有哲理的话啊！"又回头对学生们嘱咐道，"你们都要记住，仔细领悟这四个字！"

由于是初次交往，公叔戌并没有和孔子深谈，只讲了一些父亲的生前言行，然后就起身告辞了。

几天后，公叔戌又专门备了马车，请孔子到自己的府上，以精美的菜肴招待孔子。宴毕，公叔戌将孔子请至内室。

"先生救我！"

公叔戌忽然在孔子面前，大礼跪下去，不停地磕头，他的这一举动把孔子给吓了一大跳，"这是做什么？"

"先生有所不知，我们公叔家就要大祸临头了！"公叔戌哭泣道，"我父亲生前曾经得到过史䲡的警告，说：'你大祸不远了！你们公叔家族如此富有，而君王如此贪婪，难道会有好结果吗？'父亲问：'有什么办法可以避免吗？'史䲡说：'有一个办法，你只要谦恭地对待大王，富而能臣，必免于难。可是你的儿子戌，生于富贵之家，富而必骄，骄而必亡，只怕难逃祸患！'……父亲临终前对我说，他不该为我留下那么多的钱财，怕我迟早会遭大祸啊！"

"夫子真是一位贤君子啊！"孔子感慨着，对于公叔戌现在的处境，只能寄予同情，却毫无办法。

他并没有给公叔戌指出具体的一条路，公叔戌也没有将自己准备叛乱的事情告诉给孔子。但他们之间的交往还是引起了卫灵公的注意。

这天，弥子瑕来告诉卫灵公说："孔仲尼这个人要警惕！"

"哦？"

"我偷偷派人去监视他，发现他和公叔戌那家伙往来非常密切，经常在一起不知道商量什么。"

"他不是在采集公叔夫子的言行吗？"

"大王有所不知，我很怀疑那只是孔仲尼的借口。我担心因为大王不用他，他心怀怨恨，和公叔戌图谋作乱！"

"啊？寡人不是给他和鲁国一样的俸禄了吗？"

"孔仲尼这个人野心很大，他不会将区区俸禄放在眼里，他需要的是将整个国家的权力攥在手上。"

"真的吗？"

卫灵公这个人本来就多疑，尤其人到了这个年龄，总觉得随时都有人想来和自己争夺权力。因此，一听弥子瑕之言，果然紧张起来，于是立即吩咐加派人手,监视孔子师徒的一行一动。

孔子众弟子中,子路最先感觉不对头,周围的气氛似乎一下子变了,走到哪里都有人探头探脑地跟踪。

子路有的是办法。他很快施了一个小计谋,故意走进一条死胡同,然后飞身上墙,从外面折回来。

跟踪他的人被堵在胡同里,正在惊慌失措。子路上去用剑抵住了他,厉声喝问:"说,为什么跟踪我?"

"我……"那个人吓得屁滚尿流,只能吐露实情,"是大王派我来……监视你们的……"

"我们?"子路表面上人人咧咧,其实心思很细腻,从来人话中听出来不对,"包括我老师在内?"

"你们所有人,还有公叔戍……"

"公叔戍?他和我们有什么关系,怎么扯在一起?"

"大王怀疑你们勾结,图谋作乱……"

"呸!"

子路大怒,将那人痛打一顿,然后怒气冲冲地回到住处,将事情的经过详细地告诉给了孔子。

"原来如此,怪不得……"孔子听了,这才觉出事态的严重性。因为编辑一部书,和公叔戍偶然来往,结果却引出这么大的一场风波。他不由地暗暗责骂自己:"实在是太过大意了啊!"

怎么办?

孔子立即想到了一个人——蘧伯玉!他说过,自己在卫国有任何困难,都可以去找他,何况这么大的事情!

于是孔子让子路马上驾车,匆忙来见蘧伯玉,一见就将自己受到卫灵公的人监视的情况讲了一遍。

"糟糕!"蘧伯玉一听事情与公叔戍牵连到了一起,知道大为麻烦。毕竟,公叔戍叛乱之心,已非一日。

"仲尼，这次你也是太疏忽大意了！也怪我，没有把卫国的一些情形详细告诉你，捅了娄子！"

"现在说什么都晚了。"孔子急得直搓手，"食君之禄，忠君之事。我不能拿着大王的俸禄，却对不起大王！"

"别急！"蘧伯玉安慰道，"大王最信任的两个人，一个是弥子瑕，一个是南子夫人，这两条门路都可以试试。"

"弥子瑕我已经得罪了。"孔子懊恼地道，"我那天急着去见大王，没有给他准备'人事'。他很不高兴！"

"这种小人，就是得罪了也没有什么！"蘧伯玉冷哼一声。他和弥子瑕不和，众所周知。若非弥子瑕，蘧伯玉也不会从朝中告退。当年，为了推荐蘧伯玉，挤掉弥子瑕，史鱼甚至在自己死后，不让自己的儿子入殓自己的尸体，就那么停在廊檐之下。卫灵公去吊唁，见状非常奇怪，问为什么。史鱼的儿子将父亲的话转述出来：国家有贤才蘧伯玉，不能被大王重用，我死了也无颜去地下见卫国的列位先君啊！卫灵公因此才重用蘧伯玉，但蘧伯玉和弥子瑕的矛盾由此更深了一层。

既然弥子瑕这条路走不通，蘧伯玉建议道："不如我去求南子夫人，让她给你在大王面前说清楚！"

"要通过南子夫人吗？"孔子实在不能接受要这么一位白发苍苍的老者，为了自己的事情去求一个女人。那种情状想一想都觉得难为情。孔子只好含糊地道："不必了，我再想其他办法！"

所谓的其他办法，其实就是没有办法。孔子的心里打算是：如果实在不行，就离开卫国，另投他处！

可是，他的想法蘧伯玉怎能不知？为国求贤心切的蘧伯玉，好容易盼来了这么一位"圣人"，如何舍得他这么离开？

于是，孔子师徒二人刚刚离开，蘧伯玉立即换了一身干净的衣服，吩咐驾车，入宫求见南子夫人。

果然，南子夫人听说蘧伯玉求见，颇为惊奇。待听说了他的来意，是为了孔仲尼之事，南子夫人大为感动：

"夫子这等年纪，尚且为国举贤，如此心切，实在令我辈惭愧！您放心，我这就安排接见仲尼！"

南子夫人也真是个雷厉风行的角色，当即派人到孔子师徒的住处送信，要孔子第二天一早去见她。

孔子一接到南子夫人的信息，又惊、又喜、又怕。惊的是蘧伯玉竟然这么了解自己的心事，虽然自己未曾开口相求，但蘧伯玉却主动去见了南子夫人，为自己的事情寻求一个解决之道，真不愧贤君子！喜的是南子夫人在卫灵公面前威信很高，只要是她开口提出什么要求，卫灵公没有不答应的！如果自己借机向南子夫人提出，要求在卫国的朝廷中谋个什么官职，应该不是什么难事！怕的是南子夫人毕竟是个女人，而且是一个风流成性的女人。她在嫁到卫国来之前，在宋国已经和公子朝闹过一段生生死死的恋情。后来嫁到卫国，和公子朝也旧情未断。当公子朝来卫国出使，二人竟然又闹出绯闻。幸而卫灵公宠爱南子过了头，并不制止她和公子朝来往。以至于南子后来生下来一个儿子，竟然不知道是卫灵公的还是公子朝的。不过这只是传说。

孔子对南子夫人是如此深具戒心，然而南子以一国之母的高贵身份见召，孔子又似乎断无推辞之理。

孔子想了整整一夜，最后还是决定去见南子夫人一面。为了不让众多弟子知道，他一早就出了门，没有像惯常一样让子路给自己驾车，而是从路边雇了一辆马车，只身往南子夫人处而去。

南子夫人的深宫，守卫森严。然而南子夫人显然早有吩咐，孔子一报上名号，所到之处，立即放行。

这就令孔子的心中更加惴惴不安。南子夫人为何对他这么一个客居他乡的陌生人如此客气？他已经辞去了在鲁国的官职，如今只是一个普通的平民百姓，南子夫人却为什么对他尊崇有加？

这么胡思乱想着，孔子来到了宫门口，早有两个侍女等候在那里，引导孔子进去，过了一重门，又换了二人。

这么一路行来，穿过10多重门，换了10多拨侍女，最后才是南子夫人的贴身侍女将孔子领进去。

这就到了南子夫人的内室。这位南子夫人还真是大胆，全然不顾她是女子之流，又是一国君主的夫人，男女有别，尊卑有分，她竟然在自己的床榻之上，隔着一道隐隐约约的帷帐来会见客人。

"夫人，孔丘先生到了。"

"是孔仲尼先生来了，请坐！"

孔子从来没有在这种场合下，和这么一位奇特的女性见面。不过，他还是执臣子之礼，大礼参拜：

"孔丘见过夫人，请受我一拜！"

"不敢，不敢。"没想到，南子夫人还很客气，竟然也在帷帐里，隔着帘子和孔子对面下拜。

她显然早已经盛装等待。因此，她的头上、耳上的装饰玉器，以及胸前、腰间和裙角的各处装饰，一齐叮当作响。

她这一拜，令孔子更加手脚忙乱。再加上从帷帐之中，透出来浓烈袭人的香脂气息，令他招架不住。

"夫人何须如此多礼？折煞孔丘了！"

"夫子乃当今之世的'圣人'，小童能一睹'圣人'的容姿风采，已经幸何如焉！岂敢受夫子大礼？"

南子夫人以"小童"自称，那是将孔子抬高到了和卫灵公同等的国君地位，令孔子不觉有些眩晕。

等孔子坐下后，南子夫人首先拉起家常："听说夫子祖上乃是宋之上卿，夫子夫人亦是宋国人氏，是吗？"

"是！"孔子点了点头。他的先祖是宋国的贵族，他的夫人亓官氏也是他青年时代回宋国寻根时认识的。

"小童亦宋国人氏，说起来，和夫子乃是同宗同源呢！"

"是！"

见孔子似乎颇为拘谨，南子夫人请他品尝眼前的精美糕点，又示意乐女进来在窗边轻抚瑶琴。

美食和美乐，这都是孔子所精通的。这样一来，气氛轻松了许多，孔子果然身心随之放松下来。

"夫人请我来，该不是只为了请我品尝美味的点心和聆听优美的音乐吧？"

"你觉得呢？"

"我必须实话告诉夫人，在接到夫人的邀请之后，我犹豫了很久，不知道自己该不该来。"

"你不是来了吗？"

"是。但我到现在，也不知道自己这么做对不对。"

"你很诚实，也很有勇气。"南子夫人道，"毕竟在我面前敢说真话的人不多，阿谀奉承我倒听多了。"

"是。但我也是一个很矛盾的人。我有时候努力试图说服自己，但有时候也的确不能说服自己。"

"那这次呢？"

"要等我从这里离开之后才会知道。"

"你这个人很有意思。"南子夫人沉默了一会儿，缓缓说道，"我请夫子来，其实就是想问一个问题：一个人是应该坚持活出一个真实的自己，还是为了迎合世人的眼光而改变自己？"

"这对不同的人来说，答案是不一样的：如果只是为了顺从自己的自然性情而活着，那么自然是返璞归真，像个无拘无束的孩子那样，喜欢做什么事情就去做，根本不需要做过多的考虑。但如果是肩负着某种上天赋予的特殊使命，要为更多对你怀有期望和希冀的人活着，那么就必须克制自己，使自己的行为在任何时候、任何方面都要符合'礼'的规范，这就是'圣人'了。"

"我明白了。"南子夫人道，"这么久以来，夫子是第一个解开我心中疑惑的人！太谢谢了！"

"夫人过谦了！"

"对了，还有一件事情。我听说夫子最近和公叔戍走得很近，你不要被他迷惑了。那个人野心勃勃，而且一有机会，就来纠缠我，我很讨厌他，每次都拒绝他，他就故意找人散布对我不利的言论，而且想方设法要将我赶出卫国。因为我一走，大王身边就少了一个最坚实的倚靠，他就可以趁机作乱，达到自己的目的了！我这么说，是希望夫子不要稀里糊涂被他拉过去。"

"我和公叔戍并无深交，亦未知悉他有犯上作乱的意图。不过，我仍然感谢夫人的善意提醒！"

"既无深交，那就避开为妙！听说夫子在鲁国，对付阳虎的方法就很巧妙。你可以用它来对付公叔戍。"

"我自有处置之道，请夫人放心。我只希望不要因此给大王带来困扰和不安，请夫人多为美言！"

"我会尽力的。蘧伯玉向来没求过我什么，这次他为了你的事情而来，我就知道你是冤枉的！我虽然不敢保证大王能够听从我的建议重用你，但保证一定会消除大王的猜疑，不致对你不利！"

"多谢！"

孔子隆重地行礼，起身告辞。南子夫人很尊敬孔子，又一次在帷帐内还礼，环佩叮当作响……

第4章
匡蒲之难

仪之"封人",将孔子非常形象地比喻为"天之木铎",令子贡大为震撼。

这也是"天"这个字眼第一次被子贡注意到。似乎心灵深处的某种东西被唤醒了,子贡开始思索:原来每个生命,都与高高在上的"天"有神秘联系。我们内心深处的隐秘欲望,我们在这个人世的一举一动,并非孤立,并非毫无缘由,一切都与那个遥远而不可及的"天"有着千丝万缕的牵连。

商人追逐利润,这在当时是被君子所看不起的。君子的这一看法,直接影响了世俗之人。于是连商人自身也自轻自贱,从而越发走向"不义",成为"奸商"。

然而,看起来出于人性深处趋利避害的本能冲动,其实仍然无法摆脱"天"的支配。"利"与"义",都是人之所欲,并没有好和坏、善与恶的分别。商人牟利,君子谋义,都是秉承"天"的意旨。第一次,子贡隐约意识到,除了"义"之外,或许"利"也可以通向"仁"……

孔子一个人偷偷摸摸溜出去见南子，这件事在众弟子中很快引起了巨大的争议。众人都觉得难以理解。

众弟子中，脾气最为火爆的子路，从早上不见了孔子的踪影后，就一直强压怒火，脸色铁青地站在门外。

终于，等到孔子坐着车子神色匆忙地回来了，不等车子停稳，子路就风风火火地冲了上去，大声问："老师，您上哪儿去了？"

"我……"孔子不知道是说自己见南子夫人的事，还是不说。可是抵赖是没有用的，他又常挂在口上一句话："君子坦荡荡"，自己并没有和南子夫人做什么见不得人的事情，有什么好隐瞒的？

"我去见南子夫人了。走得匆忙，因此没有和你们打招呼。"

"老师，您是顾不得和我们打招呼，还是故意躲开我们，害怕我们说您的闲话？难道君子心里也有'鬼'吗？"

"我和南子夫人并非君臣相见，而是作为宋国的老乡，一起聊聊关于宋国那边的一些事情。"

"真的吗？你们真的只是聊天，一聊就是这么半天？有什么人可以作证，您说的都是真话吗？"

"没有人作证，只有老天在上面看着我们。如果我说了假话，那就让老天丢弃我和我的大道不管！"

师徒二人从来没有这样激烈地交锋过，弟子们的激烈反应，孔子尽管有准备，还是出乎意料。

不但以子路为首的众弟子反对，作为卫国的朝野上下，听说了孔子见南子之事，也议论纷纷。

被孔子称颂的君子之一王孙贾，这天正好来看望孔子，就以南子夫人为题，和孔子聊了起来。

"请问夫子，'与其媚于奥，宁媚于灶'，什么意思？"

这实际上，还是在拿南子夫人说事。奥，内室，深奥、隐秘的地方，用来暗指南子夫人；灶，明处，光明的地方，用来指朝廷之上。意思是问孔子，您是觉得借助南子夫人的力量合适呢，还是应在朝廷之上，公开寻求支持，以令人信服的手段取得地位，从而实现自己的政治抱负呢？

对此，孔子的回答依旧是："君子行道固难，避祸亦不易。我所担心的，不是这些世俗的事情，而是担心自己得不到老天的原谅！作为君子来说，只要不获罪于天，怎么做都是可以的啊！"

对于孔子见南子夫人这件事，子贡倒觉得无所谓。毕竟在卫国来说，男女大防，不像鲁国那么森严。相反，卫国在男欢女爱上，是非常开放的一个国家，子贡觉得众人未免过于神经紧张了。

子贡也的确没有心思来关心这些琐事。除了在孔子门下紧张地学习，子贡最近还要每天多抽出时间来陪妻了。

妻子已经怀有8个月的身孕了。从上次子贡经商回来，二人决定要为端木家族繁衍传接后代。仅仅过了一个多月，勾环就出现了"害喜"的症状，呕吐、喜欢吃酸的东西……请来医生一号脉，果然有喜了！

端木家族就要有后代了，自己就要当父亲了！子贡从来没有像现在这么感觉到肩头上担子的沉重！

他不再是那个年少轻狂的少年，不再是那个在列国间行走流连不同风光的青年，他真正长大了，成熟了！

正如同一粒种子，长大成树，枝繁叶茂，开出满树的花朵，而今终于要结出沉甸甸的果子了！

一想到自己的生命将以另外一种形式、在另外一个躯体里开花结果，他就有种喜悦而充实的感觉！

就这样，沉浸在巨大的欢乐中，白天跟随在孔子身边，学习言语科的各门功课，和同门一起切磋；晚上回来，小心翼翼地照顾勾环，子贡感觉到日子从来没有如此这般如流水匆匆而过！

然而，随着勾环的产期将近，子贡正在全身心准备各种事宜，做好了迎接一个新生命的全部准备，这时候，却忽然传来一个惊人的消息：老师孔子已经做出了决定，马上要离开卫国了！

这是怎么回事？

原来，孔子虽然得了南子夫人在卫灵公面前为其开脱，声称其与公叔戍并无深交，使得卫灵公暂时放了心，命令弥子瑕撤去了对孔子师徒一行人的监视。可是，卫灵公仍然无重用孔子的意思。

孔子在卫国闲待着，为了避免引火上身，也放弃了《卫君子言行录》的继续编辑，改为闭门授徒，谢绝了与卫国朝野上下一切人的往来。这种生活尽管因为有卫灵公的俸禄而衣食无忧，却也未免无趣。

正当孔子暗暗郁闷的时候，从卫国的邻国晋国传来一个令人震惊的消息：晋国发生了内乱！晋国和鲁国一样，公室不强，国家的实际权力掌控在"六卿"手上，即赵、韩、魏、智、范、中行六大家族的手上。六家之中，又以赵氏的力量最为强大。关于六家共同主持晋国的朝政，吴国的著名政治家季札在来到晋国以后，了解晋国情形，作出了一个著名的预判：晋国的范、中行两家将首先灭亡，然后是智氏，接下来将是韩和魏，最后形成赵氏一家独大的局面。

赵氏中最有名的人物赵鞅，是一个敢于励精图治的人物。他最著名的举动是"铸刑鼎"，成为继郑国的子产"铸刑鼎"之后第二个将公开的法律条文铸造在铁鼎上的人。然而子产铸鼎，是为了改革整个郑国的局面，为国家谋福利；赵鞅铸鼎，却是为了一己之私。因此子产得到孔子的高度评价，被推许为"仁"；赵氏铸鼎，却被孔子认为是晋国将亡的先兆，理由是与"礼"不合。

孔子对晋国的预言同样准确。六卿为了争夺晋国的实际控制权而明争暗斗，其中赵氏树大招风。这一年的七月，赵鞅和邯郸的赵氏宗族因为500个奴隶的迁徙问题发生争执，赵鞅一怒杀了邯郸赵午，结果，赵午是中行氏的外甥，中行又与范氏联姻，于是，中行、范氏就联合起来，以晋君的名义率先对赵氏发动了战争。赵鞅不能抵挡，只好出逃到晋阳。

晋国六卿的兼并之战由此开始。赵氏以晋阳为大后方，联合韩、魏、智氏三家，与范、中行对峙。范、中行从一开始的气势汹汹到后来的多方树敌，由上风而下风，只能被迫狼狈出逃。

晋国的这一混乱局面，从一开始就引起了孔子的极大关注。孔子在鲁国面对三桓乱政的局面时，就采取了激励的堕三都手段。虽然最终没有成功，可是他始终坚持认为，抑私室，扶公室，还政于君王，是唯一正确的选择。因此，晋国的乱事一出，孔子认为，自己的机会来到了！

孔子立即就想到晋国去，看看自己能否说服晋侯，让晋侯信任自己，来收拾晋国的这个烂摊子！

孔子是这么急于离开卫国到晋国去，可是他尚且缺乏一个离开卫国的理由。卫灵公虽然对他不予重用，但毕竟在姿态上还是尊重的，而且每年6万石的俸禄是扎扎实实赏赐了下来的。

孔子在等待一个时机。正如离开鲁国，等到了郊祭之日，未得祭肉，以此为借口离开；现在，孔子想，自己能有一个什么冠冕堂皇的借口，可以从容离开卫国，而不令卫灵公背负骂名呢？

凑巧，这天卫灵公心血来潮，忽然邀请孔子和他与南子夫人一道出游。卫灵公和南子夫人在前面共乘一辆车子，孔子紧随其后，单独乘一辆车子。这样的待遇在卫灵公来说已经是很破例了，可是孔子却一路闷闷不乐，回来之后，就说了一句著名的话："我不曾见到好德如好色的人啊！"

以卫灵公"好色"胜过"好德"作为理由，孔子立即通知众弟子，收拾行李，马上动身离开卫国。

为了不给卫灵公难堪，孔子并没有公开辞行，他觉得自己悄悄离开，或许会是一种更为恰当的方式。

子贡也是从子路那里得知了孔子即将离开卫国的消息，甚是吃惊："啊……这么突然的事情，我得准备一下……"

子贡所说的准备，就是他必须马上做出一个抉择：是与孔子一行人就此作别分手，还是跟随孔子而行？

在子贡个人而言，他刚刚拜孔子为师，又在与众师兄的朝夕相处中，刚刚建立了感情，他自然是希望能够追随孔子，和众人一路同行。毕竟，孔子这一离开卫国，并不敢肯定还能回来！

可子贡现在的身份除了孔门弟子，还是端木家族的生意掌门人、勾环的丈夫，以及尚未出世孩子的父亲！

尤其最后这个身份，子贡觉得自己无论如何，都必须尽到作为一个父亲的责任，他要对小家伙负责！所以，子贡这天回到家里，第一件事就是认真地和勾环商量："环儿，我知道这个时候，你是最需要我的。我也知道作为一个男人，我决不能选择在这个时候离开。但我的老师马上要离开卫国到晋国去了，我也不知道他还能不能再回到卫国来。如果我不去追随他，也许再也没有机会跟他学习了。"

勾环当然也希望子贡留下来陪伴自己，一起迎接新生命的呱呱坠地。可是她更理解，丈夫的求学之志。

"阿赐，你现在最要紧的，是跟随老师学习到真正的学问。至于陪伴我和孩子，以后有的是时间。"

听到妻子如此理解自己，子贡激动得泪水盈眶，紧紧地握住勾环的手，哽咽着不知道说什么好。

做出了艰难而毅然决然的抉择后，子贡立即收拾东西，第二天一早便和老师、众师兄一道上路了。

这一次的离开，距离上次从鲁国离开，不到一年的光景。从鲁国离开的时候是春天，现在则是冬天。

刚刚下了一场大雪，天地之间白茫茫的一片。孔子师徒一行人的车队走在空旷的原野上，孤独而落寞。

这天，孔子师徒一行人等来到卫国边境上的一座小城——仪邑。天色已暮，众人投身在一家旅舍中，只等第二天一早出城。

刚安顿下来，忽然从门外传来一阵车轮声。其时雪尚未停，在这样的时候有人驾车而行，颇为奇怪。

车子正好在门口停下。从车子上下来一个人，年纪已在花甲之外，须发花白，不过那腰背倒是挺得笔直，气度不凡。来人刚一下车，旅舍老板马上迎了出去，客气地将他迎接进屋子里：

"您老人家来了？"

"听说有个从鲁国来的圣人孔丘先生,是住在你们这里么?"

"是,刚刚住下。说只住一晚,明天一早离开。"

"这么说,我来的还算及时。带我去见他!"

来人显然是仪邑的地方官员,旅舍老板不敢违抗他的命令,正要带他上楼,却被子路给拦住了。

"对不起,我老师赶了一天路,已经很疲惫了,这个时候已经在屋子里休息了,不能见客!"

旅舍老板一脸为难地看着那位地方官员,来人却微微一笑,对子路道:"就请你去告诉先生,说仪邑封人求见!"

"我说过了,不见!"

"你还是去通报一下的好!"自称为"封人"的官员,依旧脸上挂着淡淡的微笑,"老夫在这里守卫边城,从青年时代到现在,已经差不多40年了。40年中,只要经过仪邑的君子,我没有不见上一面的!"

"哦?"

子路从他的这番话中,听出来两层意思:一,他是这个地方守卫城邑的最高官员,也是唯一的官员。二,他的手上掌握着特殊的权力,如果不能令他感到满意,就很难获得他的批准出城。

一瞬间,子路的心里转过无数念头:他找老师做什么?是暗示老师应该向他行使贿赂吗?

可是他仔细地打量这个老人,又并没有发觉他身上有那种贪官污吏的肮脏之气。尤其他的一双眸子,淡泊、晶莹,里面包含了无尽的沧桑,怎么看这个人也不像要特地来为难老师的样子!

"好吧!"子路打定了主意,先去代为通报一下,如果老师肯见他,就见上一见吧!摸清他的来意再说!

当即,子路来到老师的房间,对老师说:"老师,外面来了仪邑的'封人',他说往来此地的君子,没有他不曾一见的。如今听说老师要从这里经过,他特地来拜访,不知道老师见不见?"

"是吗？那就请他进来吧！"

孔子虽然旅途劳累，但他这个人性情宽容、随和。尤其经历了鲁国的风波，和在卫国的备受冷遇后，他更加意识到，自己要行"天命"是一件多么不容易的事情！也许终自己有生之年，都不会看到"大道"的推行。但惟其如此，他才更加珍惜每一个机会，向每个接触的人进行教化。

即使是仪邑这样小小的一座边城，即使是"封人"这么一个小得不能再小的官员，孔子也一样重视！

当下，子路出来将"封人"带进孔子的房间，孔子见到"封人"是这么一位白发苍苍的长者，执礼甚恭。

虽然是在旅途中，子路还是遵守规矩，将"封人"送进老师的房间后，自己就掩上门退出来了。

刚一回到自己的房间，子路就发现，这里已经聚集了几个好奇的师弟，包括子贡也在这里。

"子路师兄，那个'封人'来找老师谈什么？"

"是呀，老师向来都是与千乘之国的国君，以及道德、学问极高的君子才进行谈话的，和一个守关小吏谈什么？"

"啊呀，他该不是听说老师在鲁国被驱逐，在卫国又被冷遇，特地来羞辱老师的吧？"

听了众人七嘴八舌的问询，子路觉得众人的顾虑都不无道理，开始有些后悔，自己盲目替"封人"引见了。

"大伙儿放心，我看那老头似乎并无恶意。"他安慰众人道，"说不定他只是来和老师讨论一些道德学问上的问题。"

"我看也是！"子贡一直沉默不语，这时候也说出自己的见解，"那老头进来的时候，我注意观察，发现他的神态不卑不亢，眉宇间虽然有些执著，不过他的心地一定是善良纯洁的，是位君子！"

"也许是位隐士呢！"子路听了，忽然想起老师当日对隐士的评价，"隐士独善其身，君子兼济天下。如果他真的是一位隐士，那么他这番见了老师，得到的收获一定比40年加起来还多!"

众人从各个角度揣测着,小声议论着。其间,子路几次去老师门外,倾听里面动静,却始终不见谈话结束。

终于,老师房间的门开了,孔子从里面率先出来,"封人"在后面跟着出来,一脸的兴奋神色。

"子路,"孔子把子路叫到跟前,"你代我送一下客!"

"是!"

"还有,这位大人要请大伙儿喝酒!我有些累了,就不和你们一起热闹了!你问一下大家,看谁愿意去。"

"是!"

子路最爱热闹,听说有酒喝就高兴。当即招呼了一众师兄弟,除了颜回外,其他人差不多都欣然答应。

虽然是仓促之间,"封人"邀请大家欢宴的地方,还是做了一番准备:地方足够宽敞,美酒佳肴,琳琅满目。

"封人"是主人,又是席中最长者,理所当然由他来主持今天的酒宴。众人都希望听他谈一谈,在和老师孔子的一番交谈后的感想。

"在座的各位都是年轻人,我的儿子和孙子的年龄,也和你们差不多。但今天我却要声明一点,我宁愿作为你们的兄长,而不是父祖之辈和官员身份,来与你们进行这一场非正式的谈话。"

他这番话,正合大家心意,一下子拉近了与诸人的距离。酒宴的气氛也因此而轻松、热烈起来。

"今天的第一杯酒,我建议一起来敬你们的老师仲尼先生!""封人"举起酒杯,带头一饮而尽。

"干杯!"

众人纷纷干杯。

"封人"却不忙喝第二杯酒。"我喝这杯酒之前,想讲一讲我的心里话。实不相瞒,我今天一早就得到消息,有一个在鲁国被称为'圣人'的孔丘先生,要从我管辖的这片土地上经过。我还听说，这个孔丘在帝丘很受大王的尊重。我这个人，没有读过什么书，但从年轻的时候，就有一个毛病，喜欢与人辩论。越是声名显赫的君子，我越是要出难题来刁难他们。40年中，从我这里经过的君子不知道多少，但被我刁难而难堪的，也不在少数。如今听说有这么位孔丘先生要来，我觉得简直从来没有过的兴奋。我苦苦思索了一天，准备了很多个问题。"

众人听他这么说，不由地都在手心里捏了一把汗。子路也皱起眉头，才知道"封人"果然来者不善。

"你们放心！""封人"显然也察觉到了众人的紧张不安，先出言安慰众人，然后接下去说道，"可是我万万没有想到，等我一见到仲尼先生，不知道怎么，只与他的目光一相接触，我就觉得有什么坚硬的东西在我内心里融化了。本来准备的问题，一下子都忘到了脑后。说起来，我的年龄还虚长仲尼先生几岁，但我在仲尼先生面前，却分明觉得自己是一个心地洁净、纯白的孩子。我听仲尼先生讲起他的'大道'，讲起他对这个世风日下、人心混乱的天下，所仍然抱着的希望。听他讲一个真正有道德、有学问的君子，如何才能做到不忧、不惑、不惧……我在进去的时候，还想问一问仲尼先生，是否为在鲁国失去大司寇的高官厚禄而有所失落，但我听了仲尼先生一番话，却明白了，他所以被尊为圣人，不是为了个人的功名利而来到世间的。他肩负着上天所要他传播的天命，要唤醒所有在这个庸庸碌碌、纷纷扰扰的世间沉睡的人们，让大家一起来推行和实践'天道'。即使世道人心已经衰败如此，可是仲尼先生却毫无怨尤，心甘情愿将天下人的苦难一肩挑起。我不知道这叫做什么，对了，我在宣扬大王的政令的时候，经常先振动一个木铎，以提醒和吸引大家注意。我想，仲尼先生就是这么一个代表上天，来向我们这些凡夫俗子宣扬上天教化的'天之木铎'吧！我今天就是被这种'天音'唤醒了！"

毕竟上了年纪，"封人"一说起来就唠叨个没完。他自己也发觉了这点，不好意思地道，"我说得太多了，耽误了大家喝酒，不好意思。来，我敬诸位一杯，略尽地主之谊，大家随便喝！"

此后，便是酒过三巡，众人不再拘束，热闹地吃喝起来。只有子贡，一直在心中默默思考"封人"的话。

"'天之木铎'？"他从来没有听到有人这么比喻老师，觉得比喻很新鲜，也很贴切。"我不也是和这位'封人'一样，一听到老师这个'天之木铎'振动的'天音'，就被吸引了吗？看来，我舍弃家族的生意，放弃照顾妻子和未出世的孩子的责任，而追随老师，是正确的啊！"

这一夜，子贡在梦中似乎还在听到"天之木铎"振动那种美妙如天籁的清脆而空灵的声响……

第二天一早，众人跟随孔子一道来到城门口，城门早已大开，"封人"恭恭敬敬地在路边迎接，上来为孔子牵马而行，一直送出城很远，才停在路边。等孔子一行人去得远了，他还在张望……

过了仪邑之后，众人继续向晋国进发。很快就又来到一个卫、晋之间的小邑：匡邑。匡，是周天子当年在这里册封的一个很小的诸侯国。这种小国方圆不过百里，分布在中原大地上，零零星星，都是周天子的亲戚和一些虽然有功但是不怎么突出的大臣所分封得到的。像匡就位于鲁、卫、宋、郑之间，是几个国家纷纷争夺的对象。一阵子是这个国家的附庸，另一阵子后又投向其他的国家，经常摇摆不定，如同滚滚江流上的飘萍一样，随波逐流，无法左右自己的命运。

这天，孔子一行人来到匡邑。孔子的车辆在前，本来由子路驾车，但随行的颜刻却提出，由他来代替子路驾车，理由是子路道路不熟，而他当年曾经跟随阳虎带着鲁国的军队来讨伐匡人，因此对这里的地理情形非常熟悉。

和子路交换了位置以后，颜刻一边驾车，一边给老师介绍，他当年跟随阳虎来到匡地的情形。

"老师，您看——"颜刻在车子上用马鞭一指，"匡人被频繁的战争给吓怕了，修筑了环形的长长的城墙，原来四面都有城门，只可惜屡经战乱，城门都被毁坏，他们也不愿意费力气去重新修筑了。喏，就是那里。那个豁口，就是当年我来到时的城门。我就是从那里进去的！"

孔子听了颜刻的话，本来一直在掀着帘子看，现在也从车厢里出来，在车子上手搭凉棚观看仔细。

城垣苍凉，荒草萋萋。可以想象，雄伟的城门如何毁于战火，而当年的战况又是如何激烈！

"唉，我听说，当年阳虎对待匡人非常残暴，你们在这里一定很不受欢迎吧？"孔子问道。

"是！"颜刻不敢有所隐瞒，"这里民风强悍，匡人久经战乱，对于作战都非常有经验，而且不怕死。我们伤亡很大，付出了沉重的代价才拿下城邑。阳虎为了泄愤，破城之后杀了很多人。"

"唉，阳虎虽然是以国君的名义出兵，但所作所为，却完全依照个人的好恶，而不顾道义。他这么做，也实在太残暴了！我当时所以拒绝他的馈赠，就是早就看出来，他是一个不懂得'仁义'的人！"

"是呀，我也是觉得阳虎那家伙一味乱来，天性残暴，不是可以追随的君子，所以才离开他！"颜刻大声道。

师徒二人正在谈论着，忽然响起一阵马蹄声，一人一骑，马上一个中年汉子，从孔子身边经过，诧异地回头看了孔子一眼，听从颜刻口中说出"阳虎"二字，又飞速扫了颜刻一眼，催马绝尘而去。

师徒二人并没有注意到这个人神色有异，继续谈论着，不知不觉车子已经来到匡邑的城墙之下。

忽然，从城墙的豁口里，一阵尘土飞扬，人声嘈杂，接着冲出来一支队伍：队伍规模约百十人左右，人人都身披自制的藤条盔甲，手持长矛、木棍，有的骑马，有的徒步；都是杀气腾腾的样子。当先一人，正是那个刚才经过的汉子，他冲在人群最前头，用手一指，大声喝道：

"你们看，那来的不是阳虎吗？"

"是呀，果然是阳虎又来了！"

"那个赶车的，我认识，当年也是他驾驶车子，和阳虎一道来的！"

"大伙儿冲上去，杀了阳虎，给父老乡亲们报仇！"

……

众人七嘴八舌，蜂拥而上，将孔子师徒包围在中间。

"喂，怎么回事？"子路一路上都负责孔子的安全，一看情势不好，大喝一声，冲上去挺戟挡在孔子身前，怒问，"你们是什么人，要做什么？"

"我叫简子，这些都是当年被你们欺负过的父老乡亲，少废话，快把阳虎交出来，给我们处置！"为首那人道。

"什么阳虎？你们搞错了吧？"子路大声道，"这个人是我们的老师，从鲁国来的'圣人'孔丘，与阳虎有什么相干？"

"圣人？孔丘？"叫做简子的匡人首领疑惑地看了看孔子，又看了看颜刻，"不对吧，天下哪里有这么凑巧的事情？喂，大伙儿上来认一认，当年是不是这两个家伙，害得咱们苦不堪言？"

众多匡人将仇恨的目光射向孔子和颜刻，"错不了，就是他们两个！千万不要被他们欺骗了！"

子路眼看和他们说不清楚，他的火爆脾气也发作了，转头向孔子说道："老师，这些匡人实在太不讲道理，非要咬定您是阳虎，怎么讲他们也不听。就让我和他们交手，教训他们一顿！"

"不可！"

孔子却不慌不忙。他让子路退到一旁，自己亲自上前一步，向众匡人解释。"诸位，我们是从鲁国来的，不错，我和那阳虎长得有几分相像，也是有的。但我的确不是阳虎。我叫孔丘，是带领我的学生们从这里经过去晋国的。至于这位替我驾车的，叫颜刻，当年的确追随阳虎一道，来到过这里，也的确被阳虎胁迫做了一些错事。但他回去后幡然悔悟了，离开了阳虎投奔到我门下。我知道，因为阳虎的残暴，给你们带来了深深的伤害，犯下的过错已经没有办法挽回。请允许我代表鲁国的君主和百姓，向你们表示歉意。你们有什么赔偿的要求，尽可以提出来！"

他这一番话，诚恳真挚，有理有节，说话的态度和口吻，谦逊而温和，与阳虎的飞扬跋扈，果然大为不同。

匡人中为首的简子，也有些疑惑了。然而他们和阳虎毕竟有深仇大恨，不能这么轻易放他们离开。

"你口口声声说自己不是阳虎，有什么证据？"

"我并没有证据，不过我们一行刚从仪邑过来，那里的'封人'接待过我们，他可以证明！"

"那好。"简子一听，仪邑离这里不远，他和"封人"也是认识的，于是立即道，"你们且在这里等着，我派人去问讯一下！"

他立即派出身边一个人，骑着自己的马飞奔而去。这边，众人散开去一些，不过依旧把孔子师徒围在中间。

众弟子都心中忐忑，不知道接下来会是怎样的结果。子路负有警卫之责，安排身强力壮的弟子站在外围，防止万一待会儿和匡人冲突起来，被匡人冲上来伤害了孔子。不料，孔子却拦住了他：

"子路，叫大伙儿都撤了，过来坐！"

"什么？"

子路简直难以置信，孔子竟然席地而坐，面带笑容地招呼众人："反正咱们被困住，一时半会儿是走不掉的了，这样吧，我们来拨弦弄歌，我教你们唱《大雅》中的一首《文王之什》，你们觉得怎么样呀？"

"唱歌？"子路第一个就嚷了起来，"老师，大敌当前，不考虑怎样突围出去，却要学习唱歌，你不是在说笑吧？"

"当然不是啦，"孔子说，"战斗不是每天都有的，而弦歌却是每天都不可以缺的。因此说来，唱歌比打仗实在要紧得多。"然后，孔子就不管学生们是怎样的不理解，自顾转弦拨琴，唱了起来：

　　　　　文王在上，
　　　　　于昭于天。
　　　　　周虽旧邦，
　　　　　其命维新。
　　　　　有周不显，
　　　　　帝命不时。
　　　　　文王陟降，

上部 孔门高足

在帝左右。

孔子十指抚琴,仰首而歌。琴音清越而纯正,歌唱嘹亮而悠扬,真是一副堂堂正正的圣人模样。

孔子一曲歌罢,颜回明了老师歌中之意,轻声和道:

命之不易,

无遏尔躬。

宣昭义问,

有虞殷自天。

上天之载,

无声无臭。

仪刑文王,

万邦作孚。

他们师徒这一番弦歌酬答,令包围他们的匡人又是新鲜,又是惊诧,不知道这伙人何以深陷重围,却仍然这么悠闲自在,似乎浑然不将对着他们的刀枪当做一回事。难道此人果真不是阳虎?

就这样,孔子等人一连唱了几首歌曲,从晌午一直到黄昏时分,从仪邑那边打听消息的人回来了。

很显然,消息对孔子师徒等人是有利的。匡人首领简子听罢来人耳语,立即冲匡人大声道:"大伙儿都撤了吧,是个误会,此人真的不是阳虎,而千真万确是从鲁国来的圣人孔丘!"

"真的吗?"

众匡人其实刚才见了孔子师徒弦歌酬答的一幕,已经意识到这个人与那个阳虎只是面貌相似而已。听了简子的话,顿时将刀枪放下,撤了包围圈。不过,简子仍然向孔子提出了一个要求:

"孔丘先生,虽然我们误会你是阳虎,但你身边这位,当年的确和阳虎一道来伤害过我们。我们要留下他!"

"啊?"颜刻一听,吓得脸色苍白,身子不由自主地颤抖起来。

"不要怕！"孔子安慰地拍了拍他的肩头，又对简子说道，"我说过了，我对于你们当年遭受的战争祸害，深表歉意，也愿意做出赔偿！至于我这位学生，他的确参加过当年的战争，但也是奉命行事，身不由己。这笔账并不应该算在他的头上。你们留下他，甚至杀了他，并不能挽回什么。我可以想象得到，多年以来，你们心中一直被复仇的熊熊火焰烧得难受，一时一刻都不曾得到过平静和安宁。可是，你们难道就没有想到过要熄灭这内心仇恨的火焰吗？你们难道要一代又一代人背负这仇恨和怒火而活下去吗？如果真是那样，我也没有什么可说了。"

他不愧是"圣人"，一番话说到了众匡人的心底去，大家都低下头，仔细思索他说的每一个字。

"先生说得对，我们也不想总这样一直活在仇恨里，可是为了对得起那么多死去的人，我们总要讨还一个公道！"简子说。

"公道？"孔子反问，"如果阳虎在这里，你们把他抓起来，用最严厉的刑罚将他处死，就讨还了公道吗？"

"血债血偿，他一个人的命，虽然抵不过我们无数父老乡亲的命，但总算也给乡亲们报了仇。"

"真是那样吗？如果你们真的那么想杀死阳虎，不如就把我当做阳虎，将我杀死，熄灭你们心中的仇恨之火吧！"

孔子这番话，令众弟子大吃一惊。子路第一个嚷起来："老师，使不得！别忘了您肩负的'天命'！您是奉了上天的指引，来到这个世间传授和推广'大道'的，不能稀里糊涂地死在这些无知的暴民手里！"

"不！"孔子却坚决地道，"我之所以要推行'大道'，目的就是唤醒每个沉睡的生命，使每个人都能洞晓自己作为一个'人'来到这个世界上的目的和意义。如今这些人被仇恨蒙蔽了心灵，被复仇的欲望吞噬着，我如果不去拯救他们，就再也不会有人帮助他们脱离苦难的深渊！如果我的死能够帮助他们醒悟过来，也就有价值了！我死之后，相信你们自会继续推行我的'大道'！"

"老师……"众弟子无不被孔子博大的胸怀和崇高的牺牲精神所感动，一齐跪倒在孔子面前。

匡人也都被惊呆了。一个素不相识的人，居然要为他们而献出自己的性命，并且这个人还是鲁国的"圣人"？

用"圣人"的伟大而崇高的生命，来换这么一群愚昧无知的草民生命，是任何人都不敢想的！

但孔子又似乎的确做好了准备，随时准备这么做，以自己的死，去拯救这么一群苦难深重的人们！

正在此时，一阵马蹄声响，一人飞奔而来。马上之人，竟然是年过花甲、发须飞扬的仪邑"封人"！

"孔丘先生——"他顾不得自己年事已高，不等马停稳就跳下马来，踉跄来到孔子身前，"您没事吧？谢天谢地，他们总算没有伤害到您！"他气喘吁吁，因为过于激动而剧烈地咳嗽起来。

子路一见到"封人"来到，连忙上来对"封人"道："快劝劝我们老师吧，他要为了这群人而牺牲自己呢！"

"什么？""封人"大吃一惊，将不敢相信的目光投向孔子，见孔子神态坚决，显然果有其事；他又转过头去，不解地问匡人的首领简子："阿简，我不是告诉你派来的人，这个人不是阳虎？"

"是，我已经知道了，他的确不是阳虎。"简子点头道，"但他刚才说，愿意替阳虎偿命……"

"那怎么行？""封人"立即打断了他，"冤有头，债有主，这位孔丘先生与这件事情有什么相干？"

"怎么没有相干？阳虎是鲁国人，我也是鲁国人。阳虎是奉鲁侯之命来讨伐，发起了战争。过错其实不在阳虎，是在鲁侯的身上。我是鲁侯的子民，由我来承担这过错，也是应该的。总之，我希望这件事情能有个了结，不要因为长时间纠结的怨恨，而给大家造成更大的伤害。"

"先生心怀仁慈，令人感动，可是别忘了，我说过，先生是'天之木铎'，是来宣扬天命和教化世人的，绝不可以因为这么一件小小的事情，而使得大道湮没，令世人白白失去了听闻'天音'的机会。再说，先生不是要前往晋国吗？我听说那阳虎如今就在晋国，投身在赵氏门下。先生如果到了晋国，不妨和这个阳虎谈一谈。如果他确有悔过之心，亲自来这里承认错误，祭奠死者，那么我保证让大伙儿不为难他，这桩怨恨不就化解了吗？先生以为如何？"

"不错，就是这样。"子路一听，立即高兴地嚷了起来，"既然阳虎就在晋国，那么咱们去了一定能见到！"

"看来也只好这样了。"孔子也点了点头，"好，那我就答应你们，到了晋国，一定替你们去见阳虎，将这里的情形告诉他！如果他肯真心认错，再好不过；如果他依旧残暴、横行，那么我相信上天一定不会原谅他，不会再纵容他这么祸害下去，不用你们动手，他一定会自取其亡！"

"多谢先生！"简子至此对孔子已经钦佩无比，恭恭敬敬地施礼道，"若非一番误会，我等哪里有幸得识先生？还请先生这就进城，容我等摆设宴席，好好向先生赔礼道歉！请千万不要推辞！"

"也罢！"眼见天色将暮，自己和众弟子反正也要寻找一个栖身之所，误会既已消除，想来安全无忧，孔子也不推辞，答应下来。当下，众人在简子的带领下，放心地和众匡人一起进了城……

第 5 章

刀剑之盟

孔子在刀剑的威胁下，和叛军公叔戍的军队达成了口头协议，然后又毫不以为然地违背了"协议"……

对此，孔子的解释是：和君子打交道，当然是讲"信义"的，但和小人打交道，就要灵活变通，不能被"信义"自缚手脚！

孔子这么做，自然有其考虑，也不无道理，然而这不免令子贡疑惑：商人和商人之间打交道，是否也需要固守"信义"的约束，还是为了"利"而选择背"信"弃"义"？

子贡没有去问老师。因为老师所关注的是"天下大义"，并不会去顾及到具体的"小人之义"。不过子贡还是通过自己的思考，得出了一个结论：小人也是需要"信义"的，即使只用来在嘴上讲一讲，而不能贯彻执行"信义"的崇高精神，但"信义"毕竟是不可或缺的。否则，人与人之间，只剩下了赤裸裸的利益交换，而失去了最基本的温情，那么这个世界岂非太过冷酷，人与动物又有何区别？

夜已深沉。经历了白天的骤然变故后，子贡身边的几位师兄都疲惫不堪，早沉沉睡去，只有子贡辗转难眠。

白天发生的事情，虽然说只是一场误会，但无疑是子贡跟随孔子以来遭遇的第一次严重危机。

此前，子贡也曾经听师兄们说起过，老师孔子虽然是个温文尔雅的君子，却也有着雷霆万钧的手段：在夹谷之会上辅佐鲁侯令齐侯屈服；在鲁国执政大司寇期间因为"闻人"少正卯蛊惑众人、紊乱朝纲而将其斩首；在堕三都尤其在费邑之战中，在极其不利的情势下反败为胜，打垮公山弗扰……以上种种都充满了传奇色彩，使人不得不佩服孔子在诗、书、礼、乐之外同样杰出的政治和军事才华。然而那些子贡都未曾亲见，今日才见识了孔子临危不乱的风采。

尤其令子贡钦佩不已的，是孔子明明已经消除了误会，但却为了死去的匡人，而愿意代替阳虎，自求一死！

这是万万超乎子贡意料之外的。他虽然以君子自居，但却从未想到会有老师这样的君子：为了一群素不相识的人，为了一群看上去并不值得如何为之付出的人们，却要献出自己的性命！所以，子贡一直到深夜，都在心里反复思索一个问题：老师孔子只是为了脱身而采取了这样一条"计策"，还是真的下了决心，要代替阳虎一死，要用自己的死去消弭匡人心中的仇恨？

这个问题显然非子贡自己所能回答，也许只能亲自去问老师孔子。可是这肯定是不能去问的。

当然了，除了老师，还有一个人，也许可以回答这个问题，那个人就是颜回。如果颜回也回答不了，就没有人能回答了。

一想到颜回，子贡决心连夜去为这个问题寻找一个答案。他悄悄披衣起身，来到隔壁颜回的房间。

不出所料，虽然夜阑更深，颜回却并没有睡觉。从他房间的窗户上和门缝里透出来微弱的亮光，显示他仍然在学习。

子贡上去轻轻敲了敲门，小声叫了一声："颜师兄——"

里面很快响起脚步声，颜回过来开了门，一看是子贡，很是惊讶。"端木师弟，这么晚还没有睡？"

"睡不着，过来找颜师兄聊聊。不会打扰你吧？"

"没事，进来吧！"

颜回将子贡让进去，子贡也顾不得过多寒暄，刚坐下就迫不及待地道："师兄，我想请教你一个问题。"

"哦？什么问题？"

"就是白天的事情。"子贡如实吐出自己心中的疑问，"误会消除之后，老师却甘愿自当阳虎，请求一死。我始终想不明白，老师为什么要那么做？是他一时想出来的权宜之计，还是真的决意赴死？"

"阿赐，不但是你，我知道很多师弟心中，一定有着同样的疑问。"颜回却似乎早知道他有此一问，"你以为呢？"

"我觉得老师只是说说而已。子路师兄不是说过，老师是肩负'天命'，要传播'大道'的，怎么能这么轻率去死？如果就这么死了，岂非死得毫无价值？我们也都白白地跟随他了。"

"你真这么想？"

"是！"

"唉，阿赐，那你真是不了解老师啊！"颜回的话令子贡大吃一惊。"我却以为，老师绝非说说而已。那一瞬间，老师一定是认真地思考过了，也下了决心，要将自己的性命献出去，这一点绝无可疑！"

"啊？"

"阿赐，你也跟随老师有一段时间了。我问你，你认为老师长久以来，想要推行的'大道'是什么样子的？"

"这个，我听老师讲，应该是'仁'吧！我听老师讲，每个生命存在于天地间，都秉承着天地的一种'生'的德性；而人作为独一无二的生命，除了秉承这'生'的德性之外，还有一种更为珍贵的'仁'的德性，就是能够去爱自己以外的其他生命，为自己和其他生命创造一个和谐共处的宽阔空间，彼此融合而不对立，彼此促进而不损害，这就是人所以为'仁'的意义所在！"

"很好。你对老师的'道'领悟得很透彻！"颜回点了点头，"可是，老师的'道'还有一个与众不同的特点，你知道吗？"

"什么特点？"

"实践。"颜回一语点破，"老师的'道'不仅仅是用来在嘴上讲的，而是要通过实实在在的行为去践行！"

颜回的这一番话，真正给子贡如在黑暗中点亮了一盏灯火，令他眼前一亮，"啊，我怎么没想到呢？"

"阿赐，你知道为什么那么多人心甘情愿追随老师吗？就是因为老师的'道'一以贯之，这个'一'，就是'行'！"颜回的话越发深奥了，"老师的'道'并不是孤立的，也并非仅仅一个'仁'字这么单薄。老师所说的'道'是在不断变化和发展的，是在通过每一次的行为之后，不断提升的。老师不断地接收新的弟子，然后根据每个弟子不同的特点传授给他们'道'，然而领大伙进入'道'的门户之后，就不再管他了！每个弟子要根据自己的方式去修炼、践行'道'，有多大的作为，就停留在怎样的'道'的层次上！有的人徘徊不前，有的人却一日千里！"

"就拿今天的事情来说，其实只是很简单的一件事情：因为相貌的关系，老师被误会为阳虎。这件事情，只要一经澄清，误会也就随之消除了。可是老师却不这么想，他觉得这正好是一个机会，是给我们这些跟随他的弟子上一堂生动活泼的'大课'的一次难得的机会！他看起来是在为了匡人而做出牺牲，其实是在通过自己的实际行为，来教育我们如何'行道'啊！"

"啊？"子贡简直无从想象，"可是，如果匡人真的接受他的请求，将他当做阳虎而处死，怎么办？"

"不会的。"颜回道，"这是因为，老师对自己的'大道'有充分的信心，他知道，自己的'仁爱'的力量，足以唤醒每个陌生而沉睡的心灵。即使像匡人这么野蛮而没有开化，即使他们的心灵被仇恨蒙蔽，他们也一样会像坚冰在春阳的照射下那样融化。'仁爱'的力量是如此强大，是天地之间最无坚不摧的力量，如果失去了这力量，那么天地之间将冷酷一片，毫无希望！"

"原来如此,我明白了!"子贡这才理解,原来老师这么做是有着这么深刻的含义,"老师实在太伟大了!"

经过颜回的一番解释,子贡才明白,自己跟随孔子这半年多来,只不过学习了一点"皮毛"而已……

第二天,孔子一行人告别了匡人,继续上路。他们沿着既定的方向和路线,准备前往晋国。

而晋国那边,也得到了孔子师徒到来的消息。这不,这天刚走出没有多远,就碰上了晋国来的使者。

"请问,是从鲁国来的'圣人'吗?"

来的使者队伍规模并不如何浩大,不过带给孔子的"见面礼"却不少,整整拉了一车,吃穿用度,一应俱全。

"我就是从鲁国来的孔丘。"孔子亲自上去和使者攀谈,"请问你们是奉晋侯之命来迎接我的吗?"

"不,我们不是晋侯的使者,而是中牟邑的邑宰佛肸大人派来的,这些东西都是佛肸大人送的!"

"佛肸?"孔子愣了一下,他对于晋国的情形,来之前已经有过了解,因此很快想了起来,"哦,是范氏所属的中牟邑的那位邑宰?"

"正是!"

众弟子本来听说来了晋国的使者,都兴高采烈,以为晋侯敬仰老师孔子的大名,这次要好好地用孔子了。可是听说来的不是晋侯使者,而是六卿之一范氏下属中牟邑的一位邑宰,均失望不已。

"是这样啊。"孔子心里也是一阵失落,不过他脸色平静,没有任何的变化,"那就请来使少歇,我和弟子们商议一番!"

使者被带到一边去安顿了。这边孔子仍旧席地而坐,几个最值得信赖的弟子颜回、子路围坐左右。子贡等资历较浅的弟子则在稍远一些的地方坐下来,不过孔子的谈话声是清晰可闻的。

"仲由,你先说一说,佛肸来召,我去是不去?"

孔子和子路的关系，真可以用亦师亦友来形容。子路在所有人中，追随孔子时间最长，资格最老，为人也最忠诚可靠。

子路心直口快，想到什么说什么。他对于佛肸来召孔子，非常不满，因此只吐出两个简单的字："不去！"

子路这么斩钉截铁，孔子也不好再说什么，于是转向颜回，问道："阿回，你说呢？"

颜回却和子路不同，对于这件事情并没有那么强烈的反应，只是淡淡地道："夫子去，回便去；夫子不去，回便不去！"

他这话说了等于没说。不过孔子并没有指望从他口中说出什么来，孔子其实内心已经有了主意。

"老师，你的想法呢？"子路忍不住问。

"我想……去。"

孔子说出这个"去"字时，是有些犹豫的，可是不等他解释什么，子路已经一下子站了起来：

"不可以！老师难道忘记了公山不狃那件事？"

稍微有些资历的弟子，都知道公山不狃这件事。公山不狃是鲁国季氏的家臣，费邑的邑宰。阳虎作乱，欲杀季氏，公山不狃是阳虎的左右手。后来阳虎失败，公山不狃趁机据费邑以反叛。如同阳虎欲召孔子一样，公山不狃为了壮大自己的声势，也向孔子发出了邀请。那时孔子一心出仕，却苦无机会。他不顾众弟子的阻拦，决心去费邑实现自己的政治理想。当时，子路也是第一个站出来强烈反对的："没有地方去做官也就算了，即使要做，也不能选择公山不狃这样和阳虎一样的货色，你这是糟践自己的才华啊！"对此，孔子辩解说："他既然来邀请我，就应该不是一句空话。虽然费是个小地方，但一样可以成就文、武二王那样的事业！"

虽然口头上强辩，孔子最终在众弟子的力劝下，没有去应公山不狃的邀请。而公山不狃很快失败了。

如今，子路提出这件事情，那是在警告孔子：如果当初参加了公山不狃的叛乱,哪里会有后来孔子受到重用,一系列春风得意的政治杰作?现在,这个佛肸又是据中牟以叛乱,成为"公山不狃第二",他的下场会是什么样子,人人都可以看得到,为什么只有孔子似乎不明白呢?

面对子路的质问,孔子只能苦笑:"仲由啊,你的提醒很及时,也很有道理,但你应该相信你的老师啊!"

他作歌明志:

不曰坚乎?

磨而不磷。

不曰白乎?

涅而不缁。

歌以言志,剖明了自己的心迹后,孔子又自嘲道:"唉,我不能总像个匏瓜那样挂在墙上,中看不中吃吧?"

子贡等弟子坐得稍远,看孔子和子路吵得面红耳赤,暗暗着急,却又苦于不能上来插上一句话。

最终,因为子路坚决不同意,孔子只好放弃了应佛肸之召的想法,佛肸的使者怏怏离开了。

因为拒绝佛肸,考虑到从中牟进入晋国已经不安全,为了避免麻烦,孔子等人只好避开中牟,重新上路。

这一天,孔子等人来到晋、卫边境上的又一座小邑——蒲邑。因为除夕将至,一行人暂且安定下来,准备过年。

虽然旅途疲惫,又是客居在外,但毕竟是过年这样的大事,加上众多弟子中,大部分都是年轻人,因此七手八脚,很快将他们落脚的旅舍装饰一新,连孔子也放下愁绪,和大家忙碌起来。

热热闹闹地,在蒲邑差不多住了一个月。正月将尽,孔子才再次决定起身,准备前往晋国。

然而,这天一早,正当众人收拾行囊,准备出发,却忽然从街道上传来一阵喧哗。接着,只见一队全副武装的甲士涌来,将孔子所居住的这家旅舍团团包围。

"喂，怎么回事？"

子路这一个月来，正憋闷无趣，找不到事情做而闲得发慌。如今看到有情况，顿时冲了上去。

"这不是子路兄吗？"

从甲士队伍里走出来一个为首的，竟然认识子路。子路一愣，仔细辨认，才认出是在帝丘时和公叔戍形影不离的北宫结。

"北宫兄？"

"子路兄，没想到在这里又见面了吧？"

"是呀，你不是在帝丘，怎么会来到这里？"

"哈，子路兄有所不知，这个地方本来就是公叔家的封邑。实不相瞒，我是和公叔戍一起来这里的。"

"啊？公叔大夫也来了？"

"昨天夜里刚到。听说令师徒在这里，恨不得连夜来请，只是夜深不便，因此今天一早便来了！"

"原来如此。"子路点了点头，"既然如此，我这就去告诉我老师一声。"

子路来到里面，将情况向孔子一讲，孔子一听就皱起了眉头。"糟了，这下我们恐怕麻烦大了。"

"怎么回事？"子路不解地问。

"仲由，我也是刚刚得到消息，公叔戍和北宫结等在帝丘作乱，被卫侯的军队击败了。他们一定是从帝丘逃到这里，准备利用蒲邑的力量，蓄谋再行举兵。我们迟走一步，只怕要走不掉了。"

"啊？"子路这才明白过来，怪不得门外那一批人，全都是武装起来的甲士，原来刚参加过叛乱！

"老师，怎么办？"

子路并不是个怕事的人，但如今情势危急，老师和众师弟人数众多，想要保证每个人安全，绝非易事。

"仲由，外面现在的情势如何？有多少人？"孔子却似乎已经有了打算，问道。

"大概三五十人吧！"

"那还不算太糟糕！"孔子说出了自己的打算，"公叔戍一定以为我们不知道他叛乱的事情，所以还在假客气，只派了这么一点人来。这样，仲由，你马上召集大伙儿，行李不要了，能用来作兵器的家伙都拿在手上，然后大家听你的口令，一起冲出去。对方猝不及防，一定拦不住我们！"

"老师，对方敌意未明，我们这么做，是不是……"

"仲由，这和我们在匡地遇到的情况是两回事。这次我们是和叛军作战，对方训练有素，不是乌合之众。我们除了先下手为强，别无胜算！如果等公叔戍露面，公然挑明反叛之意，要我加入他的阵营，到时候我就会落在他手上，那时候无论如何都来不及了！当断则断，就这么定了！"

不愧是孔子，能在仓促之间，作出如此决断，其胆识、魄力、勇气、智慧，的确非凡夫俗子可比！

子路一听，也知道一场血战不可避免。他没有多说什么，立即出来，在院子中召集弟子，低声传达了孔子的命令，要求大家一听自己号令，立即齐心协力向外冲。他又特地将公良孺叫到一边："阿孺，你不是有私车5乘吗？一会儿，你的5辆车子专门保护老师，无论如何，不能让老师受到一点伤害！"

"师兄放心。"公良孺自从拜入孔门以后，一直唯子路马首是瞻。"老师的安全，交给我好了！"

于是，子路吩咐停当，当即来到门口，故意对北宫结道："北宫兄，我老师就要出来了。是不是将你的甲士撤下去，这样气势汹汹的样子，实在不像待客之道，只怕惊吓了我家老师，那就不好了。"

"哈，令师在鲁国官拜大司寇，是何等人物，这小小的阵仗也放在眼里？子路兄说笑了！"

尽管如此，北宫结还是下令众甲士散开，让出来一条通路。子路一看机不可失，立即大喝一声："大伙儿往外冲！"

这一声喝，如霹雳炸响，北宫结和众甲士无不失色！而院子里，众人早已做好准备，闻令一涌而出！

这等情形，实在出乎北宫结的意料。眼看孔门弟子，有人手持兵器，如戟、剑、矛、盾等，从院子里一齐冲出。当前是子路、子贡以及一众年轻弟子开路，接着后面公良孺率领5辆车子，迅疾地冲出来，每辆车上都站立二人，手持锋利的长戟，一遇到阻拦，不等敌人接近，即将其刺倒！

但北宫结是什么人，率领甲士冲锋陷阵，是赫赫有名的大将军。立刻，他就意识到孔子在这几辆车中的一辆上："放其他人走，将车子拦住！"

立即，众甲士向车子围上来。尽管公良孺身材高大，武艺高强，一边战斗，一边大声指挥，却也不能使5辆车子首尾相连。公良孺情急之下，只能浴血死战，拼力保护孔子的车子逃了出去。

一路驱驰，渐渐收拢在突围中冲出的弟子。众人在离开蒲邑约十几里外的一片小树林里停歇下来。

集合的时候，子路清点人数，才发现虽然有人负伤，但总算情势没那么严重，只是少了颜回一人。

可是，孔子听说少了颜回，顿时着急起来："阿回的身体不好，手上没有力气，一定是落在叛军的手里了！他可是肩负着在我之后传承和推广'大道'的重任啊！仲由，快想个法子回去救他！"

"可是老师这里也离不开人手啊！"子路不同意孔子的做法。"叛军只是一时被我们打了个措手不及，并非真的溃败。我预计他们回去报告公叔戍以后，很快就会集结更多的人手来追我们，如果我们不马上离开，就只怕真的没有机会了。颜师弟聪明过人，相信他会随机应变，逢凶化吉的！"

"唉，你说的也有道理……"孔子叹息着，众人从来没有见过老师如此方寸大乱，唉声叹气。

"报告——"公良孺派在外围警戒的弟子，驾驶着车子匆忙而来，"公叔戍的大队人马已经迫近了！"

"这么快？"孔子吃惊之下，才知道自己和众人的处境果然险恶无比。公叔戍的部队毕竟是正规军，组织严密，行动整齐划一，战斗力绝非山野村夫可比。孔子立即吩咐："大伙儿快离开这里！"

匆忙之中，孔子也顾不得等颜回了，立即上车，在公良孺的保护下继续前行。子路断后，指挥众人有序撤离。

然而，最坏的情形还是出现了：他们慌不择路，傍晚时分，竟然来到了一条横亘在晋、卫边境的大河前。

河面很宽，足有百米。如果是隆冬时节，结了冰，还可以渡河而过；可是现在已经开春，河面上已经破冰，湍急的河水带着一块又一块硕大而闪亮的冰块飞速而下，即使有船只也不敢渡河。

面对这一情形，众人均束手无策。子路只能吩咐众人，里外围了几圈，将孔子保护在核心，人人都手持兵器，做出决一死战的架势。

北宫结亲自率领大队人马追了上来，带甲之士比起早晨来，人数上足足多了三五倍。数十辆战车摆开阵势，在孔子师徒面前如同一片黑云。现在孔子师徒插翅也逃不掉了。

面对如此局面，孔子反而冷静下来。反抗已经没有用，他低声吩咐子路，撤去了阵势，自己走上前去。

"北宫将军，这是何故？"孔子故意惊讶地看着杀气腾腾的北宫结和公叔戍的军队，"我孔丘什么时候得罪了将军？"

"没有。"

"那么，我是得罪了公叔大夫？"

"也没有。"

"那可奇怪了。"孔子自言自语，"我自问并没有做什么错事，将军和公叔大夫却何以苦苦相逼？"

"仲尼先生！"北宫结道，"我知道，你必定是得悉了我和公叔戍起事的消息，误会我们要强行拉你加入我们的阵营，有损你的'圣人'之名，因此才这么急于避开我们。不错，我们在帝丘的行动是失败了，不过我们的实力并未受损。在蒲邑，我们还有500带甲之士。另外我们已经向晋国、鲁国、齐国都派了使者，只等援兵一到，立即杀奔帝丘。我们也并非要反对大王，只是一定要驱逐那淫邪惑君的南子贱人，还有弥子瑕那等小人，以肃清朝纲，重振国威。我们这么做，完全是出于忠君爱国，而非为了自己的私心。仲尼先生何不助我们一臂之力？"

"对不起，北宫将军，我在帝丘的时候，和公叔大夫多有交往，他口口声声忠君爱国，并未有片言只语提到要起事。如今，他却犯上作乱，做出大逆不道的事情来，此所谓'亲于其身为不善者'，这等出尔反尔的做法，乃小人之做法，而非君子！请恕我不能再和他打交道了！"

"哈哈，仲尼先生也太不识抬举了吧？"北宫结冷笑一声，"仲尼先生是个聪明人，难道认为，在这等情势下，除了与我们合作，仲尼先生还有什么可以选择吗？"

"当然有。"孔子也不示弱，傲然道，"我们的命，是上天赐予的。我们没有办法选择'生'，但可以选择'死'！"

"死？"北宫结愣了一下，难以置信地看了一会儿孔子，又打量了他身后的众弟子。"不会吧？仲尼先生或许不把自己的性命当做一回事，可是你的弟子们未必都有先生这般赴死的决心吧？"

"呸，死有什么可怕的？"子路听了，上前一步，大声喝道，"我等所以追随先生，乃是为了追求和实行'大道'。从入门第一天起，就抱定为这个'大道'而随时献出性命的决心。"

"对，誓死捍卫'大道'，绝不退缩！"

"老师生，我们便生；老师死，我们便死！"

……

众人都将拳头攥得紧紧的，每个人的目光里似乎都要喷出火来。没有一个人有退缩畏惧之意。

眼见孔子师徒不过是一群文绉绉的手无缚鸡之力的"君子"，居然一个个如此强悍，充满血性！

北宫结一时陷入了为难：如果真的逼得孔子师徒在这里自刎而亡，那么自己恐怕担不起逼死"圣人"的骂名！再说，他和公叔戌起事，是要借助孔子的"圣人"名头来给自己壮威,如果孔子死了,对他们来说,只能说是白白损失,而没有任何的好处。这种事情怎么可以做呢?

顷刻之间,北宫结已经有了主意:"好,那你们就在这里等着,我回去和公叔大夫商量一下怎么办。"

他吩咐留下一队甲士,专门在这里监视孔子师徒,他自己则带人上了车子,飞速地离去了。

天色很快昏暗下来,孔子和众弟子就在大河边的空地上围坐下来,因为走得匆忙,没有带粮食,也没有带御寒的衣服。这时候的天气,乍暖还寒,白天有阳光,暖熙无比;一入夜,气温骤降。每个人都不自觉地抱紧了胳膊,将身子蜷缩成一团,抵抗饥饿和寒冷。没有人说一句话。

孔子也从来没有陷入过如此困境。不过他毕竟自小就经历坎坷,多经磨折,差不多各种各样的苦都吃过。因此,外部环境再怎么险恶,再怎么不利,他的内心也不会因此而受到扰乱。

不愧是圣人,在这么一个寒冷、饥饿,令人沮丧和近乎绝望的夜晚,他居然还有心思弹起琴来。琴声叮咚,中正而平和,宛如一股清泉,流进每个弟子的心田。渐渐地,众人都被琴声中那淡泊、高远的境界给吸引了。虽然是在黑夜里,看不清老师的面孔,但琴声却在每个人的耳边清晰可闻,仿佛白天老师在课堂上抑扬顿挫地讲课,又仿佛坐在每个人的身边,和他娓娓谈心。那种春风拂面一样的温暖而舒适的感觉,带着众人缓慢地进入了甜美的梦乡……

一夜过去,众人从梦中醒来,才发现孔子似乎一夜未睡。他正背着手,站在河岸上呆呆出神。

冷峭的风吹拂着他单薄的衣衫,也吹动他的头发。众人这才发现,老师的头上不知道什么时候,多了几缕白丝!

"唉,逝者如斯夫,不舍昼夜!"

孔子忽然发出一声轻叹。尽管声音不大,但是每个弟子却都清楚地听到了。老师这话中只有短短的几个字,却似乎包含了无尽的意味。孔子在叹息什么?是在哀叹这河水滚滚而去,如同时间的流逝,冷酷而无情,将我们的生命在睡梦中匆忙带走了吗？是在哀叹自己尽管怀着"大道"，尽管有着渊博的学问和超人的智慧，却始终无法找一个地方可以施展自己的才华吗？是在哀叹年华逝去，人生的大限倏忽将至，而自己所追求的理想却始终没有实现的希望吗？

子贡昨天夜里其实也一直未睡。在孔门弟子中，以子路为首。然而子路有勇无谋，这个局面非他可以化解；其次是颜回，颜回如果在这里，或许可以和孔子商量出一条应对之策来，可是颜回偏偏和大伙儿失散了！

"如果颜回师兄在这里，他会想出什么办法，来化解这个僵局呢？"子贡在心里暗暗思忖着。

眼见孔子在河岸上孑然一身，哀叹却没有回应。子贡知道，如果颜回在这里，一定会了解老师的心思！

他不是颜回，不懂得孔子这句话中的深奥之处。但子贡是个聪明人，他知道这时候该做什么。

只见他起身，恭恭敬敬地来到孔子身后，以讨教的口气问孔子："请问老师，君子看到东流之水，为什么一定要欣赏呢？"

"阿赐，你这个问题问得很好。"孔子转过身来，点了点头，从河岸上下来，走到弟子们中间坐下来。

大家知道，老师又要开始讲课了。尽管饥肠辘辘，但众人还是热情地看着孔子，期待他的精彩讲解。

"君子看到东流之水，一定要停下来仔细观察，是因为水有这样几种德性：德、义、道、勇、法、正、察、善化、志。"

"水流浩大，普遍地施泽于各种生物而仿佛无所作为，这叫做德；它向着低处而流，弯弯曲曲，千折百回，却一定遵循流动的规律，这叫做义；它浩浩荡荡，汹涌澎湃，永远没有穷尽的时候，这叫做道；如果掘开堤坝，使它自然流淌，它就会一泻千里，回声应和原来的声响，奔赴百丈深谷也不怕，这叫做勇；注入量器时一定很平，这叫做法；它注满量器后不需要刮平，这叫做正；它虽然柔弱，却可以到达所有细微的地方，这叫做察；各种东西在水里出来进去，便鲜美洁净，这叫做善于教化；它经历万千曲折，也一定要向东流去，这叫做志。"

上部　孔门高足

……

从水的德性上，孔子一口气讲出一大堆道理，然后让众弟子展开讨论，各自讲解自己的领悟。

不知不觉，一天又过去了。负责监视、守卫他们的甲士，也换了一批新面孔。利用这个机会，子贡主动上去和为首的将领交谈，并且将自己怀中的一块美玉作为条件，居然换来了一些食物。

北宫结　去3天，没有露面。到了第四天，连守卫的甲士也厌烦了，撤出去很远，让孔子师徒自由活动。

第五天一早，北宫结亲自带人又来了。不过这次他倒很客气，首先给孔子师徒带来一大堆丰盛的食物。

"对不起，仲尼先生，我这几天有些事情耽搁了，没有来看望你们，很对不住，在这里赔礼了！"

他的态度来了个180度大转弯，这意味着事情将出现转机。孔子等人用过饭，北宫结邀请孔子到他的车子里去，说有要紧的事情和孔子谈。为了消除众人疑心，他命令甲士都退得远远的。

子路一看，这是个机会，在孔子耳边小声道："老师，让我趁机接近北宫结，将他擒了，要挟他放我们离开！"

"不！"孔子却摇了摇头，"你们都留在这里，不要乱来，我一个人过去，看看他有什么花样！"

孔子不慌不忙地走过去，上了北宫结的车子。二人的谈话声音很小，根本听不清楚他们在说什么。

只见二人谈了一会儿，似乎达成了什么协议。北宫结拿出来一块玉帛，铺开来，孔子拈笔在手，一阵疾书。

写完之后，孔子从车子上下来。子路连忙迎上去，低声问孔子："老师，你和他都谈了什么？怎么还……"

话音未落，北宫结已经驱车来到众人面前，在车子上将帛书高高扬起："喂，看到没有？你们的老师仲尼先生已经答应我，从这里离开之后，不管去什么地方,就是不能返回卫国!不但他,我还要求你们所有人,谁也不准返回卫国!如果有人违反了这个规定,可别怪我不客气!"

说完之后,北宫结带着甲士呼啸着离去了。这边,众人一齐将目光投向孔子,听候下一步安排。

不料,孔子说出来的话,令众人大吃一惊:"收拾东西,马上返回卫国!"

"什么?"子路简直以为自己的耳朵出了问题,"老师,你不是刚和北宫结签订了盟约,立了誓?"

"是呀。"

"那你这么做,不是出尔反尔?"

"如果对方是君子,我们就和他谈信义;如果是小人,我们也用小人的手段来对付他。这不算背信弃义!"

众人一听,才恍然大悟。原来老师压根儿就没有把和北宫结签订的盟约当做一回事,纷纷高兴不已。

收拾了行李,众人正要动身上路,忽然,远处几辆车子飞奔而来,烟尘滚滚。子路吃了一惊:"不好,莫非北宫结那家伙反悔了?"

众人顿时都紧张起来。不过他们很快发现,来的并非北宫结一伙,当先一辆车子驾车的,竟然是颜回!

"老师——"

颜回的车子刚一到近前,颜回就从车上跳下来,上来跪倒在孔子面前,"老师,对不起,我来晚了!"

"阿回,我还以为你死了呢!"孔子说话向来彬彬有礼,委婉温柔。但现在见了颜回,情绪大为激动,脱口而出。

"有老师在,我怎么敢死呢?"颜回起身禀报道,"我不但没有死,还带了一支队伍来援助老师呢!"

"哦?"

孔子这才注意到,后面陆续过来的几辆车子,上面满载的都是带甲之士,几辆车子上,少说有几十人之众。

"老师，我来介绍。"颜回将这些甲士的首领叫过来，介绍给孔子，"这位是宁武子家的武丁将军。"

"啊，就是那位'邦有道则智，邦无道则愚'的宁武子？"孔子在采集《卫君子言行录》的时候，对宁武子其人甚是推许。因此一听是宁武子的家臣，也就格外客气："将军辛苦了！"

"哪里。"武丁连忙道，"我等星夜兼程而来，还觉得太慢了！幸而夫子安然无恙，我等就放心了！"

寒暄一番过后，孔子才问颜回："对了，阿回，你是怎么和我们走散的？又怎么去请来了武丁将军？"

"此事说来话长。"颜回道，"老师，咱们先离开这里吧，路上我再慢慢对您讲！"

孔子一听，也对，万一北宫结和公叔戍翻悔，再带人回来，可就脱不了身了。于是和众人立即动身上路。

路上，颜回才把事情的经过讲了一遍。原来，他那天和众人一道向外突围的过程中，忽然想起来自己房间中那一堆书简。他无论如何舍不得丢下，于是又悄悄潜回去，将书简装进书匣，背了出来。

本来颜回是要去追赶老师一行人的，可是却从行人口中得知消息：北宫结带人将孔子等困住了！

颜回知道，以自己一个人的力量，就是赶上去也没用。他必须立即去搬救兵，可是往哪里去搬救兵呢？

如果要回帝丘去请卫灵公发兵，那是最好不过的，可是路途遥远，只怕一去一回，不知道耽搁多少工夫！

还有哪里有救兵呢？颜回忽然想到：宁武子在距离这里不足百里的地方，有一个封邑。当年颜回来卫国，曾经在那座小城中住过一晚。那里民风淳朴，人人安居乐业，给颜回留下了深刻印象。

"对了，就去那里搬救兵！"颜回自言自语道。

可是，这段距离也不近，往返怎么也需要3天时间。老师在北宫结的围困下，能坚持3天吗？

毕竟是颜回，略一思索，做出了一个决定：他要亲自去见公叔戌，逼迫公叔戌给自己一个承诺！

颜回一经决定，立即来到公叔戌的府上，求见公叔戌。公叔戌听说孔子师徒走了，正在大发雷霆。忽然听说有个叫颜回的求见，知道颜回是孔子门下第一得意的学生，因此立即传见。

颜回来到公叔戌面前，单刀直入："公叔大夫，我来是求你一件事情：请你派去的人不要伤害我老师！"

"伤害？"公叔戌似乎没想到他会这么说，"我派人去是为了'请'你的老师，怎么会说到伤害呢？"

"公叔大夫自然是一番好意。可是公叔大夫起事用兵，这样的举动我老师是不会参与进来的！如果大夫一定要用强，只怕我老师会以'死'来作为抗拒。大夫也不想背负逼死'圣人'的骂名吧？"

"死？"

"不错。大夫可能还不了解我老师。如果有谁逼迫他做不愿意做的事情，他是不惜以死抗争的。"

"他不是'圣人'吗？难道他会如此不珍惜自己的生命，会和凡夫俗子一样动不动舍命相拼？"

"正因为是'圣人'，他才比普通人更加珍惜自己的声名。如果不捍卫这个声名，轻易地玷污自己，那么他将来宣讲'大道'，推行教化，又有什么人会相信他呢？"

"那倒是。"

公叔戌听了，也觉得如果逼死"圣人"，大为不妙。正好这时候北宫结从外面回来，所说情形果然和颜回说的一样。

"这么说，仲尼先生真的有必死之志？"公叔戌为难地道，"可是如果我放了他，他一定会返回卫国去。即使不公然阻挠我的行动，大家听说'圣人'不肯归附我，也会失去对我的信心！"

"这个容易。"颜回听了,立即提出一个建议:"那就请公叔大夫派人去和我老师谈判,订立一个盟约,让他保证不返回卫国,不就行了?"

"好,就这么办!"公叔戌一口答应了。

颜回看自己来这里的目的已经达到,于是起身告辞。一出蒲邑,立即星夜兼程,去搬救兵了。

等他到了宁武子的封邑,守城的武丁将军一听公叔戌叛乱,圣人被困,果然立即出兵来救。

事情的经过就是这样,听颜回讲完,孔子才知道,原来公叔戌、北宫结提出订立盟约,是颜回出的主意。

"阿回,你这个主意很不错,不过,你怎么知道,我一定会接受他们的要求,和他们订立盟约?"

"我想,如果我是老师,在这种情形下,一定先和他们订立约定。在脱身之后,就可以放弃约定,不把这样的盟约当做一回事。这样做,并不有损君子的声名,因为对付豺狼虎豹,是用不着信义的。"

"哈哈,还是阿回你最了解我的心思啊!"孔子几天来,第一次露出笑容,朗声大笑起来……

见到老师笑了,颜回、子路等众弟子的脸上也都露出开心的笑容。一场大的危机总算过去了……

第6章

子贡观礼

　　子贡和老师讨论"贫"与"富"的问题，提出了一个观点：贫而无谄，富而无骄。认为一个人做到这样，就可以叫做"君子"了。这是子贡自己的人生体会，的确，一个普通人在贫穷的时候不谄媚，在富有的时候不骄傲，是很难做到的。

　　可是，孔子却提出了更高的要求："贫而乐道，富而好礼"，这是从"道"的层面上去讲了。一个人的贫穷，不是因为他不努力，而是"天命"；同样，一个人富有，也不是因为他的努力，而是"天命"。老天爷让你做一个穷人，或者做一个富人，是因为老天赋予了你不同的使命。重要的是认识到这个"天命"，并且安于"天命"。

　　可以看出，子贡的"贫富观"是建立在"自我"的基础上，而孔子的"贫富观"是建立在"无我"的基础上。子贡在多年之后，在孔子墓守丧的过程中，领悟了老师的话语中的深刻含义，最终选择了成为一名商贾，货殖济世，就是认清了"天命"。

　　商有"天命"，这大概是罕言"利"的孔子无意中为子贡所指出的一条最光明灿烂的阳光大道……

孔子师徒一行人等在离开帝丘3个月之后,又风尘仆仆地回到了这里,并且依旧住在颜浊邹家。

众人安顿下来后,子贡第一件事情,就是赶回自己的家里。他恨不得插上翅膀,一下子飞回家中!

气喘吁吁地,子贡刚跑到自己家门口,在门外就听到院子里传出来一阵响亮的婴儿啼哭声音!

"哇——"

"哇——"

那声音是如此稚气,却又如此响亮有力。隐约还可以听到妻子勾环在哄孩子的曼妙的歌唱:

小宝宝啊小宝宝,
我的小宝宝啊,
宝宝乖啊不哭闹,
宝宝乖啊快睡觉。

子贡听着孩子的哭声,心头阵阵的暖流涌动,不知道怎么,眼睛里似乎有东西要流出来!

他在门外稍微伫立片刻,稳定了一下自己的情绪,然后推门而入。

"阿环,我回来了!"

"啊?是阿赐?"勾环自从孩子出生以后,每时每刻都在忙碌,全身心都扑在了孩子身上。除了夜深人静,孩子睡了以后,偶尔能有时间思念一下丈夫,其他时间根本没有闲暇。不过,虽然如此,一听到丈夫那熟悉的声音,她还是忍不住流下了喜悦的泪水,立即抱着孩子从里面迎接出来。

"阿环,慢点,小心!"

"阿赐,快看,我们的儿子!"

"来,我看看!"

子贡迫不及待地去看勾环怀抱里的孩子。这是一个个头硕大,肥头肥脑的孩子,脸上两团肉,似乎是吹了气的气球一样。尤其那双大眼睛,里面透着水汪汪的光亮，聪慧而充满神韵。

一见到子贡，小孩子似乎也懂得什么，并不害怕，反而口中咿呀着，将自己两只莲藕一样粗壮的小胳膊伸出来，小手张开，似乎要自己扑到子贡的怀里去。这情形令子贡再也忍不住，顿时泪水盈眶。

"宝宝，快看，这是你爹，你爹回来了，咱们一家人团圆了，高兴不高兴呀？来，让爹抱抱！"

勾环一边和孩子说着话，一边将他交到子贡的手上。子贡尽管是个男人家，身体强壮，臂膀有力。这时候张开胳膊，却笨拙无比，将这个柔弱而娇小的生命抱在手上，简直不知道如何是好！

"这样抱，对了，这样——"

在勾环的指点下，子贡很快掌握了要领，总算将小孩子绵软的身子在臂弯里抱定了。他低下头去，还是第一次这么近距离、这么专注地去观察一个新生的婴儿，一个刚只有满月的小生命！

小家伙真是可爱啊！他还不懂得什么，却已经在脸上绽开如花朵般美丽的笑容，令子贡忍不住在他大大的额头上亲了一口！

这是自己生命的延续，这是端木家族未来的希望所在！子贡简直要抱着儿子舍不得放下了！

不过，他还是将孩子交给勾环，先去屋子里见父亲和母亲了。父母双亲见他安然归来，无不擦泪哽咽。

"阿赐，听说你们在路上遭遇了不少险情？在匡地被匡人误会，在蒲地又被公叔戍的叛军围困，是吗？"

"是有这么回事，不过都是有惊无险。"子贡故意说得轻描淡写，"他们震慑于我们老师的'圣人'名头，谁也不敢乱来的。都是误会而已。事实上我们每到一个地方，人们都争着宴请我们呢！"

"真的吗？"父母听了他的话，果然放心多了，"唉，我们还担心你跟着你老师一路受苦受难呢！"

"有老师在，又有那么多师兄，即使有什么情况，也是很容易解决的。比起我一个人在外面做生意来，简单多了。"

子贡最后这句话说的倒是实情。的确，和众人在一起，即使遇到那么复杂的情况，他也没有丝毫的恐惧、不安。因为他能感受到大家的心是连在一起的，这是一个亲密无间的团体，是一个不可被拆分、被打倒，更不可能被摧毁的群体。只要有老师在，一切风雨都不在话下！

听了儿子的一番话，父母亲也都放心下来，"阿赐，既然回来了，你就在家多住些日子，好好陪伴阿坏和孩子。对了，孩子还没有起名字呢！阿环一直坚持要等你回来，给孩子起个名字！"

"好，我这就去和阿环商量！"

子贡从父母房间出来，来到他和勾环的房间，孩子已经在旁边的一张小床上甜美地睡着了，梦中还不时露出笑容。

子贡又在孩子的小床前充满怜爱地看了半天，这才和勾环在床榻边上坐下来，将妻子轻揽入怀。

"阿环，辛苦你了！"

"苦点儿倒没有什么，"勾环道，"就是你不在身边，我总觉得心里不踏实。尤其在生产的时候，阿赐，我真的害怕自己挺不住，但一想到孩子，想到你，我就不知道哪里来的力气，总算顺利生下了孩子……"

"对不起，阿环！"子贡虽然不在身边，不过可以想象，妻子在生产的时候所受的煎熬，一定非比寻常！

"没事了，都过去了！"勾环将目光投向熟睡中的孩子，"只要一看到孩子，就觉得什么都是值得的了！"

二人又说了一会儿贴己话，勾环问子贡："对了，你还没给孩子起个名字呢。"

"嗯，让我想想。"子贡沉思了片刻，"孩子什么时候出生的？"

"大约在卯时前后吧！"

"哦，那就是天快亮了！"子贡点了点头，"看来这个孩子，将来是要光大我们端木家族的，那么，就给他起个名字，叫做'炅'吧！"

"炅？"勾环将这个字在嘴边轻轻念了几遍，然后起身来到熟睡中的儿子身边，俯身下去，轻声道：

"炅炅，你有名字了！你爹给你起的名字，叫做'炅'，将来可一定要光大端木一族，不要让你爹失望哟！"

"他一定会的！"子贡也过来，端详着儿子，"我从第一眼看到他，就觉得这孩子将来的成就，一定在我之上！"

从这天以后，子贡就将更多的时间用来在家里陪妻子和孩子。不过，孔子那里的功课，他也一刻不敢耽误。

孔子再次回到帝丘，卫灵公并没有怪罪于他，反而仍旧如先前的承诺，继续给予他每年6万石的俸禄。

不过，因为要处理公叔戌的叛乱而留下的余波，所以卫灵公依旧没有顾得上给孔子安排一个实际官职。

孔子的生活又回到了原来的样子：闭门讲学，课徒授业。每天和众弟子弦歌问答，不知不觉，一年过去了。

这一年中，收益最大的就是子贡。如果说在拜师的第一年中，他觉得老师甚至还不如自己，那是因为他根本不了解孔子。经过第二年的学习，他才知道孔子的学问是如何博大精深，自己只学会了一点皮毛而已。

这一年，子贡得以系统而全面地了解孔子，尤其在德行方面，他终于明白如何做一个真正的君子。

但这一年还没有结束，子贡的老毛病又犯了，他觉得自己的学问和老师差不多平起平坐了。

这天，子贡又来到老师孔子处。他在内心里有一个想法：要在老师的跟前，验证自己的所学！

"老师，我近来一直在思考一个问题：当一个人身处贫和富这两种反差强烈的境地时，应该如何自处？"

"哦？"孔子的教育，注重的是因材施教，要求每个学生结合自己的人生阅历、自己的切身状况，提出问题，然后自己给出答案，在一问一答中去实践

"礼"。子贡是经商出身,提出"贫""富"问题再合适不过。"你说说看。"

"当一个人处于贫穷的境地的时候,就会不自觉地产生自卑,会觉得自己没有底气,比别人矮了一头,因此和别人说话、在一起交往的时候,就会不自觉地去附和、讨好别人,就会'谄媚';相反,当一个人处于富有的境地的时候,就会不自觉地产生骄傲,会觉得自己财大气粗,比别人高出一头,因此说话的时候,难免盛气凌人,和众人在一起,难免要突出、张扬自己,就会'骄纵'!"子贡对于这两种境地,都有过切身的体会,说这话的时候,眼前浮现过很多场景。

"因此,我个人以为,处于'贫''富'两种不同的境地,最好的方法就是做到'贫而无谄,富而无骄'。一个人如果能够真正做到这一点,他就可以称得上是一个德行完美圆满的君子了!"

"'贫而无谄,富而无骄'?"孔子听了,点了点头,"阿赐,我知道这是你从自身的经历得来,你提出的这种境界,的确非一般人可以做到。但我还要告诉你,还有比这更为高级的一种境界啊!"

"真的?请老师指教!"

"贫穷,我是经历过的。不错,贫穷是一种灾厄,每个不幸处于这种境地的人们,都值得同情。"孔子出身卑微,贫穷对于他当然不是什么愉快的回忆,只不过他从不刻意隐瞒这件事情。

"富贵,我没有经历过,但我见过那些身处富贵的人们,王公贵族,甚至国家君主,他们可以称得上是富有了!但他们却不幸又处在另外一种境地,就是必须时刻注意自己的形象,以免被人批评为'骄于人'……说起来,他们其实和贫穷的人们一样,都是值得同情的啊!"

孔子的一番话,字字句句,都说到了子贡的心坎上。他忽然意识到:贫穷也好,富贵也罢,自己是不是太过刻意关注这二者的强烈对比与反差,而忽略了超越贫富之上的某种东西呢?

"其实,贫穷和富贵,都是上天赐予我们的,而不是我们自己所能决定的。"孔子继续说道,"我们真正能决定的,只有一件事情,就是我们自觉选择我们处于贫穷或富有的境地时的态度。所以，我要说的是，一个真正的君子，即使他再怎么贫穷，他也会安于这种贫穷，并不会因为贫穷而沮丧，怨天尤人。他会在这种贫穷的境地中，依旧关注自己的道德修养，从而保持内心的快乐。同样，即使他再怎么富有，他也会安于这种富有，并不会因此而骄傲自大，目中无人。他会利用自己的富有，不但自己去推行和实践'礼'，而且让大家都来学习'礼'。这就叫做'贫而乐道，富而好礼'！"

"'贫而乐道，富而好礼'？"子贡喃喃自语，他觉得老师一下子给自己打开了一扇更为广阔的大门。

"老师，我明白了！"子贡一瞬间头脑里风雷激荡，好多的灵感一下子涌撞上来。他脱口而出：

如切如磋，

如琢如磨。

"老师，我以前在从事玉器生意经营的时候，曾经长时间在玉器匠人的工厂里，观察他们是如何劳作的。我发现那些匠人一天到晚工作，却从来不会觉得劳苦。他们将一块块看似普通的石头剖开，从里面取出玉的精美的胚胎，然后根据天然的形状加以切割，将毛边去除，然后，确定了要制作的玉器的形状后，就进行仔细的雕琢，最后完成后，再进行细致入微的打磨。玉器制成后，他们每个人都因为自己将那个沉睡在自然深处的生命唤醒，从而奉献给世人而充满喜悦。他们从来不去关注这块玉石在市场上的价值，而只是纯然地享受那喜悦，这就是'道'吧！"

"说得很好，阿赐，你这两句诗，引用得非常贴切，也很好地阐明了这两句诗的精神！"孔子面露喜色，由衷地赞叹道，"诗，不是通过我们的思考，用文字雕琢堆砌而成，它来源于我们内心的热忱与感动，它是我们心声的直接表达。你终于能够理解如此深奥的《诗》的精髓了！"

老师的称赞，令子贡很是惭愧。就在进门之前，他还在为自己的"贫而无谄，富而无骄"的境界而洋洋自得呢！若非老师以"贫而乐道，富而好礼"点醒自己，他能由此而悟《诗》吗？

就在他收起骄傲之心，谦恭地低下头，准备告辞的时候，孔子忽然想起来一件什么事情，叫住了他：

"对了，阿赐，我正要派一个人到鲁国去。"

"哦？"

"听说郯国的国君近日要到鲁国去朝拜，我想派一个人去观礼。"

"老师的意思是让我去？"

"本来我还没有想好。"孔子道，"刚才听了你对《诗》的了解，造诣好像已经不错了。我决定让你去！"

"多谢老师信任！"子贡一阵激动，在拜入孔子的门下两年以后，他终于可以被委任做一件事情了。

从孔子那里接受了指派以后，子贡精神抖擞，第二天一早就告别了父母妻子，动身离开了帝丘。

从卫国的帝丘到鲁国的曲阜，路程并不算如何遥远。因此子贡一路上并不急于赶路，而是不慌不忙，仔细地观察所经过地方的风土人情，了解每个地方的市场行情，为将来经商打下基础。

这也是子贡第一次到鲁国来。鲁国，是周公旦的封国。周公旦是个了不起的人物，也是孔子一生最钦佩的著名政治家。周公旦辅佐武王，武王驾崩之后，周公旦摄政，代替年幼的成王行使君权。周公旦的儿子伯禽代替父亲，到鲁国就位。周公旦为周王朝尽心尽力，死也没有到鲁国来。但鲁国却作为周公旦的"礼乐教化"的政治理想的最佳实践场所，而成为列国中为首的道德模范，被称为"周礼尽在鲁"。其他的各国诸侯，想要了解周礼，也往往专门派人到鲁国学习。

据《礼记·明堂位》记载说："凡四代之器、服、官，鲁兼用之。是故，鲁，王礼也，天下传之久矣。"

鲁国因为代表周王室，担负着镇抚周边部族，传播周文化的使命，因此极力推行"礼乐治国"。上至君主，下至卿士，无不循礼而动。不论是"国之大事"，还是往来小节，如君位传承、祭天礼祖、对外战争、朝聘会盟，以及燕享、乡射等等，无不以"礼"作为规范，一旦违反了"礼"，就会受到指责，甚至被视为"不祥"的举动。历代鲁国君主，始终不忘"法则周公"。

只有子贡来到鲁国，亲自观看，感受到了"礼"在鲁人的日常生活中怎样约束一举一动，无时无刻不在发挥巨大的作用，他才意识到，大概也只有在鲁国，才会孕育出孔子这样一个"圣人"。

子贡按照孔子的吩咐，来到鲁国的曲阜以后，首先去找了孔子昔日在国内的好朋友，代为求见鲁侯。

鲁定公自从孔子走了之后，一直后悔不已。因为"堕三都"、"削三桓"的事情，只有孔子能做得来，连鲁定公自己也做不来。而"三桓"不除，鲁定公只能是名义上的君主，并没有实权。

鲁定公人在深宫，却一直在秘密打探孔子的消息。听说孔子在卫国不受重用，却又不肯回来，鲁定公内心充满了悔恨、自责，然而却碍于"三桓"主政，想公然请孔子回来都做不到！

正在此刻，消息传来：孔子派弟子端木赐从卫国来到鲁国，求见鲁侯！鲁定公立即答应，宣召子贡。

子贡这天经过精心打扮，按照约定的时间来到鲁国的宫室。他本来就年轻，如今加上一身华丽的装饰，更加气度不凡。他一见到鲁定公，立即行礼叩拜，并且奉上精美的玉璧一双，不说是自己重金求购而得，只说是老师孔子请他代为捎来，献给鲁定公，以略表其思念之情！

鲁定公是大国之君，自然不会将一对玉璧放在眼里。不过听说是孔子所送，难免又思念起孔子在时的千般好处，万般情义，尤其孔子在夹谷之会上，帮助鲁定公一举镇住了齐景公，大长鲁国威风，令鲁定公在列国之间扬名；孔子和鲁定公商量"堕三都"，主持实行这个庞大的改革计划，鲁定公也都从头到尾，参与其中。那段日子真是风云变幻，每天都有动人心魄的事情发生。而孔子一去，鲁定公的生命也仿佛一下子从璀璨转为暗淡，生活再没有了滋味……

"唉！"鲁定公不由地叹息一声，"令师当初为什么一定要离开呢？听说他因为齐馈女乐，怒而离开，其实有什么关系呢！不过我和季卿也的确有失'礼'

的地方，也怪不得令师失望啊！"

"大王请放心，我常听老师讲，鲁国是父母之邦，埋骨所在。做臣子的，不管怎样都不会埋怨和怪罪自己的居主；做儿女的，不管怎样都不会去指责和记恨自己的父母。我老师尽管身在他乡，却没有一天晚上，不思念自己的故国，不思念大王，和鲁国宗庙供奉的列位祖先啊！"

"那就好，那就好！"

"对了，就在我来这里的时候，我的老师还在闷闷不乐，他说自己已经连续3个晚上，没有梦到周公了！"

"和令师相比，我这个做君主的，倒更应该惭愧呢！"鲁定公听了子贡的一番话，眼睛红红的，"唉，我真恨不得马上见到令师，希望可以和他一道再做些事情呢！不知道他何时能回来啊！"

"我老师也在等待一个合适的机会。"子贡巧妙地回答，"如果父母之邦确实需要他，我老师会马上回来的！"

鲁定公没有再说什么。其实他也知道，自己一道诏书下去，孔子马上会回到鲁国来。但回来又能做什么呢？三桓的势力实在太大了，他们不会再给孔子机会，不会允许他继续进行"堕三都"的宏伟改革，那样的话，孔子回来也就失去了意义，还不如在其他国家寻求机会一展才华呢！

这天晚上，鲁定公特地留子贡在宫中用了膳食，晚上就住在驿馆，等候第二天郯隐公来后，子贡在旁观礼。

第二天一大早，子贡早早动身赶往宫中。他知道今天的排场一定非比寻常。果然，为了迎接郯隐公，宫中里外焕然一新。吉、凶、军、宾、嘉……所谓"经礼三百，曲礼三千"，真可谓繁文缛礼，大而至于政治、军事，小而至于衣冠、陈设，无不井然有序，条理分明。

这天来观礼的人也很多。三桓都派来了自己的家臣，其他一些著名的大臣也都作为陪客，忝列席中。

来鲁国朝拜的这位郯隐公，可是大有来头。郯国和鲁国一样，历史悠久，是仅次于鲁国、齐国的大国。尤其在军事力量上，鲁国拥有兵车800乘，郯国就拥有兵车600乘。因为鲁国和邾国接壤，因此摩擦冲突不断。邾国最初采取和鲁国结盟的亲近政策，然而毕竟自身实力强大，不甘心作为鲁国的附庸，因此后来邾国就被晋国拉拢过去，在晋国的支持下开始和鲁国发生战争。这一打就是几十年，邾国在和鲁国的战争中总是输多胜少，鲁国不断地蚕食邾国的土地、人口，邾国的国力日渐衰弱，不得不承认和鲁国的差距，向鲁国称臣。邾隐公就是如此。

这天，当邾隐公来到的时候，鲁国的宫室门户大开，鼓乐齐鸣。邾隐公虽然是来朝拜的，却趾高气扬，大摇大摆而入。

鲁定公今天也衣着华丽，早早坐在殿堂之上等候。当听说邾隐公进来，众人的目光一齐投过去。

邾隐公在邾国执政已经10多年。在国内作威作福惯了，骄横异常。此次乃不得已来鲁朝拜，内心其实十分不情愿。因此，他进来后，面对如此隆重的场面，并没有表现出毕恭毕敬的神态。

相反，只见他大大咧咧地，来到鲁定公面前，跪拜之后，高举玉圭，同时仰起头来，满脸的不在乎：

"臣曹益参见大王！"

再看鲁定公，虽然是受礼的一方，却慌忙起身，一面接过玉圭，一面低下头，谦卑地冲对方笑着：

"好，好，请起！"

就这么一个简单的朝礼和受礼仪式，令在旁边的诸人看了，无不暗暗摇头。看来邾国和鲁国的纠纷，并不会因此而有一个最终的结果。鲁国没有绝对的力量，可以令邾国臣服；邾国也没有绝对的把握，可以取鲁国而代之。这一场双方的博弈，还将在棋盘上没完没了地对峙下去。

接下来就是热闹的酒宴，丰盛的菜肴和精致的美酒，以及令人眼花缭乱的歌舞，都暗藏着"礼"的精神！

但子贡却没有心思看下去了，他终于明白老师为什么要离开鲁国了：在一个以"礼"为生存根本和至高无上的精神所系的国度，如果连这里的"礼"都被荒废和得不到严格的维护了，那么只能令那些将自己的生命献给"礼"的理想之士痛苦不堪！与其坐视其堕落和被扭曲、摧残，倒不如狠心离去，在自己的内心里还能保留一线希望，为将来"礼"的复兴保留一脉生机！

观礼结束后，子贡没有在鲁国多做停留，匆匆返回卫国。他知道老师一定在着急地等着自己回报消息。

果然，孔子从子贡走后，就一直在等候从鲁国传来的消息。毕竟是父母之邦，孔子离开故土1年多来，真是无时不刻，不在思念故国。尤其这1年多，在卫国也是赋闲，欲前往晋国，又经受那么多坎坷。孔子毕竟已经不年轻了，他已经快到花甲之年，人生没有多少时间可以等待了！

听说子贡回来了，孔子马上吩咐子贡到自己的房间来。子贡进来给老师见礼，孔子将他扶起来：

"免礼。快说，那边情况怎么样？"

子贡当然清楚，孔子不是问两国的国君见面的情形，而是问鲁定公，尤其关注鲁定公有没有问起他。

"老师放心，我和大王一见面，大王就问起老师在这边的情形，而且回忆起当日的夹谷之会，以及后来的'堕三都'，大王对老师做的每一件事情，都记忆在心，没有须臾的忘记啊！"

"真的？"

孔子听了，眼睛里顿时湿润了。他又何尝不思念鲁定公，不希望能够马上回到鲁定公身边去！

"那么，大王有没有透露要召我回去？"

"大王自然希望老师回去，但我提出，需要一个合适的时机，大王就没有再说什么了，只是摇头叹息……"子贡将当时的情形详细介绍了一遍，"对不起，老师，我不知道自己做得对不对？"

"对，很对！"

虽然孔子极力掩饰自己的失望之情，但他的落寞、凄然的神色，又怎么能逃过子贡的眼睛？

"老师，有一句话，学生不知道当讲不当讲？"

"讲。"

"我倒觉得，老师如果能够不回鲁国去，还是不要回去的好。你现在在卫国就很好，将来到晋国去，甚至到楚国去，情形也不会差到哪里去。唯独鲁国，我觉得那个地方已经不适合老师待下去了。"

"何以见得？"

"这是我从这次观礼过程中得出的一个结论。"

当下，子贡将自己所见到的鲁定公和邾隐公见面的整个情形，详细讲了一遍，然后说出自己的判断：

"老师常常说，'礼'，是存亡、生死的根本。小，从每个人的一举一动、一言一行；大，到国家的祭祀、丧礼以及诸侯之间的见面来往，都得依循礼法。现在，我在旁边观察，发现两位国君在如此重要的朝见大事上，行为举止，都不合于法度，可见'礼'对于他们而言已经丢失了根本。国家失去根本，就会陷入衰落；君主个人失去根本，就会面临衰亡。邾子作为来朝的一方，献上玉器的时候本应该谦卑低头，却高仰骄傲，骄傲代表混乱，说明邾国的国政一团糟糕，国家的运势不会长久了。至于谦卑，是衰弱的先兆，接近疾病，说明鲁公的身体不但有疾，而且病入膏肓。鲁公又是主人，我担心他的身体很快就会出现问题，而且不可挽回！"

这一番话，如惊雷滚滚，连孔子都为之色变，不由脱口批评子贡："阿赐，你的话实在是太多了！如果不幸被你说中，那么情况也太糟糕了！我什么时候能回鲁国去呢？还有谁会赏识我呢？"

说完这番话，见孔子失魂落魄，子贡也不敢再说什么，借口回家看望父母妻子，匆匆告别了老师。

事实证明，子贡的预言是正确的：邾国的国君是正月来朝，不到五月，鲁定公就因病入膏肓，不治归天。

消息从鲁国传来，孔子闻言号啕大哭，当即吩咐制作丧服，众弟子跟随他一道，立即返鲁服丧。

第7章

颠沛流离

子贡在自己拜入孔门第一年,认为老师孔子的学问还不如自己;第二年,认为老师和自己的学问一样;第三年,才知道自己和老师比起来,一个是杯中之水,一个是无涯大海。

孔子所传授给子贡的,并不是"死"的知识,而是活的"道",尤其言传身教的,是那种明知不可而为之的入世精神。孔子一心要拯救的整个天下,是从君主至平民的所有人。虽然主张不被接受,以至于颠沛流离,孔子却从来没有动摇过、后悔过。

子贡从老师孔子身上,看到的、学到的是一种精神,一种超越自身利益、献身于天下的"仁爱"的伟大精神。而这种精神,又是一切力量的源泉,是所有力量中最伟大的。

从孔子身上,子贡意识到,普通人来到这个世界上,所追求的无非是"力"——权力是力,金钱是力,甚至身体强壮、勇武过人也是力;然而,只有真正有道德、有修养的君子,才会懂得去追求"美"。所有的"力"都不过是暂时的,虚无缥缈的,都会最终转化、消失,从强盛到衰弱,从兴起到灭亡,只有"美"才是永恒的……

孔子一行人等匆忙赶回鲁国，参加了鲁定公的葬礼。葬礼结束后，鲁定公的儿子即位，史称鲁哀公。

鲁哀公上任以后，第一件事情就是召孔子问政。这也反映了鲁哀公有励精图治、做一代贤君的雄心。

鲁哀公首先问孔子："寡人想要治理好这个国家，欲选取国内的贤士，却不知道该如何去做？"

孔子回答说："这个很简单。只要看那些生在当今之世，却牢记着上古时代的处世原则；不为当今的风俗所动，仍然穿着古代式样的衣服，像能做到这样的人，为非作歹的一定不会有很多。"

"可是如何从他们里面区分出，哪些是真正有用的人才呢？"

"人才有几种：庸人、士人、君子、贤人、圣人。不知道大王要问哪一种？"

"何谓庸人？"

"所谓庸人，就是嘴里说不出好话，心里也不懂得忧愁；出去时候没有方向，立定的时候不知道立脚点在哪里；天天在各种事物中挑选，却不知道什么是贵重的东西；一味顺从外界，而没有自己的见解，为耳、目、鼻、口、心的欲望所主宰；像这样，就可以称之为平庸的人了。"

"何谓士人？"

"所谓士人，即使不能彻底掌握治国的原则和方法，但必定有所遵循；即使不能尽善尽美，但必定有所操守。所以他了解知识不求多，而务求审慎地对待自己的知识；说话不求多，而务求审慎地对待自己所说的话；做事不求多，而务求审慎地对待自己所经手的事。知识已经了解了，话已经说了，事已经做了，那就像自己的生命和肌肤一样不可能再加以改变了。所以富贵并不能使他增加些什么，卑贱并不能使他减少些什么。像这样，就可以称之为士人了。"

"何谓君子？"

"所谓君子，就是说话忠诚守信，而心里并不自认为有美德；仁义之道充满在身，而脸上并不露出炫耀的神色；思考问题明白通达，而说话却不与人争辩；

所以洒脱舒缓好像快要被人赶上似的，就是君子了。"

"请问何谓贤人？"

"所谓贤人，就是行为符合规矩法度，而不伤害本身；言论能够被天下人取法，而不伤害自己；富裕得拥有天下，而没有私藏的财富；把财物施舍给天下人，而不用担忧自己会贫穷。像这样，就可以称之为贤人了。"

"请问何谓圣人？"

"所谓圣人，就是智慧能通晓大道、面对各种事变而不会穷于应付，能明辨万物性质的人。大道，是变化形成万物的根源；万物的性质，是处理是非、取舍的根据。所以圣人做的事情，像天地一样广大普遍，像日月一样明白清楚，像风雨一样统辖万物，温温和和、诚恳不倦。他做的事情不可能被沿袭，好像是上天主管的一样；他做的事情不可能被认识，老百姓浅陋得甚至不能认识和它相近的事情。像这样，就可以称之为圣人了。"

"很好，人才，寡人已经知道了。请问如何选取呢？"

"不要选取要强好胜的人，不要选取钳制别人的人，不要选取能说会道的人。"孔子解释道，"因为要强好胜的人，往往贪得无厌；钳制别人的人，往往会犯上作乱；能说会道的人，往往会弄虚作假。所以说，弓，首先要调好，然后才求其强劲；马，首先要驯服，然后才求其成为良马；人才，首先要忠诚老实，然后才求其聪明能干。一个人如果不忠诚老实，却又非常聪明能干，打个比方，他就好比是豺狼啊，这样的人哪里有人敢靠近他呢？因此，我听说：'齐桓公任用逆贼，晋文公任用强盗'。所以说，英明的君主，总是根据利害得失的原则来选用人，而不是凭感情用事；相反，昏庸的君主，就会凭感情来选用人，而不根据利害得失。对利害得失的计较超过了感情用事就会强盛，感情用事超过了对利害得失的计较就会灭亡。"

……

就这样，一直谈论了一天一夜，鲁哀公才结束了和孔子的第一次会谈。不久，又特地召孔子进宫。

"寡人生于深宫之中，长于妇人之手，不知哀、忧、劳、惧、危，请问先生，寡人该怎么做？"

孔子回答说："大王您所问的，是圣明的君主所问的问题。我孔丘只是个普通的小百姓，哪能知道这些？"

鲁哀公也知道，这其实只是孔子的自谦之词，因此又请求道："除了您，寡人没有地方可问啊。"

"那我就勉强说一说吧！"孔子不慌不忙地说，"您走进宗庙的大门向右，从东边的台阶登堂，抬头看见椽子屋梁，低头看见灵位，那些器物还在，但那祖先已经没了，您从这些方面来想想悲哀，那么悲哀之情哪会不到来呢？您黎明就起来梳头戴帽，天亮时就上朝听政，如果一件事情处理不当，就会成为祸乱的发端，您从这些方面来想想忧愁，那么忧愁之情哪会不到来呢？您天亮时上朝处理政事，太阳偏西时退朝，而各国逃亡而来的诸侯的子孙一定有等在您那朝堂的远处来侍奉您的，您从这些方面来想想劳苦，那么劳苦的感觉哪会不到来呢？您走出鲁国国都的四方城门去瞭望鲁国的四郊，那些亡国的废墟中一定有几处茅屋，您从这些方面来想想恐惧，那么恐惧之情哪会不到来呢？而且我听说过这样的话：'君主，好比船；百姓，好比水。水能载舟，亦能覆舟。'您从这个方面来想想危险，那么危险之感哪会不到来呢？"

……

这一次的接见，又谈了一天一夜。但鲁哀公虽然对孔子如此尊敬，却终于因为鲁国的朝政大权实际上把持在"三桓"的手里，而"三桓"对孔子充满了敌意，因此，始终不能重用孔子。

第二年，即鲁哀公元年，吴国和越国发生了战争。吴国的军队攻入越国，在越国境内的会稽，发现了一枚巨大的骨节，要用整整一辆车子才能装载得下。巨骨被运回吴国以后，人不能识，于是有人对吴王建议："听说鲁国的圣人孔子博学多识，天下之事没有他不知道的，何不派人去询问？"

吴王一听，大喜，立即派遣了使者到鲁国访问，顺便用车子将巨骨载到鲁国去给孔子辨识。

吴国的使者在拜见了鲁哀公，献上礼物以后，从宫中出来，立即驾车子直奔孔子的住处，专门求教。

这类的事情，在孔子的家中差不多每天都有发生。孔子接见了吴国的使者后，吴使道明来意，将巨骨呈送给孔子观看。

"请问，这是什么骨头？"

"让我看一看。"孔子背着手，围绕那骨头不慌不忙地转了三圈，然后点了点头，回到堂上坐下。

"如果我没有猜错的话，这应该是防风氏的骨节。"

"哦？"

"我听说，昔日，大禹在会稽山召集四方的诸侯，只有防风氏来晚了，被大禹所杀。防风氏身材高大，他的骨节要专门用一辆车子才能装下。你们如今载来的，应该就是防风氏的骨节了。"

接着，孔子给吴使详细讲述了防风氏的职守，以及传说中防风氏的一些高大特征，吴使满意而去。

吴国的使者去后不久，晋国的使者又来到了。原来是晋国的赵简子，听说了孔子不受佛肸的召请，想到晋国而没有成功的事情，因此特地派人来聘请孔子，希望孔子到晋国去辅佐自己。

赵简子之贤，孔子是知道的。既然在鲁国不得重用，还不如到晋国去实现自己的政治理想呢！

孔子立即抱定了主意，和弟子们一商量，子路、颜回都不反对，于是孔子师徒等人又离开了鲁国。

这一次离开鲁国，和上次不同。上次是负气出走，这一次则是失望而走。对于父母之邦，孔子的眷恋之情，依旧如故，但对于在鲁国行道，孔子则彻底死了心，再不抱任何的希望了。

然而孔子的命运注定不济。离开鲁国以后，刚来到黄河边上，就传来一个令人震惊的消息：赵简子把大夫窦鸣犊、舜华二人给杀了！

原来，这二人都是晋国的著名贤大夫。赵简子联合其余三卿，将范、中行二卿驱逐出晋国，在晋国已经是赵氏一人为首。赵简子有心图霸，对外用兵，恢复晋文公时候的霸业，可是却遭到昔日的好朋友窦鸣犊和舜华的反对。这二人都积极主张推行"仁政"，而反对"霸政"。

赵简子对二人不再像先前那样支持自己，很是失望，叹息说道："雀入水可变蚌，稚入水可变蛤，鱼鳖水族都可变，而人却无法变化啊！"

对此，窦鸣犊回答："我听说，君子可悲的是无人才，不悲无钱财；可悲的是无贤臣，不悲无宠臣；可悲的是名声不好，不悲年岁不寿。范、中行二氏，不体恤百姓的苦难，却想在晋国擅政，而今他们的子孙，只能流落在齐国务农耕田。这就好像原本祭祀宗庙的牛，现在却变成了田中的耕牛。人的变化，哪一天不在发生呢？"私下里，窦鸣犊对人说道，"赵氏之所为，非社稷之臣。"

赵简子闻言大怒，执刀而逼。窦鸣犊至死不惧，大扬其非："汝不臣之心，路人皆知之！杀我之头，岂能钳制世人之口乎？"

最终，赵简子将窦鸣犊和舜华一起杀害，于是晋国之中，再没有人敢指责赵简子的所作所为了。

消息传来，孔子一行人等，正在黄河边上，准备第二天渡河前往对面的晋国。一听窦鸣犊、舜华被杀，孔子如闻晴天霹雳。他呆呆地站着，仿佛一个木头人一样一动不动，而两行泪水却滚滚而下。

"唉！"半晌过后，孔子才一声长叹，似乎是在对着滔滔的黄河之水，又似乎在对着对岸的晋国：

"多美的河水呀，可惜我不能渡过去了。唉，这就是我的命啊！为什么我的命会是这样的呢？"

当时，众弟子中，距离孔子最近的是子贡，子贡虽然聪明，也猜不到孔子的心意，因此脱口而出：

"老师何出此言？"

孔子叹息着道："刳胎杀幼，麒麟就不会出现在郊外；竭泽而渔，蛟龙就不能来调和阴阳；覆巢毁卵，凤凰就不会飞翔于九天之上。君子忌伤同类，连鸟兽都回避这些事情，何况我呢？"

于是，孔子就取出琴来，对着滔滔的黄河之水，流着眼泪，作了一曲哀歌

《将归操》,以纪其事:

> 周道衰微,礼乐陵迟。
> 文武既坠,吾将焉归。
> 周游天下,靡邦可依。
> 凤鸟不识,珍宝枭鸱。
> 眷然顾之,惨然心悲。
> 巾车命驾,将适唐都。
> 黄河洋洋,攸攸之鱼。
> 临津不济,还辕息鄹。
> 伤于道穷,哀彼无辜。
> 翱翔于卫,复我旧庐。
> 从吾所好,其乐只且。

琴曲凄婉,众人听了,无不陪同孔子一道落泪心悲。连滔滔的黄河似乎也暂时停止了咆哮,听孔子倾诉心声。

不能继续前往晋国,孔子一行人等只好暂时回到卫国。他们仍旧居住在颜浊邹的家中,弦歌自娱。

这一年的八月,齐景公趁着晋国的赵氏和范、中行氏互相攻杀的机会,想取代晋国而成为新的霸主,于是派了使者来到卫国,相约卫灵公一起讨伐晋国的赵氏。卫灵公拿不定主意,因为他年事已高,已经厌倦了战阵之事,于是想到了孔子。如果孔子肯代替自己出征,再好不过。

这天,卫灵公派人将孔子请来,恭恭敬敬地问:"关于如何治理国家的事情,寡人从与先生初见,就已经问过先生了。这一次,寡人想请教先生关于军旅方面的学问。"

"哦?"孔子一听,立即明白了,外面的传言不虚,齐国以盟主的身份,召集鲁国、卫国、郑国,要攻打晋国,看来卫灵公一定也感受到了齐景公的压力,因此才向自己讨教一个法子吧!

"我是不是听错了?我学习的是'礼',是俎豆之事,大王却反而来问我军旅之事，我哪里懂得呢？"

"哈，我知道先生以'礼'著称，天下也皆以为先生只懂得'礼'，其实却不知道，先生在军旅之事上，也是个大行家。我听说，先生在夹谷之会，以及在'堕三都'与费人之战中，都是兵行险着，出其不意。再说，我听说先生的弟子中，也有不少用兵布阵的高明人才。如果先生肯代替寡人率领卫国的甲士出征，那么寡人就可以放心了。"

卫灵公的话已经再明白不过，孔子知道自己如果再推辞，会令卫灵公难堪，只能借口说道：

"让我回去和弟子们商量一下！"

晚上，孔子在自己的房间里，将子路和颜回叫来，师徒三人在灯下仔细地研究应对之策。

"仲由，阿回，你们两个说说看。大王要我代替他领兵出征，是真的要用我，还是在为难我？"

"当然是真的，那还用说？"子路性子急，一听说这件事情，立即不假思索做出了判断。"咱们闲了这么久，总该做点什么了！这次有这么好的机会，为什么要错过？老师你不用担心，你只是挂个名义就是了，出征以后，冲锋陷阵的事情，都由我来包办。你只等为我摆设庆功宴就可以了！"

"不是这样简单。"颜回却考虑问题细致入微，角度往往和众人不同，"这次是齐国牵头，齐、鲁、郑、卫四国联合起来，攻打晋国的赵氏。表面上看起来，晋国必败，其实不然。晋国自文公之霸，一直到现在，都是一等一的大国，是当然的霸主。现在虽然衰落了，但国内积累的雄厚财力和培养出的无数杰出人才，都不是可以一举摧毁的。即使四国联合击败晋国，也只是暂时的胜利，而不可能是决定性的。况且晋国六卿，如今还剩下四家，四家又都以赵氏为首，四家联合，力量不可小觑！如今胜败在未决之际，老师怎么可以冒昧地答应大王，代替大王领兵出征呢？再说了，这样做，与老师一贯所宣扬的以'礼'来匡扶天下、拯救人心，岂非背道而驰？老师难道要舍弃自己的事业，去为了齐国的虚幻霸业而流血牺牲吗？"

"阿回，你说得很对！"孔子其实也不愿意答应卫灵公，只不过他需要有一个人来支持自己的想法。

因此，一听颜回这么说，孔子立即决定了，"好，那我就去回绝大王，让他另外寻找合适的人选。"

果然，第二天一大早，孔子就来见卫灵公，卫灵公还以为他一定会答应，早早在宫中的高台上摆设了酒席。高台的四面，菊花盛开，抬头看，上面的天空湛蓝，一群群大雁列阵飞过，声声鸣叫。

"来，先生，寡人敬你一杯！"卫灵公不等孔子开口，早端起一杯酒来敬孔子，孔子只好跟着干杯。

"多谢大王！"

"来，再喝一杯！"

一连喝了三杯，卫灵公抬起头，正好看到一只苍鹰在空中盘旋，不由地发出感慨："唉，寡人的内心里，多想和这苍鹰一样，翱翔长空，搏击四方，只可惜，岁月不饶人，不能再出征厮杀了！"

"大王，一个人的体力、精力、生命，终究是有限的。只有德行才可能超越这有限的时空，而至于无限，世世代代流传下去。"孔子趁机进言，"大王为何只想到对外用兵，耀武扬威，而没有想到在国内修持德政，惠泽于民？毕竟以武力维持的国运，难以长久；只有以礼乐教化，才能使世代子孙，从祖先的德行中受到恩惠。大王难道不想像康叔一样，做一个有德之君吗？"

"唉，先生在我卫国也已经快3年了，寡人以为，你已经很了解卫国的情形。"卫灵公叹息一声，摇了摇头，"树欲静而风不止，寡人就是想安心在国内修持德政，外面的情势也不允许啊！齐国、晋国，哪一个肯让寡人清静下来？外患不除，又哪能够从容地在国内实行礼乐教化？"

"大王以为外患难除的原因何在？不正因为国内教化不兴，百姓未能觉悟，上下无法一心，因此国力不振吗？"孔子道，"我在鲁国初执政的时候，也是这个情形。但我只用了不到1年，就扭转了这个局面。现在，如果大王用我来推行礼乐教化，我保证，同样不出1年，卫国的局面一定会大大改观！"

"1年?"卫灵公叹息一声,"就是这短短的1年,齐国、晋国也不会给寡人时间来实行教化啊!"

他摇了摇头,不再去看孔子,而只是抬头看天。他的意思很明显:我只相信霸道,不相信王道!

孔子也知道,自己没有任何的理由再在卫国留下去了!是该决心离开了!

告别了卫灵公,从宫中出来,一路上,孔子已经在心里盘算了无数遍:不论下一步去哪里,先离开卫国再说吧!

这天,子贡听说卫灵公召见老师孔子,以为老师必定会被授以重任,和众师兄弟一道,兴冲冲地等着给老师贺喜。不料,孔子从宫中回来,却宣布了一个令人吃惊的消息:收拾行囊,马上离开卫国!

这也意味着,又一次颠沛流离之旅要开始了。而子贡不得不又面临一次选择:他还要跟老师一起走吗?

应该说,在孔子门下差不多3年,子贡已经学到了足够多的东西,完全可以自立门户,自成一家了!

作为一个君子,子贡要学习的东西已经足够;但作为一个学生,学成之后回报老师,子贡觉得还差得远!

和老师朝夕相处的3年中,子贡越来越觉得,老师所从事的事业是一个了不起的文化工程:要在这么一个纷扰之世,恢复周公旦时候的礼乐制度,不能说是做白日梦,至少也是一个神话!

而孔子对这个神话深信不疑,甚至愿意用自己的一生来实践这个神话,来使传说中的一切复活!

孔子在很多人的眼中无疑是愚笨而可笑的,但在子贡的心目中,却是聪慧而可爱的。的确,对一个像孔子这样的圣人来说,还有什么是可以追求的呢?能够将天下人都唤醒,带入到一个礼乐之世,享受和谐和欢乐,而离开现在这个乱哄哄的纷争之世,还有什么比这更伟大的事业吗?

但子贡也知道,孔子的这一理想是注定不可能实现的。现实不可扭转,分崩离析的周王朝,不可能再有能力来恢复和维持一个礼乐之世,孔子想通过自己一个人的努力来做到，更不可能！

　　知其不可为而为之，是孔子一再讲过的话。他并不勉强每个弟子都要追随他的这一梦想。如果有人学成之后，想要去做官，去经商，孔子都不反对，甚至他还鼓励每个人去取得权势和地位，争取在适合自己的位置上，利用权势和地位将"礼"推行出去，使人民得到更多的恩惠和福泽。

　　孔子是如此地执著无悔，又是如此地勇往直前，不改初衷，所以，很多弟子都希望学成之后，能够有能力帮助老师来实现梦想。

　　现在，子贡就抱着这么一种想法。如果说上一次孔子离开，他只是要追随孔子继续学习；则这一次离开，子贡的想法是老师一定会遇到更多的困难，这一次应该轮到自己为老师排忧解难了！

　　晚上，子贡回到家里，将自己的想法首先和妻子勾环商量了一下。勾环一听子贡又要离开，有些恋恋不舍。尤其小炅炅现在只有两岁，正在需要父亲和母亲关爱的时候，实在离不开人。

　　然而，勾环听了子贡的想法，也深深为子贡对老师的孝顺之心所感动，所以也就答应了子贡：

　　"阿赐，我支持你的想法。毕竟只有好老师是不够的，还需要有好学生，师徒相得益彰，互相促进，互相帮助，才能就成一番大事业！我只希望你不要去得太久，一有空就回来看我们娘俩！"

　　"那是肯定的，放心，不管我走到什么地方，我都会将你们两个放在心中。"子贡道。

　　小炅炅还没有睡，子贡将儿子抱过来，让他躺在父母的中间，子贡和勾环一人拉住炅炅的一只手。

　　"炅炅，阿爹要离开家一段时间。这段时间，你要在家里乖乖听娘的话，要代替爹照顾好你娘，好吗？"

　　"爹，不走行吗？"小炅炅毕竟是男孩子，对父亲特别地依恋。他有些乞求地对子贡道："是不是因为炅炅淘气，惹阿爹生气，所以阿爹要离开炅炅？我向您保证，以后我再也不淘气、不吵闹了！"

"炅炅啊，跟你没有关系，爹要离开，是因为有非常重要的事情要去做，你这么乖，爹也舍不得你啊！你放心，等爹在外边的事情一办完，马上就会回来，到时候就和炅炅在一起玩了！"

"一言为定，拉钩！"

"拉钩！"

于是，子贡伸出手指，和小炅炅的手指勾在一起，二人互相拉了3下，彼此都牢记了这一承诺。

第二天，子贡又和父母禀报，又去和外公蘧伯玉告别。蘧伯玉已经年过90的高龄，平日里闭门不出。听说孔子又要离开卫国，知道卫国虽然对圣人款之以礼，却终究无缘留下孔子出仕，也唯有摇头叹息而已。不过，老人家还是叮嘱子贡，一定要多跟随在孔子身边，所谓学无止境，就是不仅仅要跟随老师学习知识，而且要跟随老师在实际历练中去领悟更高的境界！

子贡也有同样的感觉，他告诉外公："外公，我第一年拜在老师的门下，感觉老师还不如我；经过一年的学习，我觉得老师的学问，充其量和我旗鼓相当，水平不相上下。但到了第三年，我才真正了解老师的学问，我不足老师的十之一二。我要学的东西太多了，一切仅仅是开了个头而已。"

"那就对了！"蘧伯玉哈哈笑道，"我早跟你说过，孔丘的学问无边无涯，如同大海一样深不见底！你才只跟随了他3年而已，如果时间再长一些，你会有更切身的体会和更丰富的感受！"

有了外公的肯定与鼓励，子贡追随孔子的信念愈发坚定。他将诸事放下，毫不犹豫地跟随孔子上路了。

第8章
丧家之犬

孔子居陈三年，是流浪列国的漫长岁月里，最为惬意、悠闲的一段时光。而陈据说又是老子的归隐之地。虽然没有资料表明，孔子和老子在陈又见过面，不过老子在陈有众多弟子，老子留下自己毕生学问的精髓，一定令孔子受益匪浅。

《易经》是一部讲天人和谐的大书，书中的内容包罗万象，然而应用原则却只有一个字：变。

天地有变，人生有变。一人一生中，总会处于不同的阶段。最难得的是，要认识到自己处于什么阶段，并且根据这个阶段的特点做出相应的变化，这就是智者。

子贡显然也跟随孔子学习了《易经》，并且将变化之道运用在商业之道上。因为商情难测，市场行情的涨跌永远都说不准，很可能一批货物今天还价格奇高，明天就成为了粪土；一批货物今天一钱不值，明天就成为了抢手货。如何在市场行情变化之前，根据一些细小的苗头，来预测后面的发展呢？《易经》无疑是最好的教科书。

学习了《易经》之后，子贡的本领如虎添翼，被孔子称为"亿则屡中"，用今天的话讲，就是"商神"……

孔子又一次离开了卫国，事实上这也是他和卫灵公的诀别。因为就在这一年，卫灵公驾崩归天。围绕卫灵公身后留下的君位，几派力量展开了激烈的争夺：太子蒯聩欲回国即位，他的儿子辄却已经先一步被立为国君，是为出公。蒯聩在晋国的扶持下，妄图夺回君位，卫出公却得到了齐景公的支持，力拒其父。父子相争，上演了一幕闹剧，令人叹息。

孔子由于是在仓促之间离开卫国，其实并没有一个明确的去处。鲁不能居，晋不能去，卫不能回，正在彷徨无计之际，忽然他的一个弟子司马牛提出建议说："老师何不到宋国去试试看？"

正如孔子到卫国，有子路的妻兄颜浊邹接待一样，司马牛的兄长桓魋是宋国的大司马。司马牛相信，孔子等人到宋国以后，自己的兄长桓魋会非常高兴地接待他们，于是自告奋勇提出建议。

孔子听说到宋国去，倒也颇合心意。毕竟，宋国是他的先祖居住的国家。他曾经在少年时代回到宋国去学习"殷礼"，并且在那里娶了自己的妻子亓官氏。对于宋国，孔子和对鲁国一样，一直视作故土。因此，一听弟子司马牛的建议，孔子立即高兴地答应了："好，去宋国！"

有了目的地，接下来就是赶路而已。众人从曹国取道，一路向宋国而来。

然而，这天刚进入宋境，来到一个峡谷中，却遇到大批的民夫正在被官兵监视着，忙碌地赶制大批的陶俑。孔子非常奇怪，不知道这些陶俑有什么用，派了弟子上去询问，才知道原来这么大批量的陶俑，都是准备用来给桓魋死后殉葬的。孔子一听就生气了，脱口道："我听说，从前的国君以人殉葬，猛于虎狼，结果都没有好下场；如今桓魋不过是一个卿大夫，却将排场弄得和国君一样盛大，以俑殉葬，我恐怕他将来的子孙不知道流落在何方啊！"

司马牛在旁，听了孔子的话，脸上青一阵，红一阵，显然心里很不是滋味，对兄长这么做暗暗埋怨。

又翻过一道山梁，正好遇到另外的一群民夫，在官兵的监视下，在山壁上开山凿石，开挖石材。

孔子又派人上去询问："你们在做什么？"

"做什么？还不是替司马桓子建造坟廓，准备石材！"一个民夫小声咒骂道，"我们已经在这里整整干了3年，还不知道什么时候才能完工，不知道何年何月能回去和家人团圆，累死的人却不少了！"

"又是桓魋！"孔子听了，将司马牛叫到跟前，问道，"你的兄长桓魋，比你大几岁？"

"不到10岁。"

"那就是说，他现在也不过40岁而已。"孔子听了，厌恶地摇头道，"这么年纪轻轻，却如此大规模地为自己营造坟墓，如此地挥霍钱财，劳民伤财，暴虐无道而不自知，依我看来，如果他即刻葬身江河，以充鱼鳖之饥，那倒是宋国百姓的幸事，也免得被他这么欺压虐待下去！"

眼见桓魋如此专权而霸道，和鲁国的季氏、晋国的赵氏并无不同，孔子犹如被兜头泼了一盆凉水，刚燃起的希望之火转眼熄灭。

这天，一行人来到宋国睢阳城的郊外，司马牛请孔子和众师兄弟在一棵大树下面歇息，自己则进城去和兄长桓魋汇报情况。

司马牛走后，孔子让几个年轻弟子穿戴好整齐的衣冠，演习进退、揖让的"礼"，孔子亲自在旁指点。

很快，一群宋国的百姓被孔子等人吸引，也来到附近，兴趣盎然地观看孔子师徒等人演习"祭礼"。

"请问，这些是什么人？"

"听说是从鲁国来的'圣人'。"

"'圣人'？就是那个身材高大，面貌特异的人吗？"

……

众人正在议论纷纷，忽然一队人马从睢阳城里冲出来，来的速度很快，转眼来到大树下面。

"闪开，闪开！"

来者面目不善，口气更是凶狠之极。一个为首的军官模样的人，将鞭子用力抽打围观的百姓，仿佛驱牛赶马一样。

百姓中，有认得是桓魋的人马，知道惹不起，都不敢声张，顿时作鸟兽散，远远地避开了。

"喂，哪位是鲁国来的孔丘？"

军官直呼孔子的姓名，这是上来就表明了敌意。子路一听大怒，忍不住就要冲上去，却被孔子拦住了。

"我就是！"

"你就是孔丘？"那个军官不屑地上下打量了孔子几眼，傲慢地哼了一声，"我是奉我家司马大人的命令，特地来警告你：对于你一路上咒骂、侮辱我家司马大人，我家司马大人就不追究了；不过，我家司马大人对于你那些狂妄之言很生气，他不想见到你，也不想再听到你的任何言论。所以，请你从现在起，马上离开宋国的国境。如果10天之内还不离开，到时候格杀勿论！"

"呸，你以为你家司马大人是什么东西？"子路大怒，"就是你们的国君，也不会用这种口吻和我老师说话！"

"你是什么人？"那军官也是蛮横惯了的，对子路怒目而视，"敢这么对本官说话，活得不耐烦了？"

"不错，我就是活得不耐烦了！"子路将手按住了腰中悬挂的长剑，冷笑一声，"有种的，放马过来！"

"哼，区区一个狂妄之徒，还不值得本官亲自动手！"不料，那军官却反而不屑理会他，一声令下：

"让你们看看厉害！"

只见他一挥手，身后的随从忽然一齐催马上前，每个人手中飞出一个寒光闪闪的虎头钩，深深地钩住树身。8人8骑，一齐向同一个方向奔跑，只听得"轰"的一声，竟然将大树连根拔起！

如此威势，尘土飞扬，实在骇人！孔子门下的弟子，在匡、蒲，都是见过阵仗的，如今却齐齐变色！

"看到了吧？"那军官傲然道，"10天之内，不离开宋国境土，休怪我不客气！这就是下场！"

他们一众人呼啸而去，身后，子路和公良孺等人按捺不住，要带人追上去厮杀，却被孔子拦住了。

孔子面对这种局面，倒似乎根本不放在心上。"大家不要慌乱，且在这里安心等阿牛回来，听听他怎么说！"

"真的要在这里等吗？"子路有些不放心，"还是先离开这里再说吧！司马牛师弟自己会赶上来的。"

"我命在天，一个小小的桓魋，不会拿我怎么样的。"孔子轻描淡写，见他这么有自信，众人也放松下来。

从晌午一直等到黄昏，才见司马牛驾驶一辆车子，从城里匆匆赶出来，来到孔子身边汇报：

"对不起，老师，我回来晚了。"

"阿牛，怎么回事？"

"我回去见了兄长，还没有开口，兄长就问我老师在沿途多次说他的坏话，到底是为什么？我替老师辩解，却被兄长责骂了一顿。我见兄长没有接纳老师的意思，就说要去见大王，当面向大王推荐老师，却被我兄长派人将我关押了起来。幸而看守的人有一个是我从前的朋友，趁着没人注意，他偷偷摸摸将我放了出来。我一脱身，就慌忙赶来向老师报告了，情形就是这样。"

"原来如此。"孔子沉思了片刻，"这么说，令兄是不会容忍我在这里待下去了，我也没必要再进睢阳了。"

"再等一等吧。"司马牛道，"我已经留了书简，我那位朋友答应帮忙递进宫去，呈给大王。说不定，大王见了书简，得知老师来到的消息，会亲自派人来迎接老师，到时候我兄长也无可奈何了！"

孔子听了，虽然觉得司马牛这么做是多此一举，然而他纯粹是出于一片热忱，也不好说什么。

"那这样吧，反正你兄长给出10日之期，我们就走慢一点。如果大王真有意用我，会派人追上来的。"

于是，众人收拾了行囊，绕过睢阳城，继续缓慢地向前而行。桓魋终究不放心，派了人尾随监视。

几天之后，宋景公果然派人追上来，化装成商贾的样子，暗中给孔子捎来了宋景公的亲口信。

从来使口中，孔子才知道，原来桓魋在宋国图谋夺权叛乱，已经非一日了。宋景公早有心摆脱桓魋，奈何桓魋势力强大，党羽遍布朝中，宋景公根本无力与之抗衡。听说大名鼎鼎的"圣人"来到，宋景公喜出望外，觉得正可以重用孔子，打击桓魋，如在鲁国削除"三桓"的权力一样。

可是这样一来，孔子也犯了难。看来，宋国的情形远比表面上的安定富庶要糟糕得多，也危险得多。君子不入危邦，如果情势这么复杂而险恶，自己一去，势必卷入到无休止的政治争斗中，以自己一个外来之人，要想和桓魋对抗，恐怕没有必胜的把握；一旦失败，后果不堪设想！

毕竟，宋国的情势又和鲁国不同。在鲁国，孔子"削三桓，堕三都"，是为了父母之邦而尽心竭力。但宋国在情感上，与鲁国相比就隔膜了一层。另外，孔子在鲁国敢于革除旧弊，实行新政，是因为孔子对鲁国的情形了如指掌，知道应该在什么地方动刀，掌握怎样的分寸。而宋国的情况，他却一点都不了解。在这样一个陌生而危险的地方，贸然实行激烈的政治改革，可谓不智！

这么一番思索，孔子就不敢立即答应宋国来使。晚上，孔子和颜回、子路等人正要商量如何应对，忽然旅舍的外面车马喧嚣，桓魋的人马又追上来了，而且公然点着火把，将旅舍团团包围。

"将宋国的叛贼交出来！"

"喂，我们这里没有什么叛贼啊，你们是不是弄错了？"子路故意装糊涂，"叛贼长什么样子，可有人亲眼看见？"

"少废话！"为首来搜捕宋景公信使的，正是那天传达桓魋口信，警告、威胁孔子的那个军官。"别以为我是好欺骗的，我的人一直跟着你们，亲眼见到宋国的奸贼化装成商人，混进了你们队伍。"

"商人？"子路装作想了想，"哦，白天是有一个商人，来向我们兜售货物，可是早离开了！再说了，他又怎么会是奸贼？"

"他是朝中的官员,对我们司马大人不满,因此在大王面前挑拨,欺骗大王误会了我家大人。现在,误会已经澄清了,我是奉命来抓捕他回去,希望你们合作一些,乖乖地将他交出来。"

"哦,原来是这样。"子路点了点头,似乎刚弄明白,"可是,他真的已经离开了。不信你进来搜!"

"哼,以为我不敢!"那军官却不理会子路这一套虚张声势,立即大声命令,"给我进去仔细搜!"

"且慢!"子路大怒,一下子从腰中拔出剑来,"你们一而再地对我老师无礼,将我老师当做了什么人?要想进去抓人,先问问我这把剑答应不答应!"

"不错!"公良孺和一众年轻弟子也早挺身而出,"还有我们,除非踩着我们的尸体踏过去,否则绝不让你们骚扰老师!"

"好呀,我看你们是和奸贼一伙的,别怪我不客气了,上!"

顿时,桓魋的人气势汹汹地冲上来,子路和公良孺等人来不及通报孔子,立即投入了战斗中。

里面,孔子和宋国的信使正在会谈,听说外面出了事情,孔子派人出来打探,才知道已经和桓魋的人动上了手。

"是福不是祸,是祸躲不过,也罢,让仲由教训一下桓魋的人也好!不过我们形势不利,不可恋战!"孔子处于这种时候,处置事情非常果断,立即吩咐下去,"告诉仲由,不要恋战!召集大伙,趁天黑一起冲出去!不管是谁,遇到什么情况,总之大伙儿在郑国的都城新郑会合!"

于是,众人齐齐一声呐喊,在黑暗中一涌而上。桓魋的人马在人数上处于下风,又在黑暗中,不明情势如何,只好暂时退却。孔子在众弟子的簇拥下,杀出了包围,分头向郑国的新郑而去。

郑国,在诸侯国中是建国较晚的一个。郑国是周宣王的弟弟姬友的封地。郑国的力量一度很强大,到了庄公手上,甚至击败过王师,被尊为"小霸",成为中原各国的盟主。后来走向没落,一直过了150多年,才出了一个贤人子产。子产执政30年左右,推行了一系列的改革,最著名的是"铸刑书",即把刑法条文公

开铸造在铁鼎上,予以公布,举国上下,为之震动。关于子产在郑国改革的成败如何,有何功绩,从老百姓的一首民歌中可以看出来:

> 我有子弟,子产诲之;
>
> 我有田畴,子产殖之。
>
> 子产而死,谁其嗣之?

对于子产在郑国的所作所为,孔子耳熟能详,并且称赞子产,有君子之道四:

> 其行己也恭,
>
> 其事上也敬,
>
> 其养民也惠,
>
> 其使民也义。

能够得到孔子如此高的评价,当时仅有晋国的叔向,卫国的蘧伯玉,郑国的子产和齐国的晏子。

这天晚上,子贡本来一直紧紧追随在老师的身边,后来不知道怎么就走失了,孤身一人进入新郑。

子贡曾经在经商的时候,来到过新郑,对这里的情况很熟悉。尤其和当地人在言语沟通上,畅通无碍。因此,子贡一路上逢人就打听,有没有见过自己的老师。他甚至将老师的相貌描述出来,请一个画师给画了像,再花钱将这些画像发下去,如果有人能提供画中人的消息,付以酬金。

不愧是子贡,懂得利用普通人贪小便宜的心理,以利益作为驱动,否则人海茫茫,哪里去找老师?

果然,很快就有一个人来向他报告了:"我在东门过来的时候,看到一个人,额头像唐尧,脖子像皋陶,肩膀像子产,可是从腰部以下,又比大禹短了3寸。不过,那个人的精神看起来实在不怎么样,你画像上的这个人,一副圣人模样,那人却狼狈不堪,仿佛一条丧家狗!"

"不要乱说,你说的那个人,应该正是我的老师。"子贡按照约定付了钱给他,连忙奔去东门。

上部 孔门高足

到了东门,远远地就看到老师孔子正无力地倚靠在城墙上,头发蓬乱,衣服上沾满尘土,满脸疲惫的样子。在他的身边,是一群叫花子,正在懒洋洋地晒着太阳。孔子对于和他们杂处,浑不在意。他只是将目光焦急地在人群中扫视着,希望可以看到一个自己熟悉的面孔。

"老师——"

子贡又是高兴,又是心痛,忍不住高声叫起来,一边扬起手臂,一边快步跑到老师的跟前。

"阿赐,你可来了!"孔子一见到子贡,似乎比平时更加兴奋,热情洋溢地道,"我就奇怪,怎么会没有一个人来这里找到我呢?就是众人都找不到,阿赐你也应该有办法找到我啊,是不是?"

"是!"

"说说看,你怎么找到我的?"

"我让人给老师画了像。"子贡不好意思地道,"每个拿着画像,给我提供消息的人,我都付钱给他。这样,我就一路沿着那些人的指点找到这里来了。对了,刚才有个人形容老师,非常有意思!"

"哦?"

"他说,老师的额头像唐尧,脖子像皋陶,肩膀像子产,可是从腰部以下,又比大禹短了3寸。"

"有人这么说我吗?不太像啊!"

"他还说……"

"还说什么?"

"还说老师精神看起来实在不怎么样,狼狈不堪,仿佛……仿佛一条丧家狗!"

"哈,这形容还差不多!"孔子上下打量了一下自己,自嘲地笑道,"我现在不就是一条丧家狗吗?"

"老师,快别这么说!"子贡知道,老师的身上一向是不带钱的。在这里等了这么久,一定很饿了。

当下，他立即和孔子一道，来到附近一家酒店，在那里舒舒服服地吃了一顿，又找了一家稍微大一些的旅舍，给孔子要了一个房间，给其他师兄弟也都订了房间，只等众人陆续来到。

有了子贡安排打点一切，事情就变得容易了：从四面八方来到新郑的孔门弟子，都看到了子贡的告示。

得知老师安然无恙，众弟子都放了心。然而等来到旅舍，见了孔子，众人无不失声痛哭。

稍作休息，孔子立即和众弟子商量起下一步的去向。这时候弟子中公良孺站了出来，说："这里离我的家乡陈国已经不远了。老师为什么不去陈国暂且落脚呢？我愿意先去替老师打前站，安排好一切！"

孔子对于这个年轻弟子，已经非常地信任。经历了匡蒲之难，又经历了和桓魋的搏斗，每一次，公良孺都表现得非常英勇，已经成为子路之后，青年弟子中的佼佼者。而且他是陈国的贵族，他们的家族在陈国是非常有影响力的。有他先到陈国安排一切，孔子自然觉得可以放心了。

"好！"

得到老师的允准以后，公良孺高兴地立即收拾东西，先行一步离开新郑，返回陈国去做安排了。

3天之后，公良孺回来了，而且带来了两封书信。一封是陈国国君的亲笔信，欢迎孔子到陈国来。另外一封则是陈国的司城贞子的信。贞子是孔子的老朋友，当年孔子到周室问礼老子，贞子就是侍奉在老子身边最受喜爱的学生。孔子居留的那段时间，饮食起居，都由贞子负责。后来，老子退隐，归于陈，贞子也跟随老师回到了陈国，并且担任了陈国的司城官一职。

听说孔子要来陈国，贞子非常高兴，亲自给孔子写了信，请孔子到陈国后务必还住在他的家里。

得到陈侯湣公的承诺，又有老朋友贞子的热情相邀，孔子还有什么理由不到陈国去呢？他高兴地答应了。

第二天，孔子师徒一行立即动身，离开新郑，直奔陈国而去。

陈国，妫姓，是帝舜的后代。武王灭商，访求前代帝王的后裔，找到了大舜的后裔虞满，把长女太姬嫁给他，封之于陈，建都宛丘，让他奉守虞舜的宗祀，以国为氏，称陈氏，遂为陈侯。

陈，北与杞、宋接壤，西南与楚、徐为邻，西北方与郑交界。但陈国最亲近的还是蔡国，互相通婚，唇齿相依。

从郑国的新郑到陈国的宛丘，这一路上，地势平坦，放眼所至，到处是一片片的庄稼，以及一座接一座的密集村庄。田野里，还有人边劳作，边唱着古老的《诗经·国风》中的《陈风·宛丘》：

> 子之汤兮，宛丘之上兮。
> 洵有情兮，而无望兮。
> 坎其击鼓，宛丘之下。
> 无冬无夏，值其鹭羽。
> 坎其击缶，宛丘之道。
> 无冬无夏，值其鹭翿。

从古老而淳朴的诗歌中，可以想象，当年这里一片歌舞升平，一年四季，都飘荡着欢乐的歌声。

孔子一路行来，对陈国这么一个小小的国家，居然能在大国之间顽强求生，而且这么悠然自得，也啧叹不已。

刚来到宛丘的城外，远远的，就见一队车马缓慢行来。当先一辆车子上，站立张望的正是贞子。

一看到孔子一行，贞子马上停下车子，从车上下来，然后疾步向孔子迎来，孔子也慌忙下车上前迎去。

"仲尼先生！"

"贞子先生！"

老友见面，二人彼此都是眼睛一阵湿润。尤其二人在周室相见，都不到50岁，如今倏忽10多年过去，孔子已经年过花甲，贞子也已经双鬓斑白。二人执手相看，都不由地内心凄然。

"请！"

"请！"

贞子坚持将孔子请上自己的车子，他亲自坐到驾驶的位置上，为孔子驾车，以示尊崇之意。

"对了，老聃夫子可好？"刚坐定，孔子就迫不及待地问。上次在周室见老子，老子已经80多岁。如今又过去了十几年，老人家只怕已经近百岁的高龄了。不知道他还在不在人间？

"好。"

"那么，我这次来，可以去拜访他老人家了？"

"不巧得很，我老师退隐回来后，一直设帐授徒，讲学不辍。几年前，忽然心血来潮，外出云游去了。"

"啊？去了哪里？"

"不知道。"

"这么说，什么时候回来，也不知道了？"

"嗯。"

听了贞子的话，孔子心中的失望，可想而知。他这一生中，唯一佩服得五体投地的人就是老子。虽然人人都称孔子为"圣人"，但只有孔子自己内心知道，老子才是真正的天纵之圣人！

如果自己能再次得到他的教导，那么自己就会对"天命"有更深一层的了解，也许不会像现在这么孤独！

"唉，老聃夫子真像龙一样，见首不见尾啊！"孔子又一次发出相同的感慨，为自己无缘拜会老子而难过。

跟随贞子进了城，宛丘的人们听说向老子问过"礼"的鲁国的"圣人"孔丘来了，争着出来，一睹其风采。

陈国的国君陈潜公也早派出了使者，在贞子门外等候。贞子和孔子一到，使者立即请孔子上车入宫。

"大王已经等候多时了！"使者受君主之命，以上宾之礼招待孔子，因此恭恭敬敬地道，"请先生入宫！"

"好！"

于是，孔子与贞子暂时分开，由贞子负责安排自己的弟子一行，自己则跟随使者来到陈国宫中。

陈潜公早已在宫中摆设宴席，作为小国之君，能够得到孔子这样的"圣人"光临，是非常荣幸的。

酒宴之后，又表演了一番歌舞，都是洋溢着陈国的地方特色的。其中一曲《诗经》中的《月出》尤其令孔子啧叹不已：

> 月出皎兮，
>
> 佼人僚兮，
>
> 舒窈纠兮，
>
> 劳心悄兮。

一众青春美丽的舞女，体态优美，歌声清脆动人，将人带到那皎洁的月光下，不由地思绪缥缈！

等歌舞完毕，众人都撤下去后，陈潜公迫不及待地开始向孔子请教："寡人地小国微，不知道何以自强？"

"大王不必担忧。"孔子回答道，"昔日成汤在亳，也不过只有70里；文王居丰，武王居镐，也都不过是方圆百里的小地方。他们一开始的情形，和今天的陈国也差不多，然而最后不都成功地统一了天下吗？可见国家的兴衰，和国土的大小并没有关系，大王大可不必因此而忧愁！"

这一番话，听得陈潜公心里十分舒畅。于是他又请教道："请问，汤、武之处在小国时，以何法奉事大国？"

孔子回答："汤、武的方法很简单，就是修国以待天时，举贤以佐国政。成汤所以兴起，是因为得到了伊尹，知道他是大贤，所以将国政委托给了他，最终伐桀取胜而建国；文王所以兴起，是因为访贤于渭水，得到了太公望，知道他是个贤人，拜其为相；武王继承父业，最终完成了兴周灭纣的伟业。反之，也有因为残害贤士而失败的，例如桀杀龙逢，纣杀比干，致令天下贤士裹足不前，最后导致了自取其亡。所以说，凡能重贤相者，其国必兴；凡是奸贤不分者，其国必乱；凡是嬖奸害贤者，其国必亡。大王问我，以小国奉事大国，其道若何，我认为，唯有'恭顺'而已。先以'恭顺'的态度取得大国的信任，然后就可以安心求贤，以修国政了。"

"先生说得太好了！"陈湣公连连点头，又疑惑地问，"可是，齐国自从晏婴去世以后，国无贤相，齐侯又是垂暮之年，国家却依然能勉强维持不走向衰败，这是什么原因？"

"这仍然是管仲的余威，是晏婴的遗泽。如果没有这两个贤相，哪里会有齐国的鼎盛霸业？"

二人谈话越来越投机，正在此时，忽然从外面传来一阵凄凉的鸟儿嘶鸣之声。从窗子里望出去，只见一只大鹰从天而降，落在庭院里的一棵大树上，连声哀鸣，接着又从树上挣扎下来，跌落在地。

"怎么回事？"

陈湣公立即派人出去看，很快，宫人将那只大鹰带了回来，原来不知道被什么人射了一箭，那箭头是砮石磨制，箭杆是楛荆木所做的，长1尺8寸，和当时的人们使用的弓箭非常不同。

"奇怪——"陈湣公将箭取下来，仔细打量半天，摇头道，"寡人自幼习武练箭，却从来没有见过这种奇怪的箭，不知道是何来历？"

他并非有意以此来考验孔子的学识，但孔子既然被尊为"圣人"，又岂是浪得虚名？只见孔子将箭接过来，略一打量，随即解释道："我听说，在北方有一个国家，叫做肃慎国。从前，在武王平定天下之后，各个国家均有贡物呈上来。肃慎国的国君所贡献的，就是这么一种楛矢石砮，其长1尺8寸。当时，武王为了表彰肃慎国君主的这种诚意，特地命工匠在箭身上刻下了6个字：'肃慎氏贡楛矢'，将此奇特之物分赏大姬，大姬配胡公，而将此物携带至陈，遂封于陈。此乃古明王定制：'分同姓以珠玉，以示亲亲；分异姓以贡物，以志远服'。因此，我猜测这支箭应该是大王仓库里的。大王可以派有司遍查府库，证实我说的话对不对。"

陈湣公听了，正要派人去查，忽然外面有负责警戒的卫士进来汇报：刚才见此鹰在空中盘旋，连声嘶鸣，恐怕惊扰了大王和贵宾，因此情急之下，从府库中取出此箭，一箭将大鹰射了下来。

陈湣公听得此物果然是自己府库中所有，连自己都不知道，孔子却如数家珍，不由更加钦佩！

于是，陈湣公立即给予了孔子丰厚的俸禄，就这样，孔子开始了在陈国悠然自在的一段惬意时光……

第9章

陈蔡绝粮

经 过多年的流浪岁月之后,孔子已经深谙自己的"天命",因此即使绝粮被困,也仍然弦歌不绝。

在谈论自己志向的时候,子路是做一名"勇士",子贡是做一名"辩士",颜回是做一名"仁士"。其实从这里,已经可以看出子贡后来的思想端倪,那就是"和为贵"。

商人是最讲究"和气生财"的。和气,就是不与别人产生利益冲突、纠纷乃至诉讼。和则两利,争则两害。商人追求利润,讲究的是双赢乃至多赢。如果仅仅考虑自己,而不顾及整体的经商环境,那么,你自己赚得盆满钵满,别人就会群起而攻之。

商之和,在于维持一种整体上的平衡,如同水一样,在同一水平线上,就会自由流动。财富也是如此,从一个人手里转到另外一个人手里,不断流动,不断增值。

上部　孔门高足

虽然孔子一入陈国就受到了陈湣公的隆重礼遇，又有老朋友贞子尽心竭力地招待他，但孔子只有在住下来，和贞子深谈之后，才知道陈国的朝中同样局面混乱：朝中大臣共分为两派，一派是亲楚派，以陈湣公为代表；另外一派则是亲吴派，以大司寇陈司败为代表。亲楚派坚决投向楚国，希望可以庇托在楚国的大树下乘凉；亲吴派则坚持认为，吴国才是当今最强大的国家。楚国虽然在国土面积上大于吴国，又是老牌霸主，但可惜楚昭王昏庸无能，以至于国力迅速衰弱。相反，吴国则在阖闾的带领下，凝聚了一批才智之士，当世俊杰，如孙武子、伍子胥等，一度将楚国打得大败，甚至占领了楚国的都城，逼迫楚国不得不迁都以避其锋芒。

夹在楚国和吴国中间的陈国，左右为难。而和陈国为邻的蔡国，却已经坚决投奔了吴国，甚至将自己的国都也迁去了吴国管辖内的州来（下蔡），旗帜鲜明地和吴国一道抗击楚国，结成联盟。

面对朝中大臣希望陈国也和吴国结盟，以击败楚国，彻底结束在大国间夹缝求生存的尴尬局面，陈湣公也没有主意。他所以对孔子抱有这么大的期望，就是希望借助孔子的智慧，做出决断！

可是，要将陈国的命运交给孔子一个外来之人决断，朝中的大臣显然不能同意。不管是亲吴派还是亲楚派，都对孔子的到来产生出一种本能的敌意。这种不信任也是有道理的：孔子毕竟是外人，在陈国不可能待很久。不管做出怎样的决策，到时候，他一拍屁股走人，烂摊子只能留给陈国百姓自己承担。因此，大家都不同意由孔子来解决陈国的问题，便故意想刁难他。

大司寇陈司败就率先想出了一个主意：不是说孔子是天下第一聪明人吗？那就给他出一道难题！

于是，陈司败去见陈湣公，说："大王可不要被鲁国来的那个家伙骗了，他是真聪明还是假聪明，一试便知。"

"哦，怎么试？"

"大王难道忘记了？在府库中，有陈国的先王留下来的一串九曲明珠，是陈国的镇国之宝。只因年代久远，穿珠子的线都腐烂了，断掉了，珠子散落，用尽了各种办法都穿不上线。如果那个鲁国来的孔仲尼能够将断开的珠子重新穿起来，那么他就是真聪明，反之则是假聪明！"

"好吧！"

于是，陈潽公吩咐将府库中的九曲明珠取出来，派人送到孔子那里，告诉孔子，请他给穿上线。

孔子自然知道，这是陈国的朝中大夫们给自己出的一道难题。不过孔子对于自己的聪慧，是极度自信的，因此毫不犹豫地答应下来。

可是等他将珠子取出来，拿在手上仔细端详，才发现这珠子的做工极其精巧。名为九曲明珠，事实上在珠子的内部，也的确如黄河九曲一般，弯弯绕绕，那穿线的孔又只有针眼大小，用寻常方法，根本不可能将线穿进去。

为此，孔子将自己门下的弟子都召集起来，让他们想办法，看谁能想出一个办法来，将线穿上。

按说，孔子门下这些弟子，子路、颜回、子贡，这些都是素来不服别人的。但这道难题却百思无解。

"看来，只能找到当时制作这九曲明珠的工匠，向他们讨教如何将线穿上才行，但却哪里去找？"

孔子的喃喃自语，提醒了众人。明知道希望渺茫，但却也聊胜于无。于是孔子吩咐大家，分头去打探消息。

这天，颜回一个人来到宛丘郊外，走进了一片桑树林。在桑树林中，有一排小木屋子。

在木屋门前空地上，一群年轻漂亮的"蚕娘"正在将刚采集来的桑叶在簸箕里翻拣。颜回也是走得渴了，嗓子里如同冒烟一样，因此急忙上去，和众人施礼作揖，希望讨一碗水喝。

那群"蚕娘"忽然见了颜回这么年轻、俊美的陌生男子，一个个羞得低下头，却又暗中打量颜回。

她们中为首的一个迎上前来，问颜回："你这位大哥，是从什么地方来，要到什么地方去？"

"我跟随老师从鲁国来，如今且住在司城贞子的府上。我老师因为得到大王的命令，要给断线的九曲明珠穿上线，实在没有办法，因此令我等出来分头寻找，看有没有当初的工匠留下的线索！"

"哈，原来你就是那位'圣人'的弟子！"那女子失声笑起来，"哎，你们老师够笨了，你和他一样笨！"

"怎么？"

"那九曲明珠，是我们陈国的先王在100多年前留下的。过去了这么久，连穿珠子的线都腐朽了，当时的工匠还会有留下来的吗？"

"可是，如果不找到当时的工匠，又哪里去寻找能够穿上线的办法呢？"

那"蚕娘"却微微一笑，唱了起来：

　　南枝窈窕北枝长，

　　圣人到陈为谋粮。

　　九曲明珠穿不得，

　　特来问我采桑娘。

话虽俏皮，然而也的确一语道破了孔子在陈国的尴尬之境。颜回此时只求一个方子，哪里去在意她的讥讽之意？立即又再深深施礼："请这位大姐教我，我在这里替老师谢过你和众姐妹了！"

"你听好了。我也不知道这方子灵不灵，不过也许能帮上你们一点忙。"那"蚕娘"故作神秘地又唱道：

　　密尔思之，

　　思之密尔！

此后，那女子就跑回众人的队伍里，和众"蚕娘"一起干活去了。颜回无可奈何，只能返回去报告孔子。

孔子将采桑娘子的那两句话"密而思之，思之密尔"反复吟诵来去，也是始终不解其意为何！

如果从字面上来说，就是要反复思考，认真思考，这不是废话么？可是这里面又有神秘其他玄机呢？

正在苦苦思索，忽然，孔子的目光被眼前地上爬过的一只蚂蚁给吸引了。只见那蚂蚁在地上晃动触角，迅速地朝墙角爬去。孔子跟随那蚂蚁前进的方向，仔细一看，原来在墙角有一个蜜罐！

"密而思之，思之密尔？"孔子一瞬间忽然头脑中灵光一闪，"我明白了，不是缜密的'密'，而是蜂蜜的'蜜'！"

"啊？"

众人都不解其意，颜回却第一个明白了，立即转身出去，从外面捉了几只蚂蚁回来。孔子和众弟子小心翼翼地在蚂蚁身上捆上了线，将其放入一颗颗珠子里。又在珠子的另外一端出口处，均匀地洒上一些蜂蜜。

然后，众人就耐心地等待着。不到一个时辰，果然第一只蚂蚁从珠子的另外一端出口爬出来了，然后是第二只、第三只……众人七手八脚，将蚂蚁身上的线解下来，接在一起，珠子穿好了！

第二天，孔子派弟子入宫，将穿好的九曲明珠交还给陈潜公。陈国朝中的官员，无不钦佩圣人之智！

孔子因为成功地破解了九曲明珠的难题而得以在陈国长久地居住下来。但对于陈国是亲楚还是亲吴，一个像这样风雨飘摇的小国如何在大国之间夹缝求生，孔子却再没有采桑娘那样的人可以求教了！

就这样，孔子只能将更多的时间，用来和众弟子讲学论道，以及和贞子探讨老聃所传授的"道"上。

不知不觉，孔子在陈国又待了两年。这两年中，陈国的局面更是江河日下：吴国和蔡国结盟之后，陈国就成为了吴国直接打击的对象。吴国一直在陈国的边境调集兵马，真可谓山雨欲来风满楼。

面对此局面，孔子唯一能做的事情，就是授徒讲学。不过还好，他在陈国又收了不少的学生。

当然，学生中也有离开的。这一年，从鲁国那边传来消息：季桓子病重，临终的时候，思念被自己排挤而离开鲁国的孔子，感到十分后悔，因此嘱咐自己的儿子季康子，一定要请回孔子！季康子遵从父命，准备派人请回孔子，却被大夫公子鱼劝阻："先君与令尊，对孔丘不能善始善终，因此而逼迫孔丘背井离乡，为天下人所耻笑。如今你请回孔丘，如果那孔丘一意孤行，因为得不到重用再次出走，那么你的名声可就难以挽回了。不如请孔丘的弟子冉有回来，此人多才多艺，又在令府上做过家臣，用起来得心应手。听说他尽得孔丘真传，请他回来，等于孔丘回来一样！"

季康子毕竟年轻，没有主见，于是就采取了公子鱼的建议，只派人来请冉有，而不请孔子。

孔子对此自然不能不感到失望。然而自己的弟子有出息，也总是好的。为了帮助冉有更好地施政，他又特地给冉有派了一个叫樊迟的弟子帮助，要他二人回鲁国去好好地辅佐季康子。

就在冉有走后不久，忽然消息传来：吴国经过准备，吴王夫差亲自率领大队人马，要来一举攻灭陈国！

陈国一得到消息，立即向楚国求救。楚国的昭王也不甘示弱，亲自统帅三军，来救援陈国，屯师城父。

面对这一触即发的紧张局面，孔子深感不能再在陈国待下去。正好，楚昭王亲自挥师来支援陈国，而孔子早有意面见楚昭王，认为楚昭王也许是理想的可以兜售自己的大道的"买家"。

说起来，楚昭王与孔子早有过"神交"。那是在楚昭王被迫逃离国都，流浪在外，一次在渡江时，在江面上见到一个奇怪的东西：外白而内红，圆滚滚的，用手触摸软绵绵，不知何物。用刀子劈开，里面似乎有果实，吃起来鲜美异常。楚昭王不知道这是什么东西，就派人去鲁国请教孔子。孔子告诉说，这叫做"萍实"，所谓"萍"，即浮萍，是没有根的漂浮之物。结而成实，即使千百年也不得一遇。如果能得到此果实，是"散而复聚，衰而复兴"之兆！后来，楚昭王果然在群臣的辅佐下，复国成功，迁移了都城，以避吴国，从而迅速强大起来。

经此一事，楚昭王对孔子念念不忘，钦佩得无以复加。而孔子也称赞楚昭王是个"识大道"的君主。

如今，孔子听说楚昭王就在距离这里不远的城父，自然立即起了去见楚昭王的念头。于是,借口躲避战争的祸乱,辞别了陈潜公,和众弟子一道,收拾行李,立即离开了陈国,前往城父。

但孔子要去见楚昭王的消息,还是不知道怎么被陈司败给知道了。陈司败和一众亲吴派,正在思谋将陈国献给吴国,一听孔子要去见楚昭王,知道孔子一去,必被重用。而一旦楚国得孔子,楚国必然大治,那么,吴国就会遭到楚国的威胁,到时候陈国、蔡国等投奔吴国的一众小国可就危险了!

这么一想,陈司败觉得,无论如何,不能让孔子去和楚昭王会面,于是起了杀机,派人去追杀孔子。

这天,孔子师徒等人刚来到陈、蔡交界的一处偏僻峡谷中,忽然,前面山头上一阵轰响,落下来一些石头。

"小心!"

负责警戒的子路,连忙喝住众人,不要前进。刚要派人去前面勘察情况,身后又响起车马喧嚣。

一队穿着普通百姓服装的汉子,人数足有上百人,个个手持刀剑,驾驶十几辆车子,截断孔子退路。

"什么人?"子路立即挺戟上前,大声喝问,"如果尔等是打家劫舍、拦路抢劫的强盗,可找错了人!"

"你看我们是抢劫钱财的宵小之辈吗?"

为首的汉子,虽然穿的是百姓衣服,却自有一股威严。在他身后,上百人列队站好,队形整齐,绝无嘈杂之声,一看就训练有素。

子路心里暗暗叫苦。如果是蔡国甚至是吴国的正规军队,自己等人万万不是对手。不过他口头上却不示弱:"既然不是强盗,何必这么藏头藏尾,鬼鬼祟祟?有种的报上姓名来,让我等死个明白!"

"哼,我也懒得跟你废话!"那为首的汉子冷笑道,"我只是奉命来拦截你们,请你们在这谷中耽搁几日。只要你等不做无谓的反抗,我也不会动手加害你们。至于什么时候放你们离开,哼……"

"怎样?"

"那要看这场战争什么时候结束,是什么样的结果。"

"如果吴国获胜呢?"

"那你们可以安然离开这里。"

"如果楚国获胜呢?"

"那你们就危险了,说不定我会接到命令,马上杀了你们,但也不一定。你们还是祈祷吴国获胜吧!"

"这么说,你们是吴国那一方的人了?"

"哼!"

那人自觉言语有失,不再多说什么,只是一声吩咐,上百人列开阵势,将孔子师徒的退路牢牢扼断。

眼见这等阵势,较之当日被公叔戍围困,更为凶险,子路只能无奈地来见孔子。孔子见情势如此险恶,早已将生死置之度外,哈哈一笑,吩咐大家在谷内找了一处宽敞、干净的地方,扎下营帐。

"大伙儿不要怕!反正这样的事情已经不是第一次发生了!"他笑呵呵地道,"就让老天保佑我们好了!"

看孔子表面上如此轻松,众弟子的紧张之情有所缓和。子路和公良孺等人还是不放心,仔细安排了人手,分成每两个时辰一班,在谷口严加值守,白天黑夜不间断警戒,防止对方偷袭。

第一个晚上,孔子的确没有把这小小的意外放在心上。正是夏日的夜晚,在峡谷中反而有一种难得的凉爽。坐在草地上,仰望头顶的辽远星空,那点点的繁星似乎是按照某种神秘的秩序整齐地排列着,平静而和谐。孔子多年以来,所追求的正是这伟大而宁静的和谐,却一直无法实现。

弟子们都自觉地去谷中各地捡来树枝,在草地的中间点起了熊熊的篝火。围绕篝火,大家席地而坐。

孔子和众人一道围着篝火坐着,在他的身边,左边是子路,右边是颜回。在颜回的身边,坐着子贡。

孔子看了一眼众人,见大伙儿的兴致似乎都不高。的确,在这种情形下,任何人的兴致也提不起来。

但孔子就是孔子,他很快找到了一个话题。他说:"大家各自来谈一谈自己的志向,怎么样?"

"好,我先说!"

子路在所有人中,向来是性子最急的。他的资历和阅历,居于众师弟之长,也只有他先讲,其他人才会讲。

"我的志向,就是有车、马、衣、裘,然后将这些东西和朋友一起来分享,即使用坏了也不可惜。"

子路讲完后,孔子轻轻地笑了一笑。这就是子路,他从青年时代一直到现在,一点儿都没有变。

接下来,孔子将目光投向身边的颜回。颜回低着头沉思了一会儿:"我的志向,是希望自己有一天,能对社稷、对人民有所贡献时,能不夸大自己的才能,不炫耀自己的功劳,始终做好分内的事情!"

听了颜回的话,孔子不由轻轻地点了点头。见他这么肯定颜回,子路一下子着急了,抢过话来:

"老师,我想改一下,咱们重新来讲,好不好?"

"好。"

子路这次认真地想了想,说出自己的想法:"我希望当两个国家交战的时候,能够穿戴漂亮的盔甲,带着英勇无敌的一队人马杀出阵去,斩将夺旗,因此而改变战场的局面,凯旋而还!"

这一次,讲完之后,子路以为自己一定能得到孔子的赞扬,孔子却只说了一句话:"很好,这是勇啊!"

接下来,子贡将话头接了过去:"老师,我也来谈一谈我的志向。我希望当齐、楚这样的大国交战的时候,我能够去游说两国的国君,以自己的三寸不烂之舌,令两国罢兵和好,消弭战祸!"

孔子点了点头:"很好,这是辩啊!"

一时间,众人都沉默了,都将目光投向颜回。颜回羞怯地抬起头来,小声说出自己的志向：

"我的志向，是能追随先辈圣贤，辅佐明主，用文章和道德来教化天下，使人们永远生活在没有战争、没有灾祸的和平环境中。安居乐业，牛羊遍地，永远使'勇士'和'辩士'没有用武之地！"

这一番话，貌似谦虚，实则将子路和子贡都嘲笑了一番。众人听了，都不由会心地笑了起来。

然而，颜回的一番话，却令孔子陷入了沉思。颜回的话其实正道出了他的心声。他又何尝不作如是想，他这么多年所以周游列国，其实不也正在寻找一个明君，以推行自己的礼乐教化之道吗？

他这么长久地沉浸在对自我遭遇的淡淡的感伤中，以至于其他弟子如何说自己的志向，竟没有听到。

后来，众人都说完之后，子路见孔子仍在那里呆呆出神，于是轻轻地提醒道："老师，该你了！"

"我？"孔子这才将思绪收回，回到现实中。眼见众人都在将目光投向他，他沉思了一下，说道，"我的志向和你们一样，其实也很简单。老者安之，朋友信之，少者怀之！如此而已！"

众人听了他的志向，都不由一愣。本来以为孔子要说自己达到如何如何的境界，建立如何宏大的功业，没有想到，孔子的志向竟然是如此平淡无奇。和子路要做天下的"勇士"，子贡要做天下的"辩士"，颜回要辅佐"圣君"比较起来，孔子的志向简直可以说暗淡得一点光彩也无。但这里面又蕴含着一个深沉博大的境界，那就是"仁爱"：子路、子贡、颜回的志向中都有一个"我"，而孔子的志向里却唯独"无我"，他心中装的是整个天下，是全人类。

被围困的第一个夜晚就这么过去了。第二天，众人依旧围在孔子的身边，弦歌诵读，一如往日。

但到了第三天上，问题就出来了：孔子等人并没有携带足够多的粮食，这么多人在这里坐吃不动，消耗是非常大的。可是又没有办法离开这里，得到足够的粮食补充，这就是个大问题了。

从第四天早上开始，众人就只能开始喝粥了，而喝粥也只坚持了一天。到第五天上，已经断粮了。

到第六天的时候，子路第一个忍不住了。他向孔子提出，要带人冲出去和对方厮杀，被孔子拦住了。

"对方不是乌合之众，而是训练有素的作战部队。"孔子说，"你这么冲出去，不过是白白送死！"

"可是，在这里继续被围困下去，也只有死路一条！"子路气愤地道，"我们是君子，难道君子就应该被别人逼到穷途末路上而不反击吗？难道君子处于穷困之境，就只能逆来顺受吗？"

"不是的。"孔子回答说，"君子当然也有处在不利情势的时候，但君子即使处于穷困之境，也仍能坚守一贯的正道，而不乱了自己的分寸；如果是小人，到这时候，就什么都能干得出来了！"

"哼，这么说，我倒宁愿做一个小人了！"子路气呼呼地走开了，整整一天不愿意再理会孔子。

孔子看子路的心态如此焦灼，知道众弟子和子路一样，已经变得难以自我控制了。其实他自己又何尝不像一头被困在笼子里的野兽一样，渴望破笼而出！但他是老师，如果他都乱了方寸，那么这一众弟子恐怕就会因为失去了主心骨而倍加焦灼不安，甚至会自己起了内讧。

于是，孔子这天晚上，又将众人召集到一起，严肃地说道："我这里有一道题目，要考大家！"

"啊？"

众人还以为孔子召集大家，是要商量如何解决温饱问题，没想到他却在这个节骨眼上，还要"考试"！

匪兕匪虎，

率彼旷野。

孔子抑扬顿挫，念了一句《诗经·小雅·何草不黄》中的一句："你们来告诉我，这句诗什么意思？"

上部　孔门高足

孔子一贯的教育方法，是"因材施教"，即根据每个人的智力水平和生长环境，采用适合的教学方法。如此让众人聚集在一起，针对一句诗作出解释，这可是从来没有过的情形！

这一次，连素来鲁莽爱出风头的子路，也摸不着孔子的心思，因此竟然破天荒没有先开口。

然而，孔子却不放过他，直接将目光投向他，而且点了他的名："仲由，你先来说说看。"

"我……"子路知道自己没有退路，只好硬着头皮道，"这句诗的意思是说，'我们不是犀牛也不是老虎，却为什么和野兽一样沦落在荒野'？老师的意思是不是问，我们怀抱着美好的理想，却为什么不能实现，我常听老师说，'为善者天必报之以福，为恶者天必报之以祸'，可是如今我们一心奉怀仁行道，却也落得和野兽一样的下场。是不是老师的'仁'还不够完美？如果每个人都不相信老师所说的'道'，那么这个'道'一定有它不够圆满的地方！"

子路的这一番话，很不客气，言辞之中，直指对孔子的"仁"和"道"的怀疑。这就不能不招致孔子的批评：

"仲由，依你的说法，'仁者必见信于世'，如果真是这样的话，那么伯夷、叔齐就不会在首阳山被饿死了！如果说智者之言一定会被当政者采纳的话，那么见微知著的比干也不会被挖心了！"

这一下子抬出来三个人，都是被孔子一再称颂的仁者、智者，子路听了，立即低下头去，再不吭气了。

孔子将目光又转向了子贡，口气依旧那么严厉："阿赐，你不是对《诗》已经颇为精通了吗？你说说看？"

"是！"

子贡其实从孔子一提出问题，就在思索。不过他对自己的答案并没有把握，因此只好一咬牙回答："为什么老师怀抱大道，却落得不被人知、只能孤独地栖身在荒野的下场？我的理解是：老师的"道"，实在是太大了，大得仿佛和大海一样无边无际；实在是太高了，高得和星空一样辽远而不可触及。这么大而高的道，一定是天下的凡夫俗子们所无法理解的。如果老师肯稍微缩小一下自己的范围，降低一下自己的高度，我相信一定会被接受，就不会是现在的样子了！"

"你说的这个办法，倒很聪明，也很现实，但我要告诉你，我就好像是一个辛勤劳作的农夫，尽管通过自己的双手，可以培养出丰硕的作物，却并不一定能够在秋天的市场上卖个好价钱；就好比是一个技艺高超的工匠，尽管可以制造出精美绝伦的器物，却并不一定能够使每个人都喜欢它。君子也是一样的道理，不可能为了一时的利害，而放弃自己一贯坚持的道，去迎合天下人心。君子永远不应该偏离自己的正道，而你所想的，却似乎只是如何迎合世道人心，以获得容身之处，这未免太过聪明，也太过于投机取巧了。你应该抱有更远大的志向才行！"

连续不客气地批评了子路和子贡以后，孔子将目光投向颜回，口气稍微缓和了一些："阿回，你说说看！"

"是！"颜回从来都是最了解老师的，听到点自己的名字，他立即说道，"我觉得端木师弟的话，说对了一半。老师的'道'的确是至大至高的，所以才不被天下人所接受，而落到如此困顿的境地。但我和端木师弟的见解不同，我倒宁愿老师不但不放弃至大至高的道，反而更加坚定地去坚持，和原来一样，以全部的力量去推行大道，去越过一道又一道的艰难险阻。即使最后没有取得理想的结果，也不必气馁后悔。因为对一个真正的君子来说，不应该以'道'被不被接受而耻辱，而应该以自己修习大道，是否臻至大成为目的。至于我们苦心修习的'道'，不被君主采纳，那是治国者的耻辱；不被天下人接受，那是天下人的耻辱！正因为君主和天下之人，都不懂得我们修习的'道'的价值，才越发显出我们这么做的必要，也是君子必须存在的理由！"

这一番话，真正说中了孔子的心事。孔子高兴地站起来："说得太好了，阿回，如果你有足够多的产业的话，我倒宁愿放弃行道，跟随你去做一个你府上的管家，哈哈……"

他这一笑，紧张的气氛一扫而光，众弟子也都长长地出了一口气。最难熬的一个夜晚终于过去了！

天亮之后，孔子精神抖擞，一点儿都没有困倦的意思，居然和众弟子在山谷中欣赏起晨景来。

淡淡的薄雾散去，清澈而明净的阳光从山谷上方洒下来，山谷中一片的宁静而和谐，到处生机盎然。

走了没几步，令孔子喜出望外的是，竟然在一块石头的后面，发现了一片隐藏的兰花。这一片兰花，长于深谷，不见阳光，无人识其美丽，嗅其幽香，却那么自由自在地开放着，在风中轻摆身姿，似乎根本无心去展示什么，去争夺什么，一任那淳朴烂漫的美丽呈现给这个世界。

"了不起啊！这才是真正的君子，它的芳香和美丽，本来应该成为百花之中的王者，现在却宁愿独自幽居在此，和众草为伍，而没有丝毫的自艾自怨！和它比较起来，我真是太惭愧了！"

孔子兴致大发，立即吩咐取琴来，抚琴一曲，名《幽兰操》：

习习谷风，以阴以雨。

之子于归，远送于野。

何彼苍天，不得其所。

逍遥九州，无所定处。

时人暗蔽，不知贤者。

年纪逝迈，一身将老。

伤不逢时，寄兰作操。

孔子的这一曲琴曲，如此哀婉，又如此将兰花的高尚品格、凄凉境地和自己相比，令众弟子无不落泪！

屈指数来，这已经是孔子等人被围困的第7日，而仍然没有一丝一毫会有人来救援的迹象。

终于，连泰山崩于前而面不改色的孔子也忍不住了，将子贡叫到跟前："阿赐，我想要派你到城父去，去楚王那里搬救兵。我知道你一定有办法从这里出去，对不对？大伙儿的性命都拜托你了！"

他说得这么言辞恳切，子贡自然不能推辞。何况，子贡一连几天，仔细观察包围他们的敌方阵营，早有了主意。

"老师放心，我一定会尽快赶到城父去，将救兵带来！"子贡毫不犹豫地答应了。

不愧是子贡，胆子足够大，他竟然选择了只身来到敌方的阵营，要求见为首的那位军官模样的汉子。

见面之后，他从自己怀中取出两块精美的玉器送上去，直截了当地道："我等被困，已经绝粮数日了。我想你们在这里奉命围困我们，日子也不会太好过。你也不想我们作困兽之斗，全部冲上来和你们拼命吧！如今我奉老师之命，出去买点儿吃的；如果你肯放我过去，我愿意多买一些好酒好肉，回来从这里经过，先让你们挑拣，剩下的我再带回去复命，你看如何？"

"你这个人，倒很识时务。"那个军官将玉璧收了，这几天来其实也累得够呛。"那你就快去快回，多买酒肉回来！"

"好。"

于是，子贡顺利地通过封锁线。他立即买了两匹快马，昼夜不停地赶去城父向楚昭王搬救兵。

楚昭王一听孔子被困，这还了得？立即命令派出一支精锐部队，星夜赶来驰援。围困孔子师徒的那一支人马，哪里是楚军正规部队的对手？甫一交战，立即溃败而去，孔子等人围困遂解。

不过，楚昭王并没有马上召见孔子，因为现在前线战事正紧，他吩咐这支军队的指挥官，将孔子师徒一行护送到一个叫负函的地方去，让那里的长官叶公精心招待孔子。等战事一毕，楚昭王将亲至负函，向孔子请教大道。孔子听罢，虽然急于见楚昭王，然而也只能这么听从安排了。

第10章
孔子归鲁

在孔子流浪列国途中,不是没有"知音",不过却都是一些消极避世的"隐者"。

人,通常分为两种:一种避世,一种入世。避世者,去探索自己的内心,注重个人精神体验。入世者,去试图影响和改造这个世界,注重现实的社会效应。商人当属于后者。

商人赚钱并非如人们想象中那么容易。做一个商人要付出辛劳,更要忍辱负重、不被理解。

商道如水,何以如此比喻?就因为水处于最低的位置,而汇集天下之恶。这是"水德"。商人也是如此,只有将自己摆在平民的地位,默默忍受常人所不能忍,才能将财富集中到自己手里。

然而,聚财难,散财更难。一个商人如果只懂得聚财,不懂得散财,就会招来祸患。因为财富本身也是有社会属性的。你取之于社会,就必须用之于社会。来之于民,还之于民,就像大海容纳百川,然后化云施雨,普泽苍生,这就叫"天道"。

孔子和楚昭王对于彼此之间的这次会见都充满期待，但他们都没想到，命运弄人，正当孔子在负函焦急地等待着的时候，几个月后，却从城父传来一个令人震惊的不幸消息——楚昭王去世了！

他们终于没能会面，而孔子最后的希望所寄托的改变命运的契机，也被上天无情地吞噬了。

在此之前，孔子在负函的这一段日子，过得可以说相当不错。负函，是一座新建的边境小城。楚国在两年前命令大夫叶诸梁在这里修筑城池，为的是收纳蔡国故地那些不愿意迁离的百姓。

因为是新城，所以处处流露出崭新的气象。城镇、市井、街道、房屋，无一不新。只有在人群中看到那些还穿着旧蔡国的服装样式的蔡人，才让人想起这座小城是为何而建，楚国有何目的。

应该说，以"公"自称的叶诸梁，在治理方面的水平还是很高的。城门大开，车水马龙，一派喧嚣繁华。

孔子等人来到城下，负责护送的军队就急忙离开，去城父参加战斗了。孔子等人自行入城，缓缓而来。

孔子并不急于去拜会叶公，因为孔子所讲的是"礼"，而叶诸梁充其量不过是楚国的一个大夫。以一个大夫而自称"公"，在礼上这属于"僭越"，孔子还没有想好，应该如何称呼这位"叶公"。

进城之后，孔子先找了一家旅舍，安顿下来。然后派了子路去见叶公，报告自己一行人到来的消息。这显然是兼有试探之意。子路是孔子的学生，以孔子门生的身份拜访自封为"公"的叶公，再合适不过。

而叶公其实从孔子一入城就得到了消息，对于"圣人"的光临，叶公同样又是兴奋，又是紧张。

听说孔子的得意门生子路来拜访，叶公连忙安排接见。寒暄几句，叶公立即迫不及待地问道：

"请问，你们老师是怎样的一个人？"

这个问题，看起来很简单，然而子路却觉得不好回答。是啊，老师是怎样的一个人？一下子真说不上来。如果将老师说得过于神乎其神，那么有自我吹嘘的嫌疑，回去一定被孔子责骂；如果将老师说得平淡无奇，那么就会被这位叶公小看，也会损害孔子的"圣人"的威名！

子路毕竟是个实在人。他只是来通报自己师徒一行来到的消息，因此回答道："等我回去问一问老师自己吧！"

从叶公那里回来，子路将叶公的问题如实汇报给孔子，孔子听了，有些不满："这个问题你可以直接回答他呀！我是个什么人，你应该最清楚！你应该这么说：'我老师的为人啊，可以用一句话来概括，叫做'发愤忘食，乐以忘忧，不知老之将至'。（学习起来就忘记了吃饭，一天到晚快乐得不知道什么是忧愁，连自己已经快要老了都不知道。）难道我不是这样吗？"

子路与叶公的这次会面，并没有达到孔子预期中的效果。第二天，孔子正准备再派颜回或者子贡去拜访叶公，不料叶公亲自来到了旅舍，请见孔子。

这可就是相当尊重孔子的表示了，也足以表明叶公并不是真的将自己比作"公"，不过是为了令治理下的百姓对他表示尊重，以便于管理而已。因此孔子也就消除了先前的顾虑，接见叶公。

"请问仲尼先生，什么是为政之道？"

叶公这个人，倒的确有好学之心，他也真的想把负函治理成为一座名城，因此一上来就虚心请教。

"近者悦，远者来！"孔子也直截了当地给予回答。"只要让治下的百姓人人都发自内心地感受到喜悦，愿意服从你的管理；让远处的人们听到你的名声都觉得信任，愿意自觉地收拾行囊，赶着车马，迁移到这里来。那么，你作为一个施政者，就已经具有很高的管理水平，称得上是一个'贤'者了。"

"说得好呀！"叶公第一次听有人将施政之道讲得这么简单而透彻，这么通俗易懂而便于操作。因此，他又抛出一个问题："我最近一直被一件事情困扰。有一件案子：一个人偷了邻居的羊，邻居要状告他，却苦于没有证据。结果那个偷盗者的儿子跑到衙门作证，指认他的父亲偷了羊，于是他父亲被判入狱。我问这个青年人：'你为什么这么做？'他回答说：'我这叫做正直无隐！'我很赞成他为了维护法律的正直而做出这样巨大的牺牲,但我也很困惑,他竟然如此不顾父子之情。请问仲尼先生,我是应该表扬这个年轻人呢,还是应该批评这个年轻人呢?究竟他是对是错?"

"我想,你所以困惑,是因为对于'正直无隐'这四个字,你并没有真正了解其中的深刻含义!"

既然叶公主动执弟子礼,孔子也就毫不客气,以教诲的口吻说道:"何者谓'正'?正,正道也。人与人之间所以能和谐相处,彼此相爱,就因为人人都遵守正道,相亲相爱,而不是互相加以残害。如果违背了这个正道,就需要通过强制的法律的手段加以矫正,就叫做'直'。"

"那么,对于父子人伦来说,什么叫做'正'?父子之间的人伦之爱,是至善至美的亲情,是为了对方可以牺牲自己一切的、彼此以对方为中心的伟大情感。做父亲的,在儿子犯了过错的时候,一定要替儿子隐瞒,而把过错承揽在自己身上;做儿子的,在父亲犯了过错的时候,一定要替父亲隐瞒,而把过错承揽在自己身上。这种情感,是人间'正道'的根本,是孕育世间众善的源泉。如果父亲和儿子尚且不能相亲相爱,那么怎么能指望去爱别人呢?如果天下人都不爱别人,那么'正道'也就完全失去了。如果没有了'正',那么'直'又从何谈起呢?"

孔子的这一番话,滔滔不绝,每一个字,每一个词,都是叶公所从来没有听过的,不由大为震撼!

"原来如此!"叶公衷心地叹服道,"我自以为用了不到两年的时间,就把负函治理得这么安定繁荣,是多么了不起,今日听了先生的话,才知道我险些把负函带到一条怎样危险的道路上去!"

于是,从这天起,叶公便经常恭恭敬敬地派人过来邀请孔子,到府上去作客;叶公自己也经常来这里讨教。

孔子一边和叶公往来,一边派人留心打探从城父那边传来的消息,焦急地等候着楚昭王的召见。

从夏至秋,孔子一直在为和楚昭王的这次会谈而做着精心的准备。孔子这一年已经63岁，在当时这已经属于长寿者的年龄。孔子不知道自己还有多少年可以活，但的确他的时间是越来越少了。因此，他也将和楚昭王的会面视为自己人生中最后的机会，能否实现自己推行"大道"的梦想，就在这一次了。

但最令孔子想不到的事情发生了：从城父那边传来了最不幸的消息——楚昭王因病不治，骤然归天了！

消息传来，孔子如遭雷击，呆呆地坐了很久，颗颗浑浊的泪珠从他饱经风霜的脸上滚落下来。

此后几天，孔子不吃不喝。正当众弟子束手无策，孔子却将众人召集起来，宣布了一个决定：

离开负函，返回卫国！

这是一个痛苦然而理性的决定：毕竟卫国和鲁国，这是天下唯一能容下孔子的两个国家。

众弟子大都是从鲁国跟随孔子出来，如今一听返回卫国，那么距离返回鲁国，也就不远了。

因此，众人兴高采烈，马上收拾行囊。叶公因为赶去城父，参加楚昭王的葬礼，因此无法为孔子送行。

在一个秋高气爽的早晨，孔子师徒一行人等离开了负函，车轮滚滚，沿着来时的路返回卫国。

刚走出负函城的城门，来到旷野之中的大路上，有一个长发披肩、衣着褴褛的瘦高汉子，从对面而来，经过孔子的车前，忽然作歌：

凤兮凤兮！

何德之衰？

往者不可谏，

来者犹可追。

已而已而！

今之从政者殆尔！

孔子坐在车中，本来正在闭目养神，忽然听到这歌声，听出其中蕴含的深刻哲理，连忙吩咐子路停车：

"仲由，快停下！"

前面，子路不知道发生了什么，连忙勒住马缰。车子刚停稳，孔子就迫不及待地从车子上跳下来。

"喂，刚才那位歌者呢？"

"老师是问那个疯疯癫癫的人吗？呶，他已经走出去很远了！"众弟子用手一指，那个人已经只能看到一个模糊的背影。

"你们有没有人知道，他叫什么名字？"

"不知道。"

正在此时，路边的田地里，有人大声说道："你们是在议论刚才那个人吗？他叫接舆，自称'楚狂'。一年前从楚地来到负函，每天在街道上说些疯疯癫癫的话，不过听说以前官做得很大呢！"

"'楚狂'？"孔子这才知道那人的名字，不由叹息地直跺脚，"唉，我怎么没有早认识这个人呢？"

"老师，一个疯子，你认识他做什么？"子路奇怪地问道。

"疯子？你们以为他真的只是个疯子？"孔子道，"错了，他是个真正的有德之士，只不过隐于山野，不为人识而已！"

这么叹惋一番，重新回到车里子坐好，孔子还在回味接舆歌中的奥义。他怎么知道我是一只不合时宜的凤鸟呢？凤鸟本来只在有圣君在位的时候才会出现，可是我这只凤鸟为什么在这个乱世到处蹿飞，仓皇奔走而无处栖身呢？难怪他要嘲笑我，说我的德行已经衰退了啊！其实，我又何尝不知道，自己身怀"大道"，而在列国间像条丧家之犬一样流浪，以求一个行道之地，实在很不像样子，但我又能如何呢？总不能眼睁睁看这个人间之世，陷入如此的混乱和暴虐，而不加以制止吧？我但求尽最大的努力，问心无愧，至于能不能做到则是另外的一回事了！

第二天，孔子等人来到一条两叉路口。因为不知道哪一条通往他们要去的渡口，孔子让子路前去询问。

上部　孔门高足

子路来到高处，看到前面田野里，正有两个农夫在地里躬耕。于是子路快步上前，打探消息。

"请问，哪一条路是通往去渡口的？"

"你是什么人？"

"我叫仲由。"

"和你一道同行的那些是什么人？"

"哦，是我的老师，还有我的众师弟们。"

"你的老师？莫非是鲁国的孔丘？"

"正是！"

这两个人和接舆一样，同样是混迹在山野中的隐者，一个叫长沮，一个叫桀溺。二人听说孔子过来了，相对而笑。

"这位仲由老弟，你的老师应该知道渡口在哪里呀！"长沮放下了手里的锄头，故意这么说道。

"怎么可能？"子路有些疑惑不解，"如果我的老师知道渡口在哪里，就不会来让我问路了！"

"那是因为，他知道的不是你所要问的这个渡口，而是如何拯救天下人心的另一个'渡口'。"

子路听了，哭笑不得，知道自己又遇上了隐士。若非老师交代，要对隐士以礼相待，他早抡起拳头了！

他只好转向另外一位桀溺："请问，去渡口的路应该走哪一条？"

"哪一条路通向渡口，并不要紧。要紧的是，当今天下的情势，到处都污浊一片，仿佛一个烂泥塘。置身在这个烂泥塘中的，并非只有你我而已！既然洪水泛滥，没有人能走得出泥塘，寻找渡口又有什么用呢？不过是从一个泥塘通向另外一个更大的泥塘罢了！还不如歇下来，省省力气！"

说完这番话，长沮和桀溺二人又相对而笑，然后就埋头干活去了。他们知道，子路一定会将这番话带给孔子。

果然，子路满心的恼羞，回来将自己问路遭到两个隐士嘲笑的一番话，一字不差地告诉了孔子。

"唉，这两个人都和'楚狂'一样，是了解我孔丘的贤智之士啊！"孔子叹道，"我理解他们的用心良苦，他们都好意提醒我，希望我不要再为这个无可拯救的天下而奔波操劳了！可是，我和他们毕竟不一样！他们可以纵情山野，放任自然，与鸟兽为友，让自己的生命完全回归自然的本性，可是我却不能去接受这种标榜清高的避世做法！我是一定要在这个世间行走，和天下所有的人在一起！即使所有的人都嘲笑我，不理解我，我还是不会放弃！因为我从一开始就认定，这是我的责任！正因为人们不能理解我，接受我，我才更要去坚持这么做！"

孔子的话令众弟子肃然起敬。子路原本满腹的牢骚和怨尤，现在却也平心静气，继续赶车上路了。

孔子重新回到陈国，稍作停留，一行人又继续由陈国而入卫国。一路上，碰到的隐士还真不少。

终于又回到了卫国，这时候，已经是卫出公四年。卫出公虽然年少，却幸赖朝中有南子，南子在卫灵公时候就已经在朝中颇有影响，辅佐少主，自然更加朝纲独断，巾帼不让须眉。

听说孔子师徒一行重新归来，南子大喜，立即以卫出公的名义，重新恢复赐予孔子的俸禄。

子贡回到帝丘，第一件事情，自然是回家去看望父母，妻子勾环和儿子端木炅。

父母的身体都还康健，妻子勾环因为操劳，容颜不复青春亮丽，不过倒多了一份为人母的成熟端庄。

变化最大的要数小炅炅。这个小家伙，当年子贡离开的时候，不过刚刚学会说话和走路而已。现在，隔了4年，再看这小子，竟然蹿高了一大截，不但长了个子，而且聪慧也与日俱增。一见到父亲，小炅炅兴奋得跟什么似的，立即扑上来，一头扎入父亲的怀抱，再不离开须臾。

"阿爹，我都快想死你了！"

"我也想你啊，乖儿子！"子贡将儿子抱起来，高高地在空中抛了几下。

"说说看,这几年中,你听娘的话不?"

"听话?"勾环在旁边趁机告小炅炅的状,"他哪里听过我一次?叫他不要动什么东西,非给你翻个底朝天不可;不让他做什么事情,死活都要去做,不知道吃了多少亏,一天到晚,身上青一块紫一块的。"

"怎么,和人打架?"

"不是。"小炅炅委屈地道,"就是爬树掏鸟蛋什么的,不小心从树上掉下来;再不就是爬墙失了手。"

"这么说,一天到晚只是贪玩,学了什么?"

"算数!"小炅炅将头一扬,骄傲地道,"我从3年前就跟随爷爷算数,没有我算不出来的。"

"那倒是。"勾环道,"这小家伙学习算数,比别人快得多,他爷爷教他打算盘,一年下来就呱呱叫了。"

"这么说,你小子将来也是经商的料儿,不愧是端木家的子孙。"子贡点了点头,"不过,还是要多读书。"

"书都是跟外公他老人家学的,外公对这小子喜爱的要命,别人说一句批评的话都不可以的。"

"外公身子骨还那么好?"

"好,眼不花耳不聋,每次见了都念叨着你什么时候回来呢!"勾环道,"你明天就去看望他老人家吧。"

"好!"

这一夜,夫妻恩爱情深,不必多说。小炅炅也非要拱到父母的中间来睡,一手牵着母亲的手,一手牵着父亲的手,生怕一觉醒来,父亲又不知道哪里去了。

第二天,子贡早早动身,来到外公蘧伯玉家,蘧伯玉仍旧在院子里练习他自编自创的那套养生操。

"外公,我来看您了!"

"你小子,终于回来了吗?"蘧伯玉此时已经95岁的高龄了,仍旧精神矍铄,说话中气充沛。

"怎么样，快给外公讲讲。这几年都到了什么地方，遇到了哪些事情，跟仲尼都学了什么？"

蘧伯玉一如既往，关心着孔子。子贡于是坐下来，仔细地将自己这几年中，跟随老师在列国间游走的种种经历，讲了一遍。尤其讲到几处生死关头，身处绝境，听得连蘧伯玉都为之心惊。

"原来你们经历了这么多事情！"听完后，蘧伯玉长长地叹了一口气道，"仲尼的'大道'，看来是无法推行了！我本来早有此担心，只是看他那么意志坚定，充满信心，不好打击他罢了！"

"那么，如今咱们卫国朝中的情形呢？"子贡问道，"以外公您来看，我老师还有出仕的机会吗？"

"难！难！难！"蘧伯玉一连说了三个"难"字，子贡一听，顿时如同一盆冷水从头浇到脚。

"咱们如今的这位大王，毕竟年幼，实际上掌握朝中大权的还是南子夫人。"蘧伯玉分析道，"而南子夫人最大的对手，不在国内，而在国外。听说太子蒯聩回来夺位复国的念头从未中断，背后又有强大的晋国赵氏作为支撑，他在国内亦暗暗发展了一大批追随者。所以说，如今只不过是在僵持罢了，成败仍是未知之数。如此情势下，谁还有心思去听仲尼的那一套。"

蘧伯玉虽然久不在朝，却无时不刻不在关注朝中动静。因此，他的分析可谓一针见血，直指要害。

子贡听了外公的话，久久沉默不语，最后只能叹息一声："这么说，我老师的'道'，真的已经走到尽头了！"

"也不一定，仲尼受命于天，也许天命会赐予他另外的转机呢！"蘧伯玉安慰道，"你回去不要将我的话告诉他。如果他问这件事情我怎么看，你只告诉他，我想问他，可否有心出仕？"

"好的。"

子贡从外公家出来，来颜浊邹家见老师。刚到门口，正好碰上几个年轻的弟子，一见到子贡，立即围上来。

"端木师兄，你可来了。"

"怎么回事？"

"我们几个正在讨论，老师此番回到卫国，会不会马上出仕？我们争论了半天，都没有结果。想要推选一个人去问老师，却没有人有把握。端木师兄你是最会说话的，就请你去问一问吧。"

"好，你们等着。"

子贡也不多说什么，径直进到里面屋子。拜见过孔子以后，孔子问了他家中情况，又特地问候了蘧伯玉夫子，子贡都作了回答。然后，子贡将自己早已想好的一个话题抛了出来，恭恭敬敬地问孔子：

"请问老师，伯夷、叔齐是什么样的人？"

"哦？"孔子有些诧异地看了他一眼，"是蘧伯玉夫子让你这么来问我的吗？"

"不……不是……"子贡心里暗暗佩服，不愧是老师，一下子就猜到这问题与自己外公有关。幸而外公已经交代过，不要透露他和自己说话的内容，因此子贡才故意绕了这么大一个弯子。

"是我自己想问的。"

"好吧，阿赐，你坐下来，听我来告诉你。"孔子也没有多问，而是整理了一下思绪，认真地回答子贡的问题：

"你问伯夷、叔齐是什么人？他们自然是古代的贤人啊，难道这还有什么疑问吗？"

"是。那么他们有怨恨吗？"

"你是指他们让国不受吗？他们是出于仁而这么做的，将国家让了出去，却得到了他们想追求的仁。求仁而得仁，他们应该感觉到幸福才是。还有什么比这更加圆满的结果吗？为了仁而离开国家，他们心安理得；相反，如果强行让他们留下来当国君，不管是伯夷，还是叔齐，只怕其心都不会安定下来。那样，只怕才会真的有怨恨，所以说，心安，就不会有怨恨。"

"我明白了，多谢老师。"

于是，子贡明白了老师的意思，从老师处出来，他告诉那些年轻的师弟们："老师是不会出仕的。"

孔子果然没有在卫国出仕。他对于卫国的政治情势，和蘧伯玉的判断一样：卫出公是儿子，他自己在国内为君，而将自己的父亲拒绝在外。如果他肯让位，将自己的父亲接回来，那么，孔子一定会高兴地出仕；但他现在这么逍遥自在，丝毫不把流浪在外的父亲当做一回事，如此，不要说孔子，真正有道德操守的君子，都不会认真辅佐卫出公，而会效仿宁武子之"愚"。

众弟子中，也有对孔子的做法不能理解的，这个人就是子路。子路一生最崇拜的就是孔子，他最希望看到的就是孔子像在鲁国出任大司寇那样，雷厉风行，施展抱负，使国家大治，百姓安居乐业。可是孔子作为大司寇在鲁国推行"堕三都"的改革并未彻底成功，此后，孔子流浪列国，一直过去了这么多年，再也没有得到过那样的机会，没有可以赏识他、任用他的君主。

眼看回到卫国以后，很多追随多年的弟子纷纷告辞离去，到各个国家去施展自己的才华。唯独孔子一副无所事事的样子，子路真是坐不住了。这天，他故意找了个借口，来问孔子："请问老师，如果大王对您非常仰慕，想要请您去询问关于如何治理国家的事情，您将从何处开始治理？"

这些日子，孔子也得到了风声，卫国大夫孔悝，一心想在孔子门下的弟子中选择一人，作为自己封邑的邑宰。孔悝中意的人只有三个：一个是子路，一个是颜回，一个是子贡。

颜回无意出仕，这是人人皆知的。颜回从来也没有想过要做官之类，他只关心一件事情：自己在道德修炼的道路上能走多远，究竟到什么时候能够达到老师孔子的层次，甚至超越老师。

子贡经商出身，为人头脑活络。他学习的是言科，非当官不足以施展才华。冉有已经在鲁国季氏那里为宰，子贡近来也跃跃欲试。但他听从外公蘧伯玉的建议，并不想在卫国出仕，因此拒绝了孔悝。

那么，三个最杰出的弟子中，就只剩下了子路一个人。孔悝对于子路是志在必得，他求贤若渴的态度，也的确令子路感动。不过，子路这个人最大的特点，就是忠诚。他曾经暗暗发誓：在老师没有出仕以前，自己一定不先离开老师，而去追求自己建功立业。因此，他和孔悝约定：一旦孔子有了一个美满的去处，自己就会来和孔悝履行约定，由自己来出任孔悝的家宰！

这天，孔子听子路问到自己关于如何在卫国施政的问题，这实际上是子路在询问关于卫国的政治前途问题。因此，孔子对这个问题很慎重，思考了一会儿才吐出来两个字的简单答案：

"正名。"

"正名？"子路一愣。在鲁国"堕三都"，那时候孔子的改革举措是何等大刀阔斧，轰轰烈烈，如今，在卫国却要从事什么"正名"的工作，这和卫国现在的政治局面有什么关系呢？他脱口而出："不去做实际的工作而做这虚无缥缈的工作，这也有些太迂腐了吧？莫非老师在说笑？"

"我是认真的！"孔子严肃地道，"仲由，你难道没有认真想过这其中的道理吗？名不正则言不顺，言不顺则事不成，事不成则礼乐不兴，礼乐不兴则刑罚不中，刑罚不中则民无所措手足。所以说，君子行事，首先在于正名，难道还有什么比这更要紧的吗？名正之后，则可以言，一言既出，则必行之。如果你真的理解了君子行事之道，就不会说这是迂腐无用的了！"

其实，孔子的这一番话，连他自己也知道，不过是道理上这么讲而已，实则于事无补。具体到卫国的情况，要"正名"，首先要"正"的便是父子之名。也就是说，卫出公必须把自己的父亲蒯聩当做父亲看待。怎么看待？自然是将父亲从国外接回来。可是那样就面临一个问题：如果蒯聩一心要当卫国的国君怎么办？做儿子的自然要让出国君之位，这就叫"名正言顺"；然而，即使卫出公真的有这份孝心，拥立卫出公的众大臣会答应吗？实际上在幕后操纵卫国军政大权的南子夫人会答应吗？当然不可能。所以孔子的"正名"就仅仅是道理上的了。

孔子无意于仕卫，已经是明摆着的了，但他现在还缺乏一个回到鲁国去的理由，所以只能等待。

这一等就是4年。一直到鲁哀公十一年，其时卫国大夫孔文子和太叔疾成仇。而在鲁国，孔门弟子冉有和子贡，都已经在季康子那里证明了自己的才华，深得重用。于是季康子派人以厚礼来卫国迎接孔子。孔子多年以来，等的就是这么一个时机。一接到消息，孔子立即动身离开了卫国。

从鲁定公十三年离开鲁国，到鲁哀公十一年返回鲁国，其间一共十四年。离开的时候，孔子还只有55岁，回来的时候却已经69岁了。孔子此后没有再离开鲁国，一直到73岁那一年走到自己人生的终点。虽然他最终并没有实现自己"行道"的终极理想，但他足以欣慰的是，他收了那么多出类拔萃的弟子，如子路、颜回、子贡，而子贡在诸弟子中又是最杰出的一个。子贡在孔子晚年归隐后，作为孔门弟子的一个代表，频繁出现在列国争锋的舞台上。正如他在讲述自己的志向的时候所说：用自己的三寸不烂之舌，平息干戈，使人们免于战乱之苦。子贡真的做到了这一点。他不但是孔子学说的继承者，更是一个伟大的实践者。

一个属于孔子的时代即将落下大幕，而一个属于子贡的崭新时代即将粉墨登场，子贡的演出开始了……

下部

儒商祖师

第11章
子贡出马

孔子结束了周游列国以后,选择回归鲁国,专心著述。他的时代因此而接近了尾声。

子贡以一种崭新的姿态登上舞台。他一上来就和老师孔子不同,他以"利害"而不是"道义"来说服各国的君主,他知道在这个当今之世,人人言"利",而鲜有人言"义"。也许,老师孔子可以满口仁义道德,但子贡不行,他的任务是要拯救危难之中的鲁国。而只有一条路可走:以利诱之,以害惧之。子贡从一开始就暗暗定下了这个8字方针。

至于孔子,之所以放心地使用子贡,就是因为知道子贡是深谙"利害之学"的高手。只有以利害之说,才能去游说各国的君主。对于子贡出马,孔子是一百二十个放心。

子贡的高超本领因此得以施展。他在仓促之间,就已经布下了一个令人眼花缭乱的连环局⋯⋯

自从回到鲁国以后，孔子就一头扎入了对《易经》的进一步研究中，每天席不离手，行不离囊。

子贡本来对老师的回归鲁国，寄予厚望：他和冉有这样的水平，尚且能够在季康子的手下得到重用；那么老师回来，一定会被鲁侯任命为大夫，上朝参与国政，而不是仅仅像自己和冉有一样，做季氏的家臣。鲁国想要恢复以前礼乐治世的局面，非用孔子不可！子贡和冉有经常在季康子面前这么说，季康子听得久了，也就相信了他们的话，于是才有了召回孔子的举动。

可是孔子回来后，却只和鲁侯匆忙见了一面，对于季康子，则连见都没有见，这令季康子埋怨不已。

子贡和冉有商量，决定亲自去打探老师的心思。这天子贡来到老师孔子处，就是为这个目的而来。

可是，等来到孔子府上，却发现众弟子都分散在各自的房间里，或者温习功课，或者弦歌自娱。往日里孔子聚集大家在一起讲课的那种情形，并没有出现。子贡一打听，才知道孔子这些日子以来，一直一个人埋首在房间里手执竹简，逐字逐句地研读《易经》，以至于穿竹简的牛皮都断了三回了。

"奇怪——"子贡听了，更是心里疑惑，难以理解。"难道《易经》那样的占卜之学，比出仕从政的治世之学还重要吗？老师不是一向轻文辞而重实践的吗？这一次怎么颠倒过来了？"

为了弄个明白，一解心中疑惑，子贡终于等了一个机会，在孔子用过膳食后请求入见。

孔子对子贡的喜爱毋庸置疑，一听说子贡来看望自己，立即吩咐入见。

子贡进到孔子的房间，果然发现在老师面前的桌子上，摊放着散落的竹简，正是《易经》片断。

"老师，学生有一事不明。"子贡虽然以能言善辩著称，但这件事情，他觉得还是单刀直入好。"老师不是经常教导我们说：只有那些德行丧失的人，才会去求助鬼神的力量；只有那些智慧缺乏的人，才会反复占卜以求判明吉凶吗？为什么老师如今也信仰鬼神，而喜欢起占卜了？"

"阿赐,你这个问题问得很好,我知道你和大家伙一样,心中都有同样的疑问。其实,你们都误会了。"

"哦?"

"我不是在占卜吉凶,"孔子直言相告,"天下还有什么事情是我用自己的智慧无法判明吉凶的,需要借助虚无缥缈的鬼神吗?我是在把玩《易经》上的文辞啊!《尚书》和《易经》都是记录古人言辞的。相比较而言,《易经》中保存的更为完整一些,这才是我喜欢读《易经》的原因啊!"

"原来如此。"子贡点了点头,"那么老师为什么不给大伙讲明?"

"我不讲,是因为我最近从这里面又悟出了更深一层的东西。"

孔子让子贡在自己身边坐下来,给他看自己在桌子上新写的一篇文字:"你来读读看!"

子贡凝神观看,低声读出来:"天尊地卑,乾坤定矣。卑高以陈,贵贱位矣。动静有常,刚柔断矣。方以类聚,物以群分,吉凶生矣。在天成象,在地成形,变化见矣。是故刚柔相摩,八卦相荡,鼓之以雷霆,润之以风雨;日月运行,一寒一暑,乾道成男,坤道成女,乾知大始,坤作成物……"

子贡曾经在周游列国途中,跟随孔子学过简单的文王八卦,但以他的基础和天资聪颖,领会这篇文字,也有难处。

"弟子愚钝,仅能领会这篇文字中的十之二三,请老师指点。"

"不错,你能领会十之二三,已经很好了。不过阿回还是比你强一些,他一上来就能领会十之六七。"

"老师的这篇文字,连颜师兄都只能领会十之六七,那么这里面蕴藏的智慧,也实在太深了!"

"不错,这其实也是我通过读《易经》,对我个人的一生所做出来的一篇总结。你去把大伙儿叫来。"

"是!"

一会儿,等子贡将大家都召集到孔子的这间屋子来,足有三五十人,屋子里坐不下,就从门口一直到庭院里去。

端木子贡：儒商祖师

孔门众弟子中，此时子路在卫国做了孔悝的宰邑，不在身边，接下来就以颜回为尊了。颜回的神态依旧是那么虔诚而好学，但他的脸色却也因为病痛的折磨更加苍白了，几乎没有一点血色。

颜回的身边，坐着子贡。子贡在政事上已经在季康子那里独当一面，替鲁国出使过齐国、吴国等。在个人的经商事业上，他利用自己出使各地的机会，了解各地的市场行情，贩贱卖贵，几乎他看准的行情没有不被他准确预测中的，连孔子都称赞他："亿则屡中"，因此，他将端木家的子号从卫国又开到了各个国家。如今的子贡已经俨然是孔门弟子的一块金字招牌，其学问和德行虽然还不及颜回，但他的名声之大，在众后进师弟心目中的地位之尊，已经超越颜回。

孔子依旧用他那自信而温暖的目光扫视了一下众人，然后，整理了一下自己的思路，缓慢地开口道：

"我曾经说过，我的学问不是靠博闻强记而得来的，而是在现实的生活实践中磨炼而领悟的。"

"我的出身并不比你们中最贫贱的高出多少。我替人家做过看管仓库的小吏，也替人家放牧过牛羊。我从小因为失去父亲，家里贫穷，为了维持生计而不得不从事一些并不体面的低贱工作。"

"但当我15岁的时候，我就给自己立下了一个清楚的志向：我要学习'礼'，这是我当时唯一能肯定的事情。"

"从那以后，一直到30岁，我都在刻苦地学习，向所有懂得'礼'的人请教，力图掌握所有关于'礼'的知识。当我30岁的时候，我确信，我这一生可以靠宣扬'礼'来作为职业而过活了。"

"当我40岁的时候，我开始懂得，'礼'是在这个世界上，唯一值得付出生命去追求的东西。"

"但直到50岁，我才懂得，还有比'礼'更高出一个层次的东西，那就是'道'，也就是'天命'。"

"什么是'天命'？我的理解是，'天命'就是秩序，就是天地宇宙所赖以存在不灭、和谐运行的永恒法则。我们的这个世界、这个社会，所制定出来的

'礼',其实无时无处不在模仿'天'。"

"从50岁以后,我开始懂得两件事情:一,我们这个现实的世界,必须要用'礼乐'来加以约束和管制,除此之外,没有更好的办法能避免陷入混乱和崩溃。所以我才要用14年的时间在列国间行走,以期能说服一个明君,来接受我的思想。尽管我花了这么多的时间,付出这么多的心血和精力,来做这件事情,而最后终于还是失败了,但我现在仍然不改变这个想法。"

"二,再如何模仿'天'的'礼',再完美的制度,也只能安顿我们这个有血有肉的躯体。至于我们的'心',我们的精神,则需要一个超越'礼乐'之上的更高层次的秩序,需要一个更为辽阔的、自由自在的空间,这个空间,就是'道'。这是我最近以来一直在思索的问题。"

"'道',是什么?这个连我也说不清楚。不过可以从《易经》中找到它的影子,触摸到它的存在。如果一定要说它是什么,那它就是将天和地分开来的那种神秘而伟大的最初的混沌力量。天和地,一个在上,一个在下;一个高,一个低。有了上下和高低的判定,一切也就各安其位:天是动的,地是静的;天是刚的,地是柔的。天的德,是刚健动发,生生不息;地的德,是沉静不动,生养万物。效仿天地之德,我们就可以得出万物之义:不刚,则不能动,不能动则无功;然而一味地动而不注意掌握时机,就会成为轻浮。同样道理,不柔则不静,不静则不能安;然而一味地求静就会陷入沉溺。刚和柔,因此必须相辅相成,互相补救。……"

从这天开始,一连几天,孔子都在滔滔不绝地给弟子们讲述自己对于《易经》的领悟,这也是孔子晚年给弟子上的最后一课。

由于孔子的讲课过于深奥,很多弟子根本不能理解,只好向子贡和颜回请教。二人遇到疑难,便来问孔子。

这天,颜回首先来问孔子:"老师,什么是'道'?"

在孔子的印象里,颜回自从拜在自己门下,从来都是只听不问,像这样主动来问问题,还是第一遭。

孔子的回答很巧妙:"'道'是这么一种东西,就是如果你能在早上听到它,那么晚上死了,也没有遗憾了!"

这话说了等于没说,但颜回却从言语之外,听到了另外的神秘玄机,一下子灵光迸现:"我明白了!"

他就没有再问这个问题,而是突然又问到了一个孔门弟子人人都问过孔子的问题:"那么,什么是'仁'?"

孔子的一生,都在宣讲以"礼乐"治国,至于"礼"的核心是什么,孔子始终只用一个字来概括:仁。

每个来到孔子门下的学生,都问过这个问题。1000个学生,孔子就给出1000个回答,从不相同。

但像颜回这样,在孔子门下朝夕追随,直到孔子的晚年,他才向老师提出这个问题来:"什么是'仁'?"

孔子认真地思索了一番,最后给出了一个答案:"克己复礼!"

克己,就是将自己的生命放在低于"德"的次要位置,人活着不是为了这个现实的、欲望集合的肉体,而是为了一个更高的目的,为了将虚无缥缈的精神在现实的行为中转化、体现出来,一个人生命的价值,不在于长命百岁,而在于精神的盈虚转化,能够绽放出怎样的光辉。生死,是我们这个躯体从生下来就命定了的;但一个人的道德修炼,精神光辉,却可以超越现实的时空,而绵延直到千秋万世,永恒存在。而"礼"正是通达"仁"的唯一门径。

因此孔子接着作了解释:"一日克己复礼,天下归仁焉!"他给颜回指出了自己实践"仁"的心得体会:

非礼勿视,

非礼勿听,

非礼勿言,

非礼勿动。

颜回从孔子处出来,口中一直在喃喃地念着"天下归仁"四个字,仿佛第一次听老师讲课一样。

子贡和众弟子正在门外等候,一见到颜回出来,子贡立即悄声问道:"先生可曾明确什么是'道'了吗？"

颜回一声喟叹：

> 仰之弥高，
>
> 钻之弥坚。
>
> 瞻之在前，
>
> 忽焉在后。

说完了这几句话以后，颜回再不理会众人，自己回到房间去，一个人默默思索孔子的话去了。

子贡在颜回之后，进入老师的房间。他坐下后，同样恭恭敬敬地发问："请问老师，什么是'道'？"

虽然子贡和颜回一样，问的都是同一个问题。然而孔子的回答却并不一样。孔子的回答是：

"予欲无言。"

关于"道"，我的解释是没有什么可以说出来的。"道"不可说，一说那就不是真正的"道"了。

然而子贡毕竟不是颜回，没有颜回那么高的领悟能力，而且子贡这个人很执著，就又恳求道："虽然老师不想说，但还是请老师勉强说一说吧！否则，我们这些做学生的，怎么能知道呢？"

"赐，难道你还没有听明白我在说什么吗？"孔子对子贡的态度严厉起来，"你难道没有注意到那高高在上的天吗？你听到天开口讲什么了吗？可是春、夏、秋、冬，四个季节照样各自交替进行。天底下的万物，照样各自按照生命周期长短，在四时交替里完成新老交替，亿万年来，亘古如此，而没有出现一丝一毫的紊乱。难道这些还需要去做什么特别的解释吗？"

"我明白了。"子贡若有所思，"太阳从东边出来，从西边落下。白天过去以后，黑夜就来到。日月相从，黑白交接。生命在冬天就隐藏，在春天就生发，在夏天就开枝散叶，在秋天就结出果实。我们身边的万事万物，看起来自然而然的出生、壮大、衰亡，周而复始，其实都得益于'天道'在起着支配作用。天有大德而不言，这才是君子应该终身追求的'大道'啊！"

就这样，颜回、子贡等人轮番请教，孔子一再阐发，很快众弟子在学问和德性上都大有增益。

然而，当时的纷乱之世，又并不会给孔子和弟子们更多的时间来探讨"大道"，这不，很快就发生了一件事情，令孔子大为头痛：齐国的陈氏，为了在国内剪除异己，削弱高、国两卿的实力，于是想出来一个方法，去禀报齐侯："鲁国和我们齐国是邻居，可是鲁国却帮助吴国来攻打我们，这样的邻居，如果不狠狠教训一下，将来还会惹出更大的麻烦来！此仇不可不报！"

这时候，齐国在位的是齐简公，一切国政，悉听陈氏。于是陈氏以国君名义，派出国氏为大将，高氏为副将，率领一众大夫，发兵车千乘，来攻打鲁国。陈氏亲自将大军送到汶水之上。

孔子在鲁国，得知齐国大兵压境，知道以鲁国的军事实力，根本不可能独自抗衡齐国，此事不得不救。

孔子立即将众弟子召集起来，问众人："当今的情势，已经十分危急。鲁国是我们的父母之邦，埋骨之地，决不能眼睁睁看着鲁国被齐国吞并。你们说说看，谁有办法能阻止这场战争？"

众弟子面面相觑，这可不是闹着玩的事情。如果没有能力而硬要逞强，自己的安危姑且不说，造成鲁国被齐国吞并的恶果，那可真是千秋罪人了！所以人人都在心里反复思量，以图良策。

年轻弟子中，子张是佼佼者。他从前在陈国的时候犯过罪，后来投身到孔子门下，深信孔子的"忠""信"二字，将这两个字绣在自己的腰带上，不管每天走到什么地方，都能随时看到。

子张又是一位以勇力著名的弟子，主张一旦国家遇到危难，必须献出自己的性命报效国家。

因此，子张今日一听老师问，谁能救鲁，他第一个就站了起来，大声说："老师，请让我去吧！"

"你有什么办法？"

"什么办法？大不了将我这条命献出去，去和齐人拼了！"

"齐国有兵车千乘，你一条命，怎么够用？就是被碾成肉酱，也无济于事，不过白白送死而已！"

子张被孔子这一番批评，脸涨得通红，却哑口无言，只能喘着粗气坐下来，似乎颇为不服。

又有一个学生站起来，是子石："老师，让我去！"

"哦？你有什么办法？"

"齐国的国政，不过在陈恒一人手中而已。弟子愿意冒死去见陈恒，当面将其击杀。陈恒一死，齐国必然退兵。"

"陈氏在齐国，羽翼早成，陈恒不过是他们族中的一个代表人物而已。陈恒死了，还有其他人。你总不能把陈氏一族都给灭了吧？何况还有国氏、高氏，他们一样会挑起事端，来攻打我们。"

"这……"

子石也哑口无言，只能默默地坐下了。

一时间，众人都沉默着，屋子里的空气几乎要令人窒息。孔子将目光投向了一直端坐凝思的子贡。

如果说，众弟子中，有一个人能解决此问题，那么也只有子贡了。当日在流浪途中，各自言志，子贡就提出自己的志向，是在鲁国、齐国、吴国等交战的时候，于两军阵前，以自己的三寸不烂之舌，令双方化干戈为玉帛。如今，正该是子贡施展身手，兑现自己诺言的时候！

其实，子贡也知道，作为孔门的三大弟子，子路不在鲁国，颜回体弱多病，此时此刻，只有自己能担当大任。他所以不肯先发表看法，只不过是要给年轻的师弟以锻炼和考验的机会罢了！

见老师将目光投向自己，子贡不慌不忙地站起来："老师，让我去试一试吧！"

"好！"

孔子对前面的子张和子石，都详细询问他们有什么化解危机之道。对于子贡，却不闻不问，只说了一个"好"字。

而子贡呢，也没有多作解释。一得到老师的点头允许，子贡立即一言不发，匆匆起身离去了。

子贡走后，众弟子都奇怪地问孔子："老师为什么不问一问端木师兄，看他究竟有何良策？大伙也好出出主意。"

"不可，不可。"孔子却神秘地微笑着摇了摇头，"阿赐用什么方法，我也不知道，不过我们只要相信他就好了。"

对于老师孔子的这份信任，子贡自然不能不报以行动。当天夜里，他就轻车简从，奔向汶水。

经过一日一夜的急驰，子贡来到汶水。这一日一夜中，他将自己面见陈恒的说辞，想了无数遍。

虽然是两国交战在即，毕竟是孔子门下高足，子贡的声名连陈恒也有所而闻。陈恒猜到子贡前来，必定是为鲁国做说客而来，因此吩咐在军帐内外设立了刀斧手，袒露胸背，手执刀斧，杀气腾腾。

子贡一见这等阵势，不过是微微一笑。他跟随老师周游列国，几次遇险，那场面比这可危险多了。

因此，一入军帐，见到陈恒，他立即冷笑道："相国这阵势，是对待来帮助相国之人的应有之礼吗？"

"哦？你是来帮助我的？"陈恒一听，疑惑不已，"难道你不是为鲁国做说客而来？"

"谁说我是来替鲁国做说客的？"子贡道，"我在鲁国，接受的不过是季氏的俸禄，并未受鲁侯之恩。再说了，我是个生意人。实不相瞒，我此次来见相国，是因为有一笔大生意要和相国谈。"

"你是来和我谈生意的？"

"正是。"子贡点头道，天下之人，为利而来，也为利而往。如果不是为了一个'利'字，谁肯冒着刀斧之危，箭矢之险，在这战事一触即发的紧要关头，跑到两军阵前来送死！"

"那倒是。"陈恒不由同意了他的说法。"可是我和先生，有什么生意可谈？"

"这就是我说要来帮助相国的原因。"子贡第一步目的，是先瓦解对方的高度戒备心理。出其不意攻陷了陈恒的心理防线，目的已经达到。于是他开始实施自己的第二步计划，直指陈恒要害：

"相国这次来，不是真的要攻打鲁国吧？"

"当然是真的。"陈恒信誓旦旦地道，"我在大王面前许了诺，此次不把鲁国灭掉，绝不返回！"

"话虽如此，但我却知道，相国的真正目标，一定不是鲁国。"

"哦？何以见得？"

"显而易见，鲁国是'难伐之国'。没有谁会傻到白白牺牲自己的兵力，去攻打一个'难伐之国'。"

"鲁国有何难伐？"

"鲁国的城墙矮小，国君昏庸，大臣无能，三军将士，很久都没有实际操练过，这就叫'难伐'。"

"那什么叫做'易伐'？"

"像吴国那样，城墙又高又厚，兵甲锋利无比，君明臣贤，兵士作战不知道畏惧，这就叫'易伐'。"

"这……岂非颠倒了么？"陈恒更加糊涂了。不过，他毕竟是个聪明人，领悟到其中必有玄机。

"既然先生是来谈生意的，就是朋友，不是敌人。来人呀，撤去刀斧，摆设宴席，给先生压惊！"

等刀斧撤去，酒宴摆上，只剩下陈恒和子贡二人。陈恒才小声问道："不知道先生此来，以何教我？"

"我听说：'忧在外者攻其弱，忧在内者攻其强'，这句话什么意思呢？就是如果在国内有忧患，对外用兵就要选择强大的对手；如果在国外有忧患，用兵就要选择弱小的对手。"子贡压低了声音说道，"如今，我所了解到的情况，是相国在齐国的内部，名义上是一国之相，其实处处被国、高二氏所掣肘，其情势如同水火不能相容，这就叫做'忧在内'。相国自然也想到了，挟国君以令诸卿，令国、高二氏率兵出征。可是相国却选择了一个错误的对象——鲁国。像鲁国这么弱小的国家，难道还值得齐国的大兵一击吗？如果国、高一战而胜，那么这份功劳就是国、高二氏的，跟相国有什么关系呢？他们回去之后，恃功而傲，不是更将相国不放在眼中吗？"

"啊？！"这个结局，的确是陈恒所没有想到的，一下子，脸色大变，额头上的汗水涔涔而下。

"所以说，正确的做法，不是来攻打鲁国这样的弱国，而是要去攻打吴国那样的强国。和吴国作战，其结果一定是失败。国、高即使竭尽全力，也无法从和吴国的作战中全身而退。到时候，心腹之患在外被吴国牵制，削弱实力，而相国在国内，就可以随心所欲，难道这不是相国所想要的最好结果吗？"

"先生说的实在太合我的心意了！"陈恒一下子被子贡说穿了内心最深处的秘密，不由脸上微红。不过因为喝了酒的关系，看不出来怎样。他警惕地看着四周，小声对子贡道："我的这点儿小小心事，既然已经被先生悉数洞知，还望先生替我保守秘密，不要被无关紧要之人知晓。"

"相国放心，我是个生意人，只知道对生意有利的事情，我就去做；对生意无利的事情，就不做。"

"对了，"陈恒听他一口一个生意人，这才想起来他所说的"大生意"，问道，"你究竟和我谈什么生意？"

"很简单。"子贡这才将底牌托出，"我要相国去告诉国、高二位将军，就说得到可靠情报，说吴国听说齐国进攻鲁国，即将发兵来救。齐、吴之仇，甚于鲁国。正可趁机以逸待劳，先败吴国，再取鲁国。这样一来，几万大军在这汶水弹丸之地，粮草用度必然巨大。我嘛，就在这粮草用度的供应上，做一点文章。这里面的利润，按照我做生意的规矩，相国六成，我四成！"

"不，我不需要那么多。"陈恒一听，立即摆手，"先生六成，我四成！"

"我的规矩是宁可生意不做，规矩不能破坏。如果相国不接受你六我四的分成,那就是坏了规矩!"

"既然如此,我拿出两成,用作先生去吴国游说的一应开销,如何?"陈恒虽然贪财,却并不糊涂。

"好,就这么定了!"子贡的目的,就是要将齐国的军队暂时稳住,拖延在齐、鲁两国的边境上,为自己赢得喘息之机。所谓生意云云,不过是他用以"钓"陈恒的"鱼饵"。如今二人达成协议,目的达到,子贡立即动身,风尘仆仆地赶往吴国。陈恒则按照子贡教导的那样,放出风去,只说吴国援军将至,吩咐国、高二位将军,不可轻举妄动,单等吴军一到,先败吴军,再取鲁国。国、高二人不知是计,信以为真,果然匆忙去筹备了。陈恒则悠然回国,独掌朝政去了。

第12章

三寸不烂

商人善谋。子贡的"连环之局"虽然核心是为了救鲁国,但子贡却从一开始,就设计好了将吴国、越国、晋国等当时天下最强国都拉入其中。这不能不说展示了子贡的魄力。

事后看来,子贡所谋设的这个"连环之局",其牵连之广,影响之深,即使在整个春秋战国波澜壮阔的大历史上,在那个风云变幻的数百年历史风云的大舞台上,也是非常稀有的。也许是子贡的智慧超凡,也许是各个国家的运数使然,总之,子贡巧妙地以自己的三寸不烂之舌,以"利害"作为撬杠,令齐、吴、越、晋各个国家,无不震动!10年之中,各个国家的局面都因此发生了天翻地覆的变化。

从现实的功利层面上讲,子贡的"利害之学"比之老师孔子的"仁义之学",不知道要厉害多少倍。因此才有人推崇子贡,说子贡"贤于仲尼",但这只是一孔之见。

连子贡自己也是很久以后才意识到,自己为了救鲁国,而给各个国家带来这么大的变化,有那么多的人在这个"利害"大布局中,丢了性命,付出了惨重代价,这绝非他当初的本意。正所谓"利"有多大,"害"有多大。如果人人都贪图"小利",而丢弃"大义",那么整个天下将陷入混乱,人们将永远看不到希望……

说服了陈恒，暂时拖住了齐国的大军以后，子贡星夜兼程，马不停蹄地直奔下一站——吴国。

在子贡所做的这一个"局"中，吴国是非常关键的一枚棋子。从一开始，子贡就将吴国设定为齐国的"假想敌"。事实上，在当时的列国之中，真正有能力和齐国作战的，也只有吴国。

齐国是春秋首霸，有姜子牙、管仲流传下来的霸威，又有晏子治理国政所留下的一个大好局面。尽管因为陈氏的原因，齐国的君主大权正在旁落，齐国的姜氏有被陈氏所取代的危险。但不管如何，齐国的经济和军事实力是明摆在那里的，是一个名副其实的万乘之国。而当时够得上这一称号的，除了齐国，只有晋国、楚国和吴国而已。晋国和楚国，在齐国首霸之后，都有过辉煌，也都在走向没落。相反，吴国却在迅速崛起，成功接掌了楚国和晋国的霸业。

吴国和齐国，相距遥远，却因为都有着争霸称雄的念头，彼此争斗不休。齐国在经济实力上稍胜一筹，可惜在人才上没有吴国那么鼎盛，尤其吴国有伍子胥那样的当世猛将，所向披靡，因此，齐国和在吴国的交战中，不能不稍落下风。鲁国本来向齐国纳贡，因此而转向了吴国。

子贡曾经和孔子一道，到达过晋国、吴国、楚国的边境，因此对于列国间的恩怨纷争，可以说相当熟悉。

要解鲁国被围困的局面，非用吴国来遏制齐国不可。然而如何说服吴王援助鲁国，而对齐国用兵，并非一件轻而易举的事情。

吴国此时在位的已经不是阖闾，而是阖闾的儿子夫差。夫差不及他的父亲天纵英才，但也是一时之雄。在伍子胥的全力扶持下，夫差进一步将吴国的影响力在列国间加以扩大，楚、晋、齐、鲁，莫不慑服！

夫差最得意的事情，是他替父亲报了仇，令杀害父亲的仇人越王勾践，乖乖地到吴国放牛牧马，为奴3年！

从吴国回去后，越国继续保持对吴国称臣的恭敬态度，每年都进贡稻米、布匹、珠宝等，还送了一批美女给夫差！

在这批美女中，有一个叫做西施的，是天下绝色，被夫差一眼看中，选为了自己的妃子。为了西施，夫差甚至大兴土木，造了无数的宫殿，供他和西施玩乐之用。其实西施是来行使"美人计"的，出这个主意的是越国的文种和范蠡，他们的目的，是借此消磨夫差的英雄之志，也消耗吴国的国力，令吴国君臣离心，令夫差在百姓的心目中渐渐背上纣、桀那样的恶名。

越国有心复仇，为了复仇不择手段，这一点连吴国的老百姓都知道，只有夫差不当作一回事。

这天，子贡来到吴国的都城姑苏以后，首先来到自己端木家在姑苏的商号，找到了这里的负责人。

"我有要紧的事情，必须马上见到吴王。不知道有什么办法？"

"要见吴王，必须通过一个人的关系门路——伯嚭。"

"伯嚭？"

"正是。此人是吴王身边第一得意之人。他和伍子胥并称，实际上朝中大权，只在此人一人之手。"

"那如何见伯嚭？"

"此人贪财好色。他最喜欢的是珠宝，我们端木商号专门负责替他搜罗珍奇之物，最近刚到了一批货。"

"那好，我亲自去送。"

子贡轻而易举地见到了伯嚭。伯嚭其时在吴国是第一权臣，各国到吴国来的使者，要见吴王，都必须通过伯嚭，先送上一笔厚礼。越国求和，文种和范蠡也走的是伯嚭的门路。因此，子贡一见到伯嚭，立即声明来意，说自己是端木商号的掌柜，承蒙伯嚭照顾，端木商号一直生意兴隆，特地将这批珠宝，作为孝敬，来献给伯嚭，只不过想请伯嚭安排，引见给吴王。

"这有何难？"

伯嚭一见那五光十色的珠宝，眼珠子都快掉出来了，根本不问子贡见吴王有什么事情，一口答应。

在伯嚭的安排下，子贡几天后就获得了一个进见吴王的机会。子贡在这两天中，已经把吴国的情形摸了个一清二楚。

吴王夫差接见子贡的地方,是在豪华无比的姑苏台。不但吴王亲自接见,而且还安排了西施献舞一支。

子贡对于夫差的排场之大,早有心理准备;但对西施的倾国倾城之美,却还是大大地吃了一惊。

"大王国力之雄,已居天下之首;得美如此,尚且能够不为所惑,而日夜思谋进取中原,令小人佩服!"

子贡上来先恭维了夫差一番。夫差本来就是个只能听好话、不能听坏话的,因此一听便高兴起来。

"先生从鲁国'圣人'之处而来,必然有教于寡人,请讲!"

"不敢!"子贡将齐国和鲁国对峙的情形讲了一遍。"如今齐国已经屯兵汶水,进攻鲁国只是瞬间的事情。以鲁国的力量,一定不是齐国的对手。齐国消灭了鲁国以后,下一步一定是吴国。大王何不立即发兵,去帮助鲁国对抗齐国,如果将万乘之国的齐国打败了,大王的声誉将在列国间传播;而千乘之国的鲁国,感谢大王的恩德,归附大王,则大王败齐而收鲁,趁机对晋国用兵,晋国一定不能抵挡。到时候,大王就可以成就齐桓、晋文那样的千秋霸业了!"

夫差一听,此言正合心意。不过,他还有一层顾虑,"先生所言极是,吴、鲁曾经联军伐齐,因此与齐结仇。如今鲁国有难,寡人自然不能坐视不救。但要寡人立即出兵援救,却是不能。"

"哦?"子贡来前做了充分的准备,一听夫差不肯马上出兵去援助鲁国,立即问道,"莫非大王有心腹之患,不能不先除之?"

"先生何以得知?"

"我听说,越王勾践自从离开吴国,返回越国以后,励精图治,勤政训武,似乎有二心。大王一定为此忧虑吧?"

"不错。"夫差见自己的心思被子贡所看穿,也就不加掩饰,"寡人正有意先伐越国,再伐齐国。"

"大王差矣!"子贡道,"越国是弱小之国,齐国是强大之国。攻击越国和攻击齐国,所获得的利益,不可以相比较。如果大王先攻击越国,不但得到的利益小，而且还会被嘲笑为欺负弱小，胜之不武，这不是'勇'的表现；逐小利而纵大'患'，因小失大，这不是'智'的表现。'智'和'勇'如果都丢失了，那么请问大王，拿什么来争霸天下？又何以收服天下人心？"

"这个……"

夫差听了子贡的一番话，知道子贡所言，句句在理。可是越国毕竟是心腹之患，不能不加以提防！

"大王，如果您一定不放心越国，那么我请求让我到越国去走一趟，说服那勾践，让他亲自率领军队，跟随大王一起前往征伐齐国如何？"

子贡的这个提议，正中夫差的下怀。"如果那样，真是太好了！这就麻烦先生去越国走一趟吧！"

子贡从姑苏台告辞出来，立即吩咐端木商号给他准备了车马船只，离开吴国，进入越国境内。

这已经不是子贡第一次来越国。他的夫人勾环，就是越国人。子贡来到越国，就宿在勾环的家中。

勾环的父亲是会稽第一富商，为了迎接女婿的到来，举行了盛大的欢迎宴会，为子贡接风洗尘。

而就在这边觥筹交错之际，那边王宫中，越王勾践已经得到了消息。勾践为了向吴国复仇，在吴国安排的眼线着实不少。子贡前脚刚离开，关于他的行踪已经一阵风一样吹到了勾践的耳朵中。

勾践对于子贡和吴王夫差的会见，甚是关注。他这个人生性多疑，一定要弄明白：子贡来越国做什么？

因此，子贡在岳父家的酒席上，刚喝了不到三杯酒，越王就派人来请了："大王请鲁国来的端木先生入宫一叙！"

子贡对于越王勾践这么快就召见自己，颇为惊异。不过他在仓促之间，已经有了面见勾践的说辞。

很快，车子将子贡接到王宫。勾践的王宫很简陋，接见子贡的地方，和吴王夫差的姑苏台不可同日而语。

子贡见到勾践，简直难以相信这个农夫模样的人，就是越国的一国之君。勾践本来在吴国为奴3年，就吃了不知道多少苦。回国以后，为了促使越国尽早恢复国力，勾践和百姓一道，白天下田耕种，晚上和文种、范蠡在灯下密谋复仇大计。连夫人虞妲，也日夜纺织，劳作不休。

勾践一见子贡，不像夫差那么居高临下，骄横自大，而是亲自下王位来迎接，拉住子贡的手：

"先生来得太好了！寡人久闻'圣人'之名，只可惜无缘一见！如今得睹'圣人'高足风采，生平心愿足矣！"

"大王实在太谦虚了！"子贡故意试探他道，"可是，大王难道没有想过，我给大王带来的是灾祸吗？"

"寡人听说：'祸福相邻'，即使先生给寡人带来的是灾祸，那么也一定会有福祉紧随而来。"

"哈，想不到大王倒是个乐观豁达的人。"子贡这才收起玩笑的神态，正色说道，"实不相瞒，我给大王带来的，的确不是什么好消息。"

"先生但说无妨。"

"我这次到吴国来，是因为齐、鲁交兵在即，我请求吴王发兵，伐齐救鲁，吴王却不肯答应。大王知是为何？"

"不知。"

"我却知道。因为吴王有心腹之患，不能不先除之。这个心腹之患，大王应该知道指的是什么吧？"

"这个……不知……"

"大王当真不知？"子贡冷笑一声，"如果大王一直这么装糊涂下去，我也没什么好说的了！这就告辞！"

他装作非常生气，起身要走。勾践一看，也知道自己演戏太过，于是摒弃左右，单独和子贡谈话。

"莫非……吴王怀疑我有二心……？"

"岂止是怀疑，我看吴王连出兵讨伐大王你的日期都订好了。那吴王亲口告诉我,他要先伐越国,再伐齐国。"

"啊?"

"唉,如果没有想要复仇的意图,却被对方误会怀疑,这叫做'拙';如果有复仇的意图,却被对方提前知道,那就叫做'危'。我担心大王还没有来得及复仇,却被吴王发兵攻灭。如果这一次大王再落到吴王的手上,大王以为自己还会有生还的机会吗?这个仇还能报吗?"

这一番话,每一句、每个字都仿佛刀斧一般,砍凿在勾践的身上、心上。勾践立即起身跪倒在子贡面前:

"先生救我!"

"快请起来!"子贡连忙将勾践扶起来,然后在他耳边小声说道,"既然我来见大王,就表示此事还有挽回的余地。我发现吴王夫差这个人,骄而好色。太宰伯嚭,贪财善谀。大王所要做的,就是用重器取悦他们的耳目,用卑辞打动他们的心。然后亲率一军,跟随吴王伐齐。如果吴国不胜,那么这一仗就会大大削弱实力;如果吴国战胜,那么就会产生得意之心,进一步攻击晋国,如此一来,吴国接二连三和齐国、晋国这样的强国作战,越国就会有可乘之机了!"

"多谢先生!"

越王勾践听了,简直不知道怎么感谢子贡好,立即吩咐打开国库,请子贡自己去挑选喜爱之物。

"大王不必谢我,要谢就谢上天!"子贡谦逊地道,"我能做的就是这些,能否成事,就看天意了,我不过略尽薄力罢了!"

当即,勾践命令取出黄金百镒,宝剑一口,良马两匹,作为子贡回报吴王的凭证。子贡携带这些物品,立即返回吴国,向夫差报告道:"那越王勾践,感念大王恩德,闻得大王见疑,心生惶惧!特令我先来申明其诚意,如今勾践正在整束一支人马,旦暮之间,当来向大王赔罪!"

"很好。"夫差对子贡的这一番出使越国,大为满意。"请先生就在驿馆住下,且听勾践消息!"

果然,到第五天上,越王勾践派了文种,携带重礼,叩拜于姑苏台下:"东海贼臣勾践，蒙大王不杀之恩，得保宗祀，以续香火，虽然肝脑涂地，不能报大王隆恩于万一。今闻大王将兴义师，诛强扶弱，特派下臣文种，来献上先王所遗精甲20领，以及屈卢之矛，步光之剑，以助大王！另请问大王出师之期，我家主公将在四境之内，精选将士3000人，以随大王出征！到时候，我家主公将亲自率领3000精锐，披坚执锐，誓死替大王冲锋陷阵，以报答大王！"

　　"好呀，勾践果然是个信义之人！"夫差大喜，立即吩咐摆设宴席，招待文种，并且特地将子贡叫来作陪。

　　"勾践不负寡人，寡人实在太高兴了！来，今天咱们痛饮一番！"

　　酒席之上，夫差连连给子贡敬酒："勾践不日将亲率3000将士，跟随本王出征，这都是先生你的功劳啊！"

　　"哪里，哪里，倒是越王勾践对大王的忠诚，绝无可疑。大王先前听信流言，错怪了那勾践。"

　　子贡趁此机会道："我有个建议，不知道当讲不当讲？"

　　"请讲。"

　　"大王役使越国的甲士，又要役使越国的君主，这样做未免太过。不如让甲士前来效劳，勾践就算了，不必亲来啦。"

　　"就依先生！"

　　夫差并不知道子贡在不动声色之间，已经将吴、越两国的命运颠倒了过来：吴国由强转弱，越国由弱转强！

　　离开吴国以后，子贡还有最后的一站——晋国。在他的谋篇布局中，晋国是牵制吴国的最后一枚棋子。

　　子贡渡过黄河，来到晋国以后，没有马上见到晋定公，而是首先拜见了晋国的实际掌权者赵简子。

　　赵简子对于当年没有请到孔子到晋国来，一直耿耿于怀，听说孔子的高足端木赐求见，立即安排接见。

　　晋国的排场，比起吴国、越国等蛮夷之国，自然又不可同日而语。毕竟是老牌强国，又在中原之地称雄已久，可谓代周王室行摄政之实。因此在晋国的朝野上下，随处可见大国的泱泱之风。

赵简子接待子贡的酒宴，隆重而不拘束，来的都是晋国的贵族，也有一些都中的著名贤人。

此时的子贡，不但深谙礼乐，口才无碍，他的气度和风范直追其师，虽然不敢僭称"圣人"，却也是一等一的君子了。

席间，赵简子和子贡谈论起当日孔子为什么不到晋国来，子贡将老师率领他们在河边临河而叹的情形，简略讲了一遍。

当然，他没有讲孔子不来晋国，是因为赵简子杀了贤人窦鸣犊、舜华，只说正欲渡河，忽然得到了卫侯召请，使者亲自捧着卫侯的诏书和聘礼，来请孔子到卫国去，孔子只好改变了主意。

"原来如此！"赵简子不知道是真是假，反正听子贡这么说，只能喟叹自己终究无缘见"圣人"一面。

在赵简子府上住下来以后，很快，子贡就找了一个机会，请赵简子推荐，入宫见到了晋定公。

"先生来见寡人，不知道有何指教？"

"有一句话，叫做'人无远虑，必有近忧'，不知道大王听说过没有？"子贡抖擞精神，又拿出一副说客的派头。"我刚从吴国那边来，和吴王夫差当面交谈过几次。在我的劝说下，他已经答应，出兵救援鲁国，和齐军作战。目前已经点齐兵车千乘，甲士10万，越王勾践也精选了甲士3000人，跟随吴军一起出征。吴国和齐国的这场大战马上要打响了，不知道大王有何准备？"

"准备什么？"晋定公还没有醒悟过来，"吴国和齐国交战，我晋国只作壁上观，有何干系？"

"大王此言差矣！"子贡道，"这场战争的胜负结局，难道一定要打完了才知道吗？依照我看来，吴国必胜，齐国必败，这是显而易见的。论兵力对比，两国差不多，可是齐国是国、高二氏带兵，充其量不过是卿大夫。吴国这边，却是吴王夫差亲自出征，以一国之君而亲临战场，吴军这边的士气自然就高涨，那么吴军最后获胜，也就是情理之中的了。吴国一旦战胜，下一个目标一定是晋国。

所以我才劝大王，早作准备为好，否则等夫差率大军奔袭而来，就太晚了！"

"啊？"晋定公不由脸色大变，起身向子贡谢礼，"若非先生指点，寡人的国家只怕就真危险了！"

一连几天，子贡在晋国被待为上宾，赵简子甚至想长久留下子贡，让他在晋国代替孔子出仕。但子贡以此事非当面请示孔子不可，婉拒了赵简子。

离开晋国以后，子贡并不急着返回鲁国。反正这个复杂的连环局势，他已经从头到尾布下了每一枚棋子。现在，他作为一个设局者，任务已经完成，接下来就置身事外，且悠闲观看"对局"就是了。

由于晋国离卫国很近，因此子贡从晋国出来，立即返回卫国，借此机会与父母、妻子一家团聚。

后来的局势发展，与子贡所设想的完全一样：吴国的军队一抵达鲁国边境，立即与鲁国军队会合一处，吴、鲁、越三国联军，和齐国作战，吴国又是夫差亲自统领军队，齐军焉有不败之理？

齐军大败，国、高二氏尽皆战死，这个结果对齐国来说是不幸，但对陈恒来说却是最想看到的结果，借助强敌吴国之手，料理了两个竞争对手，从此陈恒在齐国一家独大，后来陈氏改为田氏，最终从齐国的国君手里取得了江山，将姜姓逐出到一个小岛上去居住，史称"田氏代齐"。

吴国取得对齐国的胜利后，回去稍作休整，夫差立即又带领倾国之兵，来和晋国争夺霸主地位。

然而，因为晋国得了子贡的提醒，早作了准备，吴国一时之间，并不能拿晋国怎么样。而越王勾践却早在等待这个"螳螂捕蝉，黄雀在后"的难得机会，立即在文种和范蠡的带领下，发兵偷袭吴国，一直打破了吴国的都城，用大火焚烧了姑苏台。吴王夫差大惊回师，军心大乱，被越国打得大败。不久，在吴、越的决定性战役中，吴军又败，吴王夫差只能被迫自杀。

第13章

孔子之死

孔子死了。即使是"圣人"也有死去的那一天。孔子临终前唯一惦记的人是子贡。

孔子对于自己的衣钵已经不抱传下去的希望,因为颜回已死;孔子对于人世也再无留恋,因为子路已死。孔子唯一不放心的人是子贡,因为子贡还没有彻底"悟道"。

对于子贡的聪慧,孔子是一再赞许的。可是正因为太聪慧,反而因此产生了障碍。孔子一再地点化子贡,甚至讥笑他是"琏瑚之器",就是漂亮而高贵的"饭桶",子贡却始终没有能够突破自己的障碍,没有如孔子所希望的那样再突破到更高层次。

子贡自己又何尝不知道这一点?因此在孔子死后,他才放弃了一切,率领众人给老师守丧,并且暗暗立誓:不参悟终极大道,自己绝不离开老师的墓地半步……

鲁哀公十六年的这个春天将尽的时候，73岁的孔子依靠在家门口，唱着一支忧伤的歌曲：

泰山其颓乎？

梁木其坏乎？

哲人其萎乎？

孔子这么每天倚门而望，又不停地拄着手杖，在院子里走来走去，口中喃喃自语，一副行将入土的模样。

他其实在等一个人。虽然众多的年轻弟子在身边陪伴，但他却在等待一个最能明白自己心意的弟子——子贡。

作为曾经的孔门三大弟子子路、颜回和子贡，这时候子贡是硕果仅存的一个了。

颜回是在3年前最先死去的。颜回的身体一直不怎么好，虚弱多病，加上他又那么的刻苦学习，不分昼夜，一心要赶上老师孔子的水平；他又始终没有出仕，没有可观的经济来源，个人生活条件很差，只能吃糠咽菜，就这还经常吃了上顿没有下顿。因此，他的死就难以避免了。

颜回以41岁的英年而早逝，对孔子来说这打击实在太沉重了，超过此前儿子孔鲤的去世。在孔子的心目中，不但将颜回当作自己的儿子，而且更当作自己毕生学问的唯一衣钵传人。

听说颜回去世，孔子难过得捶胸顿足，几次哭得死去活来：

噫！天丧予！

天丧予！

他不但哭颜回的凄惨之死，更是在哭自己，哭自己一生所追求传播、推广的"大道"就此中断。

此前，鲁哀公出猎，获得怪兽一只：獐身，牛尾，狼额，马蹄。其高一丈二，头上长着一对肉角，光亮滑润。背部的毛都是巴掌大的旋轮，五彩缤纷，色泽鲜明，在日光下耀人眼目。腹部的毛一律是淡黄色，没有旋轮，像狮子的鬃毛似的向左右分披，也很光滑而散发着光泽。

这只野兽，送来给孔子观看的时候，已经死了。孔子一见，只说了一句："这是麒麟啊！"然后就痛哭失声：

> 麒麟仁兽，
> 含仁怀义，
> 音如钟吕，
> 行步中规，
> 折旋中矩，
> 游必择上，
> 翔必有处，
> 不履生虫，
> 不折生草，
> 不群不旅，
> 不入陷阱，
> 不入罗网，
> 文章斌斌，
> 若见其出，
> 必有明王。
> 帝尧时游，
> 周兴时现。
> 今无明王，
> 非时而现，
> 折足而亡，
> 吾道穷矣！

见麒麟之死，因而感伤自己的生不逢时，孔子其时已经感叹："吾道穷矣！"但颜回之死，更甚于此！

儿子之死，麒麟之亡，颜回之丧，只是一系列沉重打击的开端。颜回死后，第二年，子路也死了。

下部　儒商祖师

子路的死似乎从他去当孔悝家臣的时候就已经注定。孔悝是辅佐卫出公的大臣。卫出公一直和其父对峙，一个在国内为君，一个在国外流浪。孔悝的母亲是蒯聩的姐姐。孔母和儿子孔悝的一个小臣浑良夫私通，使浑良夫偷偷去见蒯聩，并将蒯聩悄悄接回国内。孔母亲自逼儿子孔悝，废卫出公而拥立蒯聩。卫出公得到讯息，慌忙奔逃出卫国。

当时，子路有事外出，刚回到帝丘，还没有进城，遇到逃出来的好朋友高柴，听说了卫出公被逐，孔悝被劫，大惊，立即要进城去救孔悝。高柴劝说他："城门已经关闭了，还是不要进去了！"可是子路却坚持道："食人之禄，忠人之事。我家主公有难，我不能不救。"于是子路大呼开门，守卫城门的公孙敢和子路也颇有交情，劝说他："国君都已经逃走了，你还入城做什么？"子路大声道："我受人之托，忠人之事。我必须去将主公救出来。"于是趁乱进了城中，来到孔悝府中，找到了被囚禁的孔悝。子路要救出孔悝，和守卫发生了激烈搏斗，结果寡不敌众，子路身上不知道中了多少枪、剑之伤，连头顶上的冠缨也被砍断了。子路知道今日不得幸免，于是弃剑于地，以手正冠，厉声道："我老师教导我，君子'死不免冠'。我虽然马上就要死了，但绝对不能违背老师教给我的'礼'。"将冠缨扎束整齐，他就站着死了。

子路的死讯传到孔子耳中，孔子呆呆地站立在那里，久久说不出话来。如果说颜回的死，让他感觉到"道丧"，那么和孔子亦徒亦友的子路的离去，则让孔子感觉自己身体的一部分被夺去了。

与子路的死讯一道抵达孔子处的，还有卫国的新君卫庄公派来的使者，送给孔子一坛子肉酱。

孔子不用打开坛子，也知道卫庄公送给自己的是什么"礼物"。他强忍悲痛，答谢了来使，回身哭倒在院子里：

"我就知道，仲由不得好死！他太不知道爱惜自己的生命了！我知道他一定是死后才来和我相见啊！"

之后，孔子吩咐在颜回的坟墓旁边另外掘了一个墓穴，将盛殓子路血肉的陶罐与颜回并排而葬。

颜回和子路的死，孔子视为是上天对自己的警告，他直觉地感觉到自己在世的日子已经不多了。

没有人知道，最后的这一段岁月中，孔子每天都在做什么。也许他什么都没有做，只在等待子贡。

子贡这时候实在太忙碌了：他频繁地穿梭往来于各国之间，有时候是作为外交使节，有时候是作为端木商号的负责人。几乎每到一个国家，这个国家的君主都要接见子贡，待其为上宾。

即使如此忙碌，精于"利害之学"的子贡，也不忘记老师所教给自己的"以义制利"，而做一些善事。例如，鲁国为了使沦落在国外的鲁人能够免于被当做奴隶贩卖，出台了一个国家政策：凡是在鲁国之外的地方，将被当做奴隶贩卖的鲁国人给赎回来的，都可以到鲁国的国库去支取相应的钱财。这个政策一出，很多流落在外的穷苦鲁国人被赎了回来。

子贡经常行走于列国之间，到过的地方多，他又财大气粗，只要见到有被当做奴隶贩卖的鲁国人，一定替其赎身，帮助他们返回鲁国。至于救了多少人，连他自己也数不清楚了。而子贡回到鲁国以后，居然并不到国库去领取自己该得的那一份钱财，他认为自己是在做一件大好事。

正当子贡洋洋得意，却被孔子叫去给批评了一顿，孔子一见子贡就劈头盖脸地训斥："你知道自己在做什么吗？"

"我在做善事，行义举啊！"

"你哪里是在做善事，行义举？"孔子严厉地道，"你知道吗？你以为自己有钱，所以就不去国库领取钱财。可是你这么一带头，别人也不敢去了。如果不能在国库领到相应支出的钱财，谁还能持续地去做这件事情呢？这件事情，再也不会有人去做了。这就是你犯下的大错啊！"

孔子的分析没有错，果然，人们有心做好事，却因为子贡立了一道太高的道德标杆，无法逾越，因此产生了畏难的心理。国库里的钱发不出去，国家这道政策也就形同虚设，不久就取消了。

子贡从这件事情以后，才知道自己始终和老师差着一段很大的距离，以至于很久都羞于来见孔子。

然而，孔子的确没有太多的时间了。孔子从进入这一年的春天，一天不如一天，生命的沙漏即将滴尽。

当孔子在院子门口每天哀伤地唱着歌，倚门而望的时候，子贡和老师心灵相通，似乎也有了某种不祥的感觉。因此，子贡放下手头堆积如山的事情，星夜兼程赶回鲁国来见老师最后一面。

这天，当子贡来到门口的时候，孔子依旧在倚门而歌：

泰山其颓乎？

梁木其坏乎？

哲人其萎乎？

子贡从来没有见到过老师如此消沉，此时的孔子，便是一个再普通不过的老人，一个将死之人。

子贡立即接唱：

泰山其颓，

则吾将安仰？

梁木其坏，

哲人其萎，

则吾将安放？

他的歌声一传到孔子的耳朵里，孔子顿时精神一振，浑浊的目光里又绽放出光彩，连声埋怨道：

"赐啊赐，你怎么来得这么晚？"

子贡只听了老师的这一句话，眼圈都红了。他慌忙上去扶住老师："老师，快请到里面坐下吧！"

孔子的身躯远比子贡高大，但如今这个伟岸的身躯竟然在子贡的臂膀上轻飘飘的，分量极轻。

子贡这才知道，老师这一次得病，恐怕比此前任何一次都重。老师该不会要离开这个世界了吧？

果然，刚坐下来，孔子就亲口证实了子贡的不祥预感。"赐啊，我总算等到你来了。我就要死了。"

"老师，千万别这么说！"子贡连忙安慰道。这是他第一次从老师口中听到他公然谈到"死"字。

以前，也有学生问孔子："请问老师，人死以后会怎么样？"结果被孔子一顿呵斥："不知生，焉知死？"

孔子是个对生命抱有极大热忱的人，他觉得每个人都应该珍惜上天赐予的这个生命，应该尽可能活出丰富和精彩，尽可能修炼和提高自己的德性，然后去最大努力影响和帮助别人。

可是，就是这么一个乐观而豁达的孔子，在生命的最后时刻，也不能不认真地面对"死亡"这一终极问题。

"赐啊，我不是在自怨自艾，而是我这几天来，始终都在做着一个相同的梦。"孔子喜欢谈论梦，尤其最喜欢给弟子们讲的，是他在梦里又梦到了周公旦。但这一次，他却梦到了另外一件奇怪的事情。"我梦见一座大大的厅堂，那里停放着很多很多的棺木。其中，夏人的棺木停放在东边，周人的棺木停放在西边，殷人的棺木则停放在厅堂的两根柱子之间。而我呢，就坐在中间的殷人的棺木边上，接受人们的祭奠。唉，我的祖先是殷人，我怕是要跟他们去了吧！"

孔子的这个梦境，真实而怪异。子贡平日里能辩善言，这时也哑了，不知说什么好，只是呆呆地坐在那里。

屋子里忽然就这么沉默了下来。

后来，还是孔子打破了沉默："人谁无死，不说那么多了。赐啊，我等你来，是要和你商量一些事情。"

"老师请讲！"

这分明是孔子在安排自己的身后之事了。子贡强抑悲伤之情，打起精神，认真听孔子吩咐。

"第一件事情，是关于你的。"

"哦？"

子贡一愣。以老师的声誉之隆，弟子之广，这一撒手而去，真不知道有多少事情要做，怎么会先顾及自己？

"赐啊，你跟随我有多少年了？"

"18年。"

"18年？哦，对了，你那个儿子小炅，今年也该17岁了吧？"

"是。"

"时间过得真快啊！"孔子和所有老年人一样，一追忆起过去的时光就情不自禁。"我还记得，那时候第一次见面，是在你外公蘧伯玉夫子那里。我和你谈论起玉之德，后来你拜入我门下，我又提出，希望你成为一个'温其如玉'的君子。这一切仿佛只发生在昨天，一转眼竟然18年了。"

"是啊！"子贡接着道，"这些年来，我从来没有敢忘记老师说的每一句话，每一个字。我也时刻提醒自己，要仿效玉之九德，做一个令人尊敬的君子。但我也知道，自己今天仍未能达到老师的要求。"

"不，你的成就已经远远超出我的期望。"孔子爱惜地看着子贡，"你还记得，有一次你问我，如何看待你吗？"

"记得。"

子贡怎么会不记得。因为老师总在称赞颜回，子贡争强好胜，非要跟颜回一争高下，来找老师评理。

"老师说，我是一个'器'。"

"什么'器'？"

"'琏瑚之器'。"

"哈，就是那种看起来很高贵，在庙堂上摆在很显眼的位置，其实却是用来盛饭的食皿，对不对？"

"是！"

"赐啊赐，我这么讲，你一定很不服气吧？以为我在和你开玩笑，对不对？"

"弟子不敢。"

"其实，我们每个人都不过是一个盛饭的食皿，芸芸众生，只要活着，谁也无法挣脱这个肉体的羁绊。"孔子最近的心思似乎全都放在生与死上面，开口闭口，都充满玄机。"有谁可以不吃饭而活下去吗？我回首自己的一生，觉得自己最大的荒唐，就是一直在为谋衣食温饱而奔波，却从来没有思考过与衣食温饱相关的问题。我总在思考高高在上、虚无缥缈的'大道'，而看不起那些在田野里辛勤耕作的普通人们。我根本忘记了自己是和他们一样的出身平凡啊！"

子贡没有点头，也没有摇头。他不是颜回，不能够一下子准确把握老师话语中的深奥哲理。

"我一直以为，那些王公贵族，可以有一个人接纳我，实现我的理想抱负。但我从来没有想过，其实真正需要我去教导的不是王公贵族，而是那些山野村夫。正如人们饥知吃饱，寒知穿暖一样，他们一样对'礼'和'道'充满着发自内心的渴望。我为什么不早去和他们在一起呢？"

孔子唠唠叨叨，说了一通，见子贡始终沉默不语，才知道自己说得太远了，于是又扯回话题来：

"对了，赐啊，说到你，我希望你有几个性格上的缺点，一定要加以改正！"

"是！"

"首先要学会宽容。我知道你喜欢赞美和发扬别人的长处，但却不能替别人隐匿过错，疾恶如仇，这是你的性格使然。但我希望你可以通过德性的修炼而加以矫正。须知人无完人，一个人即使有再大的过错，只要他能够做一件对别人有用的事情，也要去赞美和鼓励他，要他做更多的好事。一个人即使处处替别人着想，也总会有私心杂念作祟的时候，要原谅他的一时过失。"

"是！"

"其次，我希望你看事情不要用那么功利的眼光，而多用德性的眼光去看。比如告朔之礼，要用'饩羊'。你觉得国君已经不亲临了，只用一头羊来宰杀，根本就是名存实亡，连羊也可以去掉，起码还可以省下来一只羊分给穷人吃。我觉得，你爱的是'羊'，而我爱的却是'礼'。不管什么东西，只要是象征着

'礼'，就有其存在的价值，哪怕再微小的东西也不能丢掉。"

"是！"

"还有，我知道你很忙碌，但我希望你在学问之道上，能够每天都有所进益。我知道这不是你的长处，但阿回已经先我而去，谁还能继承我的'大道'呢？总不能跟我一起到坟墓里去吧？"

"是！"

……

就这么唠唠叨叨说了半晌，孔子将自己对子贡的希望，全部都讲了一遍，这一天也过去了。

第二天，孔子一早起来，将子贡叫来，把自己毕生心血所集而著成的一部《春秋》交给了子贡。

"赐啊，这是我从回到鲁国来，所做的唯一的一件自认为有益于后世的事情！我知道，后世的人们，如果要称赞我，会是因为这部书；如果要批评我，也会是因为这部书！我的思想全在里面了！"

"老师放心！"子贡将一捆书简接过，抱在怀里。"我一定会像珍惜自己的生命一样珍惜它，一定会将其传播到天下，让每个人都知道老师在做什么，所孜孜以求的'大道'究竟是什么！"

从第三天起，孔子的病情突然加重，开始陷入昏迷之中。子贡衣不解带，一步不离地守在病榻之前。

到第七天上，孔子终于走完了自己在这个混乱不堪，然而又令他无限眷恋的尘世的最后一个脚印。

众弟子都已经聚集而来，屋子里跪不下，到了院子里；后来院子里也跪不下了，到了街道上。

每个人都期望老师临终能留下什么遗言，但孔子什么都没有说，他在安详的梦乡中，脸上始终挂着平静的、淡淡的微笑。他又梦见了什么？是梦见了周公旦，梦见了文王和武王，还是伯夷、叔齐那样的隐逸高人？再不就是梦见了自己小时候，和母亲颜征在、父亲叔梁纥在一起的短暂而幸福的时光？那一定是他生命里最初的、也是最珍贵的回忆，是最幸福的人生时光！

从3岁以后失去父亲，一连串的苦难由此开始：起初是生活上的，后来是精神上的。一生都在追寻，都在流浪。正是在这追寻和流浪中，他的智慧渐渐形成：他要传播"大道"，实现"天下归仁"！

他也终于认识到：自己从一出生就是上天选定的，他肩负使命而来，要拯救这个乱作一团的人世。

他不是不懂得人性之恶，但他要做的却不是逃避，而是张开臂膀去拥抱，去帮助每一个人发掘出生命的光辉。每个人的内心都有一面"镜子"，而孔子就是要帮助人们去擦亮这面"镜子"，照出自己，更照出自己之外的"别人"！让每个人都学会去关怀别人，去创造一个和谐之世！

这就是孔子毕生所追求、实践和传播的"仁道"，也正是这"仁道"使他超越了自我，而上升到与天地造物一样的高度，在遥远的苍穹里俯视人间万物，将万物的盛衰都视作自己的一部分。

孔子安详地去了。

在孔子身后，子贡无可争议地称为孔门弟子中的领军人物。孔子的丧事由子贡负责一手指挥。

两年前，子贡曾经一手操办过颜回的葬礼。当时，颜回的父兄没有能力，只能以一领草席薄葬颜回。孔门弟子都不希望颜回死得这么没有尊严，主张凑一些钱来为颜回办葬礼。他们去请示孔子，被孔子拒绝了。孔子说："我对待颜回，像对待自己的儿子一样。但我不把悲痛表现在外面，而埋藏在心中。颜回的葬礼风光与不风光，并不重要。"孔子如此表态之后，只有子贡准确地领会了老师的意思，带头拿出一大笔钱，和众师弟一道，为颜回举办了隆重的葬礼。

现在，孔子去世，又有人来问子贡："端木师兄，老师去世，我们应该穿什么样的丧服合适呢？"

对此子贡回答："两年前，颜回师兄去世，老师主张服'心丧'；一年前，仲由师兄去世，老师也主张服'心丧'。由此可见，穿什么丧服并不重要，那仅仅是形式；重要的是我们将老师视为父亲，发自内心地尊崇他，爱戴他，悼念他。因此，我们也采用服'心丧'的形式就可以了。"

于是，众弟子都听子贡的话，不穿丧服，而服"心丧"。

孔子去世的消息在鲁国引起了巨大的震动，朝野上下，无不为失去孔子这么一位"圣人"而难过。

鲁哀公对于孔子的去世，表现得和众人一样哀痛。他亲自上门来吊唁孔子，在孔子的灵前痛哭流涕："老天啊老天，你不应该啊，不把尼父留给我，让我一人茕茕孑立，忍受抱疚在心的痛苦，尼父！以后我只能靠自己了。"

等鲁哀公读完祭文，子贡立即上前，毫不客气地指出鲁哀公的"失礼"之处："臣子不敢指责君主的过失！然而大王生前不能用我的老师，而死后来悼念他，这是与'礼'的精神不合的。大王又在祭文中自称'余一人'，那么这样一来，大王又置当今天子于何地？是失'名'也！"

一是非"礼"，二是"失名"，子贡毫不留情地批评了鲁哀公，让人们知道孔子虽没，其道尚存！

葬礼结束后，子贡率领众弟子将老师孔子安顿在泗水边上的一处高地上，墓而不坟，开始守丧。

第14章

守丧岁月

子贡给老师守丧，一守就是3年。3年期满之后，子贡独自结庐，又继续守丧3年。

6年的时间，可以做很多的事情。如果去做生意，以子贡之能，可以赚一大笔钱。

但子贡不会那么去做。他从拜入孔子门下，一直到现在，都为了一个目的：参悟商业之道的最高境界。

天下大道，殊途同归。商业之道，最高境界也不过是孔子所说的"仁"的境界。

然而，如何抵达这一境界呢？从"利"到"仁"，这中间是如何一步步地去提升的呢？

子贡毕竟非同凡响，他最终领悟出了"义利一体"的崭新思想：二者不过是一体两面，离开了"利"，空言"义"是没有任何意义的；同样，离开了"义"，"利"就会失去控制，走向反面的"害"。"利"是"义"的基础，"义"是"利"的升华。

从义到仁，有义、礼、智、信、仁五个阶段，那么，从利到仁，也是相同的途径而已……

下部　儒商祖师

孔子去世之后，在泗水边上的孔子坟墓旁，众弟子结庐而居，以孔子墓为中心形成了一片聚居区。

子贡的结庐处理所当然距离孔子墓最近，在所有人修筑的庐舍中，子贡庐也是最高大、最宽敞的。

每天，子贡都要率领众人，诵读早课，然后接下来一天中，最重要的活动就是和大家一起追忆孔子。

起初的追忆只是自发的，年纪稍长一些的弟子讲，年纪轻一些的弟子听。后来就有人提出主张：何不将老师生前的所有言论，能够搜集的都搜集起来，整理成为一部著作，类似当年老师在卫国主持修撰的《卫君子言行录》一样，以便流传后世，让人们更好地了解老师，怀念老师。

这件事情的组织和主持工作，自然又落在了子贡的身上。每天白天，子贡组织大家讨论；晚上，子贡则在灯下，将大家搜集起来的言论加以整理、甄别，看看有没有价值，与实际有无出入。

这些言论，后来经过子贡整理、编辑，集成一部堂堂皇皇的大书，就是后世著名的《论语》。

时间一天天流逝，然而弟子们对老师孔子的思念之情，不但没有被时间的流水冲淡，反而与日俱增。

为了更好地纪念老师，弟子们将一个长相酷似老师的学生，叫做有若的，让他穿戴上老师生前的衣冠，尊其为"夫子"。每天，有若都仿效孔子生前的一言一行，端庄而肃穆地接受众人顶礼膜拜。

起初，可能有若只是觉得好玩，也觉得自己只是在履行某种神圣的义务。但很快，有若就把自己真的当作了孔子。他从外表上到心理上，都理所当然地认为自己就是"孔子"。因此，不但粗暴地对待众人，要求众人不分地点和时间对他表示尊敬，而且还强迫一些年轻弟子供给他豪奢的吃穿、购买华丽的衣物，送他珍贵的玉器……。他的行为很快让大家有些吃不消了。

于是有人找到子贡那里告状。子贡也觉得有若有些过分，知道让有若扮演"孔子"的闹剧该收场了。

这天，子贡和众人一道，按照往日的仪式顶礼膜拜"孔子"有若。有若高高在上，一副旁若无人的模样。

等行礼完毕，子贡忽然开口了：

"学生有一事不明，要请教夫子！"

"讲吧！"

有若大咧咧地，他甚至将大师兄子贡都不放在眼里了，却没有注意到其他人眼中燃烧的怒火。

子贡倒并不在意有若的这副轻浮的态度，他故作认真地道："有一次，我跟随夫子出门，刚走到门口，夫子便让我折回去拿雨具，说：'天当雨。'出了门没有多久，果然下起雨来。我问夫子：'夫子是如何知道要下雨呢？'夫子回答：'这是根据《诗》中的记载：

月离于毕，

俾滂沱矣。

夫子说："'昨天晚上，你们没有注意到月亮那么靠近毕星宿吗？所以一定要下雨啊！'可是，又有一次，月亮又停在离毕星宿非常近的地方，第二天我们都带了雨具，却没有下雨，这是为什么？"

"这……"

有若一下子哑口无言。他虽然以好学著称，但毕竟还没有达到可以和孔子一起谈论《诗》的地步。而子贡是被孔子推许为可以谈论《诗》的。因此，听子贡这么一问，他一下子愣在那里。

"还有一件事情。"子贡不慌不忙，又提出一个问题，"有一个人，叫商瞿，年长而无子，他的母亲为了替家族传宗接代，给他娶了一房侧室，可是仍然很担心。老师正好到齐国去，他的母亲听说老师有'圣人'之名，因此特地来请教，老师替她占卜了一卦，回答说：'不用担心。你儿子40岁以后会有5个儿子。'当时大家都将信将疑，不明白老师何以会如此判断。后来，商瞿果然在40岁上得子，而且几年中就有了5个儿子。请问，这又是为什么呢？"

"这个……我不知道……"

有若终于从虚幻中挣脱出来，知道自己实在不配坐在这个位置上，慌忙站起来："我还是做我自己好了！"

就这样，子贡并没有令有若太过难堪，而是巧妙地促其自省，自动避位，从而平息了众人的怨尤。

不久之后，又发生了一件事情：在季氏那里做高官的冉有，毅然决然辞去官职，来为孔子守丧。

但冉有的到来，却遭到了众师兄弟的一致反对，理由是冉有违反了孔子的"大道"，孔子在生前就曾经多次公开地批评冉有，指责冉有为了现实的利益和自己的官帽，而不能忠于师门。

事情是这样的：冉有在季氏的门下，一直深受重用。孔子回到鲁国后，季氏请冉有来问孔子，如何增添自己的赋税。孔子推辞说，经济上的事情，我是不懂的。不料，季氏催促冉有，一连来问孔子三次。孔子大怒，责骂冉有说："求啊求，难道你在我门下那么久，都没有学到什么叫做'礼'吗？什么叫做'君子之礼'，应该是'施取其厚，事举其中，敛从其薄'。如果违反了'君子之礼'，那么就会贪得无厌，就是敛取再多的田赋，又怎么能满足私欲呢？"

冉有回去之后，不敢将孔子的话告诉季氏。不过，冉有还是偷偷地帮助季氏，敛聚了大量赋税。

孔子听说之后，大骂冉有："这个家伙不再是我的弟子了，你们以后再见到他，可以鸣鼓而攻之！"

鸣鼓而攻，就是可以公开辱骂冉有，可以在大街上向他脸上吐唾沫，足见孔子对冉有之失望！

而更令孔子失望的还在后面。这个季康子比他的父亲更加飞扬跋扈。他父亲当年在自己的家里举办宴会，用的是"八佾"的"礼"。佾，以八人为一佾，八佾，就是六十四人。这么庞大的一支歌舞队伍，在季氏的庭院里演奏起舞，可能季氏的想法是显示自己财力雄厚。孔子闻听之后，却立即指出：根据周礼，天子用八佾，诸侯用六佾，大夫用四佾，士用二佾。而季氏本来应该用四佾，却用了天子的八佾，这实在太过分了！因此孔子厉声叱喝："是可忍，孰不可忍！"

如今，这个季康子显然同样不把"礼"当做一回事，他竟然起了一个念头，要去泰山"旅祭"。

"祭泰山"，是只有诸侯才能做的事情。如今季康子这么做，是明显不将鲁哀公放在眼里了。

孔子听说此事，立即叫来冉有，问冉有："求啊，这件事情，你一定要回去阻止季氏，万万不可僭越！"

"老师，对不起，我真的做不到。"冉有说的也是实话。他在这件事情上，的确无能为力。"老师您也知道，在季氏府上，掌'礼'的是林放。林放建议季氏这么做，季氏对他百依百顺。"

"是那个林放吗？"孔子知道林放其人，林放曾经来向孔子问过"礼"。孔子看出来，他是个只重形式，不注重内容的。因此孔子只能一声长叹："难道泰山还比不上一个区区的林放吗？"

以上种种，都是孔子和冉有之间的矛盾冲突。作为孔子门下第一个受到重用的官员，冉有曾经被孔子寄予厚望。然而冉有为了保住自己在季氏府上的地位，反而畏畏缩缩，令孔子非常不快。

孔子去世之后，众孔门弟子都记得要对冉有"鸣鼓而攻"的话，于是无形中将冉有从孔门"除了名"。

然而，冉有对孔子的感情，和众人一样，是将孔子当做自己的父亲一样来尊敬的。孔子的去世，对冉有来说，这一沉重的打击是无法接受的。他无论如何也无法安心在季氏那里享受高官厚禄，而必须和众人一样，通过为孔子守丧以求得到心灵上的慰藉。既然不被众人接受，冉有就在距离稍微远一些的地方，筑庐而居。每天都会有人偷偷向他这里扔石头瓦块等杂物，冉有也不在意。

子贡毕竟和冉有一起在季氏那里共事过，对冉有的理解与众不同。他知道冉有虽然性格有些懦弱，有时候贪图一些权势、利益，然而对老师的忠诚绝无可疑！因此，他力排众议，亲自去将冉有接过来，和自己住在一起！

同门之间的是是非非，已经令子贡分心，但外面流传的有关子贡的风风雨雨的流言，更令他忧愤不已。

最早的流言制造者，是叔孙武叔。叔孙氏是和季氏并称的"三桓"之一，在鲁国可谓影响巨大。叔孙氏想要请子贡出山来帮助自己，而子贡却婉转地拒绝了。叔孙氏不但没有不高兴，反而称赞说：

"子贡贤于仲尼！"

这是第一次有人这么公开地将子贡抬高凌驾于孔子之上。如果是普通人，听说自己被人称赞超过了老师，一定暗暗得意，窃喜不已。可是子贡是什么人？他太清醒了，太了解自己和老师之间的距离。连颜回那样聪慧和勤奋，终其一生都难以望孔子之项背，自己比颜回尚且差了很多，至于和老师孔子的距离，那就更遥不可及了。因此，他立即公开表达自己的观点："赐何人？夫子何人？如何可比？"

他不愧是言科的高材生，立即作出了一个形象的比喻："你们都见过那高高的宫墙吧？我就像那仅仅高及肩头的宫墙，一眼可以看到内宅里的布置；至于夫子，则是那高数仞的宫墙，如果不得其门而入，根本不可能见到里面宗庙的高大雄伟，一栋接一栋的房屋的连绵无边。"

最后，子贡得出了这么一个结论："仲尼不可毁也！"他叹道：

> 凡人之贤，
>
> 譬如丘陵。
>
> 丘陵虽高，
>
> 可以逾越。
>
> 仲尼之圣，
>
> 譬如日月。
>
> 日月之高，
>
> 不可逾焉。

子贡捍卫老师孔子声誉的态度如此坚决，令那些妄图通过抬举他以贬低孔子的人们惭愧而退。

转眼之间，3年过去了。

3年守丧期满，众弟子都要各奔东西：有的去为自己的仕途奔波，有的回到家乡去继续做学问。

3年，1000多个日日夜夜，众人得到子贡的照顾可谓无微不至，因此，临别之际，每个人都先去老师的坟墓之前磕头，磕头完毕之后，又都来到子贡的庐舍，一一和子贡话别，洒泪而去。

几天的时间，众人都散去了。只剩下冉有和子贡二人。这天夜里，二人点起篝火，对着火堆而坐。

"阿赐，我恐怕不久也要离开了。"

"师兄是还回季氏那里吗？"

"也许吧。"

沉默了一阵，冉有关心地问子贡："阿赐，你呢，有什么打算？要不要和我一起回季氏那里去？"

"不，我还想留下来，继续在这里陪老师。"

子贡的话，令冉有大吃一惊。"什么？已经3年了，你做的已经足够多了，不需要再留下来了。"

"师兄，人各有志，强求不来。"子贡轻叹一声，"我这3年中，想明白了很多东西，可是还有很多东西没有想明白。我想一个人在这里静静地陪着老师，也许老师会帮我解开心中的疑问。"

"可你一个人在这里怎么生活呢？"冉有担心地问道。他和子贡日夜在一起，知道子贡为了照顾众师弟，将自己多年来经商的钱都花光了。

"不知道，不过我想不会饿死吧！"

"那当然不至于。"冉有忽然意识到自己的责任，一拍胸口，"你放心，阿赐，我绝不会让你在这里饿肚子的。"

冉有说到做到，他重新回到季氏那里以后，果然每隔几天就派人来给子贡送米送粮，接济子贡。

而子贡呢，却不愿意过这种仰赖别人接济过日子的生活。子贡毕竟是子贡，他很快想出了一个主意：

他发现，人们对老师孔子的尊重和热爱，并没有随日月流逝而淡泊，反而那思念与日俱增。每天，从四面八方都有人来孔子的坟墓前吊唁，总有人来拜访子贡，请他谈论一些孔子的往事。

利用这个机会，子贡将自己雕刻的孔子的木像向他们出售，以换取一些米粮度日，居然颇有销路。

但子贡一个人又能在吃穿用度上有多大开销呢？稍微动动脑筋，赚点收入，就已经足够。他将更多的时间，用来思考一个问题：老师一生追求"大道"，个人的道德修养和深厚学问，已经达于化境；可是，老师虽然自己成为了"圣人"，却并没有像他所推崇的文武二王、周公旦一样，真正实现"王道"，没有能力去对这个现实的世界加以改造。难道真如老师所叹，是命运不济吗？

很显然，这牵扯到一个对老师的基本评价问题。在所有的孔门弟子眼中，孔子无疑是一个人格伟大、思想卓越的"圣人"，是当今之世最值得令人尊敬的人。作为老师，孔子是成功的。

但在世人眼里，孔子又是怎样的呢？子贡想起那一次在郑国，有个人这么评价孔子："丧家之犬！"

孔子一生都在追求"大道"，宣传自己的政治理想，希望可以找到一个君主加以说服，然后使那里的百姓普遍得到"仁政"的恩惠。可是，这个理想不要说在鲁、卫、晋、楚、宋、陈、蔡等国家，即使在一个君主下面的家臣那里，在家臣的一个小小的宰邑那里，却也无法实现！

这就不能不令人疑惑：是孔子的学问大而无用，还是当世之人实在无法理解他，要么愚昧无知，不能理解圣人的良苦用心；要么愚蠢自负，将圣人的学问当做仅仅为了换取俸禄的谋食之术？

至于继承孔子衣钵的一众弟子中，谁又能将孔子的"大道"推行下去呢？冉有是第一个得到这个机会的，却最令孔子失望。而子贡也很清楚，如果冉有推行孔子那一套，完全按照孔子的要求去做，那么冉有在季氏的府上，不可能待这么久，或许老早就被赶跑了。冉有不过是降低自己的境界，以适应季氏，曲折地实现自己的理想抱负而已。他毕竟是冉有，而不是孔子。

只有子路是孔子之道的坚定捍卫者。子路跟随孔子的时间最长，对"礼"的精神领会最深，贯彻也最为坚决。本来子路是一个无所畏惧的家伙，横冲直撞。

端木子贡：儒商祖师

以他的勇力本来可以在这个现实之世活得很潇洒，但子路选择了追随孔子，服膺孔子的"大道"。子路在卫国作为孔悝的家臣，最后为了捍卫"礼"的精神而悲壮死去的选择，可以视为愚蠢，但也可以视为伟大。从"利害"的角度上讲，他是愚蠢的，因为他本来完全可以置身事外，不必再去涉险，他却主动去送死。从道义的角度上讲，他又是伟大的。他是孔悝的宰邑，拿的是孔悝的俸禄。主公孔悝遇险，作为忠臣的子路，不能不去救。即使拼将一死，子路也要和孔悝在一起。因此之举，他千古留名。

而在最后即将身死的时刻，子路还能牢记老师孔子的教导："君子死不免冠"，的确令人慨叹！只有真正的君子才能做到这一点，只有以自己的性命去殉道的人，才是真正理解了孔子的。

最令人期许、最值得被寄予厚望的人，当然是颜回。孔子也知道自己命运不济，世寿有限。他本来将全部的希望都寄托在颜回身上，希望颜回在自己身后，能够得到机会，遇到一个明君，将"大道"推行于世间。而颜回呢，虽然表明自己的志向，并不为出仕，但实际上，那是因为当今之世，并没有值得辅佐的明主。连孔子周游列国，都找不到一个可以辅佐之人，颜回自然更不抱希望了。他倒宁愿选择等待，一边继续钻研学问，加深自己的修养，提高自己的境界；一边等待天时。如果真的如老师所说，每个人的一生都在秉承"天命"，各有命运的归宿，那么，他心安理得地等待这个"天命"的指示。一旦有明主出现，他还是会毫不犹豫地去效力的。

只可惜，颜回的身体实在太虚弱了。他甚至都没有等待太久，不等老师离世，他先离去了。

在和众师弟们一起守丧的3年里，子贡一直和大家在热烈地讨论：究竟什么是老师所追求的"大道"？

如今，众人都离去了，只剩下子贡一个人，他开始认真思考这个问题的另外一部分：究竟如何实现"大道"？

通过去游说君主，以求推行"大道"，这条路已经证明行不通。那么，去向普通人宣讲"大道"呢？那就是像孔子一样，成为一个受人尊敬的师者，一个谆谆教诲、孜孜传道的教育家。

可是子贡知道，自己是不能和老师一样，成为一个教育家的。因为子贡的性格是不能容忍那些不如自己的平庸之才的。子贡的家世，他的阅历，他的出众的才华和过人的智慧，一切都不允许他泯然于众人。在他的心底，一直是隐藏着一份骄傲的。正如他当年请教过孔子，自己已经做到了"贫而无谄，富而无骄"，这样的境界是不是很高了？孔子的回答是："对你来说，的确已经很高了，但是还不够啊！"孔子对他的期许是："希望你能做到贫而乐道，富而好礼啊！"

如今，再仔细想老师对自己讲的这一番话，子贡才意识到老师早看到自己以后人生的道路。子贡是不会像颜回那样甘于"贫而乐道"的，那么他便只剩下一条路可以走："富而好礼"。

可是，"贫而乐道"容易，像颜回一样，一个人住在简陋的巷子里，一箪食，一瓢饮，不必担心别人了解不了解自己，只要自己的内心能够淡泊宁静，从悟道中感受到快乐，就可以了。

而要做到"富而好礼"可就是另外一回事了。因为"贫"说到底，是你一个人的事情，你甚至只能勉强维持自己的这个身体存在所需要的基本条件，而没有能力做更多的事情，因此别人也不会对你提出更高的要求。

至于"富"则不同了。所谓"富"，就是你已经满足了个人生存的基本条件，并且有了很大的"富余"，也就是说，你具备了足够的能力，可以照顾更多的人。所以人们对你的期许更高。

作为一个君子来说，当他"贫"的时候，仅能独善其身；然而当他"富"的时候，却可以兼济天下。以子贡为例，当他"贫"的时候，一个人行走列国，默默地做生意；可是当他"富"的时候，却可以利用自己的影响力，保存鲁国，解救一个国家的灭亡之忧，并且令齐、晋、吴、越各有变化。这样的影响力是巨大的，但如果不是"君子"，而是"小人"，那么拥有了这样的"富"的力量，将是非常可怕的！所以孔子才提出了一个命题："富而好礼"，用心良苦！

富，从某种意义上来说，是一种独立于政治之外的力量。如果说各个国家的君主，依靠的是从祖先那里世袭受封，成为一国之君，是只有极少数的人才能享有的特权；那么富则是人人可为，只要足够勤劳，有足够的才智，再加上一点点运气，就可以通过"货殖"而致富。

如果将自己的货殖之术教给普通人，让普通人成为富人，再引导他们"富而好礼"，那么这是不是另外一种推行老师的"大道"的方法呢？

长久以来困扰在子贡心中的疑惑，终于有了一个明晰的答案，他知道自己的后半生将如何度过了。

不知不觉，子贡一个人在孔子墓旁又度过了3年岁月。加上此前的3年，整整6年，子贡都是在这里伴随老师度过的。这6年，对子贡来说是一生中的黄金年华，但他并不因为虚度了6年时光而后悔。相反，他觉得这6年对自己来说，实在是弥足珍贵。毕竟，此前跟随老师的18年，他要么是跟随老师颠沛流离，要么是为了生意上的事情奔走列国，期间还在季氏门下做事情。可以说，真正心无旁骛，认真探究老师的大道，正是这6年。而这6年中，前3年又忙于诸般事务，要调解同门师兄弟之间的矛盾，要平息外面对老师的不利议论，要揭穿那些别有用心的人制造的流言，令子贡不能不分心。因此，真正全心全意去体会老师孔子，去领悟他那深邃的"大道"，并且思忖如何将之与自己的人生实践结合起来，只有这最后3年。

最后的这天早上，子贡早早起身，最后一次给老师的墓除草、添土。老师的坟墓开始的时候是墓而不坟，也就是说，只是一个平地，没有凸起的坟包。但几年来，众弟子不断来这里祭奠、添土。加之慕名来祭孔子的人很多，迅速在平地上隆起了一个小山包，而且，在众人的精心照料下，周围的树木荆棘都长起来，只有孔子的坟墓上，光洁异常，哪怕有一根杂草，也要被除去。最后这3年中，只剩下子贡一个人，但仍然坚持每天除草、添土，不让任何芜杂之物，打扰了安息在下面孔子那高贵而伟岸的灵魂。为了寄托自己的哀思，子贡在3年前，在老师墓前亲手种植了两棵小柏。如今，小柏都已经长得一人多高，虽然纤细却身姿挺拔，披着一身的翠绿，给这里增添了无限的生机和活力。子贡祭拜完孔子后，又以手摩挲翠柏，久久眷恋，不忍离去。

但子贡终于不得不离开了。告别了老师，告别了在这里守丧6年的寂寞岁月，他又要踏上一段喧嚣繁华的人生旅途了……

第15章
父子入齐

子贡离开老师墓以后，选择了和儿子端木炅一道，去经商环境最好的齐国考察。

以货殖济世作为自己的人生追求，以商贾的身份终此一生，这是子贡的选择，也出乎很多人意料。

也有传说，子贡后来做了卫国和齐国的相国，但也只是传说而已。

我们还是更倾向于相信子贡以商终老，通过商业之道而抵达"仁"的境界，是子贡的一生追求。

齐国重商，齐国的姜子牙、管仲尤其提倡以举国之力来发展商业。齐国因此而首霸诸侯。

于是，子贡来到了临淄，选择齐国的成熟市场和丰富多彩的商业文化，来尝试作为自己商道实践的基地。"儒"与"商"宛如冰炭同炉，即将创造性地结合在一起……

端木子贡：儒商祖师

　　子贡离开老师墓，去和冉有作了告别，然后就匆忙回到卫国，他要为儿子端木炅准备婚事了。

　　端木炅这一年22岁。在他这个年纪，子贡已经开始周游列国，穿梭在吴、越、晋、楚、齐、鲁等国做生意。端木炅多么想和父亲一样，接过家族的生意重担，去独立做一番事业。但是不行，因为子贡一直在跟随孔子，孔子去世后，子贡又在孔子墓守丧，一住就是6年。这段时间里，端木炅必须留下来，陪伴在母亲勾氏的身边。勾氏已经老了，一个人操持端木家的事务，要照顾两位老人，又要把儿子端木炅抚育成人。她太辛苦了，为这个家族付出了自己的一生。如今，她的身体再也支撑不住，她被无情的病痛折磨，再也无法坚持下去了。

　　她在等待子贡回来，她要等丈夫回来和他商量一件大事情，那就是关于儿子端木炅的婚事。

　　是啊，对一个母亲来说，还有什么比儿子的婚姻大事更为重要的呢？从那个小生命呱呱坠地的那一刻起，她的一颗心就全扑在了他的身上。关心他每一天成长中的不同变化，帮助他一点一滴地去认识和适应这个世界，长大以后，教给他做人的道理，让他从懵懂无知的幼小生命，逐渐成长为一个敢于担当、懂得什么是责任的君子，同时也教给他爱的能力，爱自己，爱别人。

　　20多年的人生岁月，倏忽而过。似乎只在一转眼间，当初连迈步都不会，只能咿呀学语的小家伙，一下子长成一个体态魁梧、个头高大，四肢百骸都充满无穷无尽力量的大丈夫、伟男子。

　　从什么时候开始，儿子已经不再牵着母亲的手，不再贪恋母亲温暖的怀抱，开始喜欢独自去闯世界，独自去面对人生中的风雨？从什么时候开始，儿子偷偷摸摸开始有了自己中意的女孩？

　　那个女孩叫做灵儿。端木炅小的时候，经常去太公蘧伯玉那里玩耍。蘧伯玉邻居一户人家有个小女孩，叫蘧灵儿，年龄和端木炅相仿，两个人脾性又相投，都是聪明伶俐，一来二去，就从青梅竹马的小伙伴一直玩儿到了各自长大成人。后来，蘧伯玉去世后，端木炅就很少来这里，和蘧灵儿也断了联系。然而二人却又心意相通，一个非对方不娶，一个非对方不嫁。因此，端木炅直到22岁，早过了弱冠之龄；却还没有娶妻；蘧灵儿在这个年龄，已经是大姑娘了，上门来提亲的人踏破了门槛，她却死活不同意，在她的内心，此生此世，只属于端木赐一人。

儿子的心思，做母亲的哪有不知道的道理？勾氏也是看在眼里，急在心里。但这件事情，必须等丈夫回来做主。

这不，子贡刚从鲁国回来，一身的风尘仆仆，旅途劳顿还没有洗去，勾氏就向丈夫提出了此事。

"阿赐，我觉得应该尽快给赐儿完婚了。"尽管已经过去这么多年，老夫老妻，勾氏还是和丈夫用初婚时候的亲昵称呼。

"阿环，不要着急，反正我正要去外公的坟上祭奠，顺便去了解一下姑娘那边的情况，如果那姑娘的德行没的说，那么我回来就立即安排这门婚事，如何？"

"好。"

于是，子贡第二天就起身，早早来到外公蘧伯玉的坟墓上。蘧伯玉已经去世多年，作为一代贤臣，生前在卫国的声名是何等显赫。如今死了以后，却不过同样是黄土一抔。坟墓上荒草萋萋，已经很久没有人来祭奠过了。

"外公，我来看您了。"

子贡一来到墓前，跪下刚说了这一句，忍不住泪如雨下。他和外公蘧伯玉的感情，甚至胜过自己和父亲的感情。的确，不管从学问的传授上，还是从作为一个君子的德行的培养上，蘧伯玉对子贡都称得上呕心沥血。尤其在子贡拜入孔门这件事情上，蘧伯玉更是起了重大作用。

以前，子贡在年轻的时候，并不了解外公的价值。但如今经过这么多年，走过了那么多地方，见过了各个国家不同的贤者，子贡才知道，卫国拥有蘧伯玉这样的贤臣，是怎样的幸事；而拥有这样的贤臣却不用，任其终老林泉，又是怎样的不幸！在这一点上，外公蘧伯玉和老师孔子的命运何其相似！鲁国也是何其有幸，拥有孔子这样的"天纵之圣"，然而又是何其不幸，拥有"圣人"而不能用，以至于孔子不得不流浪列国，像丧家之犬一样找不到栖息地！

为什么德行高洁的君子，命运总是这么不济？为什么这个现实的世界，总是小人得志，而君子失意？

这个问题，子贡当年也曾经问过孔子，孔子对此却不以为然，说了一句著名的话："君子坦荡荡，小人常戚戚！"

君子和小人，都会有遇到顺境和逆境的时候，君子对待顺境和逆境的心态是一样的，顺不以为乐，逆不以为忧；而小人就不行了，一遇到顺境就得意忘形，一碰到逆境就愁眉不展，怨天尤人。

可子贡根据自己在现实中的接触和观察，总有另一种情形：那就是小人比君子更容易适应这个浑浊的尘世。因为小人的处事原则是"曲"，而君子的处事原则却是"直"。所谓"曲"，就是没有自己的原则，跟随现实的情形而变，只要能够获利，可以任意改变自己的本来面目，如水一样无孔不入；而所谓"直"，就是坚持自己的原则，不管现实的情形如何，而宁愿听从内心的声音，即使放弃眼前唾手可得的现实利益也在所不惜。这就是君子，也正是他们捍卫了"人"的尊严。

子贡要做一个君子，但他所从事的商业使他明白：做君子难，在商人中做一个君子尤其难。

幸而子贡遇到了孔子，在老师孔子那里经过多年锤炼，认识到对于人生来说，还有比"利"更高的值得追求的东西。人类的天性是趋利避害，这无可非议；但这只是最基本的生存本能。作为"人"这种和动物不同的高级智慧生命，其实还有一种独一无二的本能，就是崇尚和追求"义"。

所谓"义"，就是为了别人的利益而牺牲自己的利益，甚至自己的性命。这是所有动物都做不到的。

也许有人看到，有的动物在灾难来到的时候，为了掩护自己的配偶和子女而牺牲自己，但那不是"义"，而是出于一种本能的保全物种的利益最大化的本能反应，是一种不由自主的生存策略。

人类的"义"却是一种主动选择，是超越任何"利害"之上的最高尚、最纯粹的道德表现。正因为一代又一代的人代代相传，将"义"视为崇高且是最值得追求的东西,人类才不断前进发展!

　　子贡从孔子处学到的最为深刻的哲学思想,如果用四个字来概括,不过是"以义制利"而已!

　　这天,子贡在外公蘧伯玉的墓前,将自己这些年跟随孔子的心得体会,所学所得,所思所悟,一一告诉外公,他要让外公知道,自己并没有辜负他老人家的期望,这么多年终于卓有所成!

　　这么唠唠叨叨了一上午,子贡才离开外公的墓,从山上下来,向村子里走去。他在想如何去找那个叫灵儿的姑娘。

　　来到村头,那里有一条流过村前的小河,河面不宽,河水也不急,一群青春年少的姑娘,正在河岸上浣纱。从她们清脆的笑声里,从那自己长了翅膀一样飞出喉咙的歌声中,可以感觉到什么叫青春无敌。她们是那样地沉浸在自己的小天地里,全然没有注意到子贡在远处注视着她们。

　　看到她们,子贡才觉出自己真的老了。也难怪,他的儿子端木炅,都已经到了娶妻的年龄,他能不老么?

　　子贡正在思忖,有什么方法上去试探这群姑娘中有没有灵儿。正好,一个青年赶着牛从山坡上下来。

　　"喂,小伙子,你过来。"子贡将他招手叫到跟前,低声道,"我问你,你可是这个村子里的人?"

　　"是。"

　　"你叫什么名字?"

　　"我叫阿牛。"

　　"阿牛,你可认识灵儿姑娘?"

　　"灵儿?认识啊,喏,就是在最边上那个唱歌的,她的歌声可好听了,我经常听她唱歌,牛都不知道跑哪里去了。"

　　"阿牛,这么说,你很喜欢灵儿?"

　　"不但我喜欢,我们村里的青年人都喜欢。不过没有用,听说灵儿姑娘只喜欢帝丘的那个什么端木公子!"

"哦？他们订婚了？"

"我不清楚。不过灵儿的确和别的姑娘不一样，从来不和我们说笑，一天到晚冷冰冰的，远远见了就避开。"

"是吗？我倒想看一看，她是不是故意装出一副知书守礼的样子。我和你打个赌好不好？"

"怎么赌？"

"你看，我这里有个杯子。"子贡随身掏出来一个竹筒雕刻成的杯子。"我要你去对灵儿姑娘说：'那位远道而来的先生口渴了，想请你帮忙舀一杯水喝。'我打赌她一定会毫不犹豫地答应，从你手里接过杯子，然后舀满谁，再将杯子交到你手上。如果不是这样，我就输给你10金。"

"10金？"阿牛只怕一辈子也没有见过这么大一笔钱，首先惶恐起来，"那么，如果我输了呢？我全部的家当，可只有这一头牛。你该不会想骗我这一头牛吧？不过也值不了那么多钱。"

"如果你输了，这钱就当我给你的跑腿钱。不过你要答应替我保密，不要告诉灵儿姑娘这件事。"

"行嘞！"

阿牛做梦也想不到，会遇到这样的好事。于是他在路边石头上拴好了牛，从子贡手里接过杯子。

按照子贡的吩咐，他直接来到灵儿姑娘身边，"灵儿姐姐，那边有位先生，走路口渴得紧了，托我过来问你，肯不肯帮他舀一杯水喝？"

"那有什么不肯的，你将杯子放在地上好了。"灵儿停下手里的活儿，回头扫了一眼远处的子贡。

阿牛将水杯放在地上，灵儿取过杯子，拂去河水中的杂草，在极清澈处舀了一杯水，端上岸来。

"灵儿姐姐，交给我吧！"

阿牛本能地上前要去接过杯子，却被灵儿一声低声呵斥："别动，你站在那里别过来！"

她的话把阿牛吓了一跳,连忙站定。灵儿将水杯放在地上,这才对阿牛说道:"我刚才呵斥你,是因为'男女授受不亲',我不想失'礼'。现在行了,你把水拿过去给那位先生喝去吧!"

"什么叫'男女授受不亲'?"阿牛端着水杯,一边来到子贡跟前,递给子贡,一边傻乎乎地问道。

"这个……"子贡一时之间,还真不知道怎么给他解释。"等以后再告诉你。对了,你赢了,这10金归你了。"

阿牛从子贡手里接过10金,捧在手心上,眼睛里放出惊喜的光芒,他从来没有这么富有过。

"阿牛,我还要再和你打一个赌。"子贡又从怀里掏出来一样东西,是一块玉佩,他将玉佩上面穿着的细绳故意弄断。"我要去问灵儿姑娘,看她肯不肯帮我把这块玉佩的绳子穿起来。"

"还是赌10金吗?"

"是!"

"好嘞!"

阿牛又高兴地拿着玉佩和弄断的绳子来到灵儿面前:"灵儿姐姐,那位先生非常感谢你给他水喝,不过他的玉佩的绳子断了,听说灵儿姐姐心灵手巧,天下无双,想请姐姐帮忙穿起来!"

"哼!"

不想这一次,和颜悦色的灵儿姑娘,却脸色一沉,呵斥道:"我一个山野女子,笨拙无知,不识得这是怎样名贵的宝玉,我哪里懂得如何将这玉穿起来呢?快回去告诉那先生,让他离开吧!"

阿牛回来将灵儿的话告诉了子贡,子贡又按照约定,给了他10金。最后,子贡决定再试一试灵儿姑娘。

"阿牛,我非常感谢这位灵儿姑娘,我这里没有什么可以馈赠她的,这样吧,你把这50金送过去。"

"好。"

阿牛从子贡手里接过50金，捧着来到灵儿姑娘面前："灵儿姐姐，这是那位先生感谢你的。"

"阿牛，你到底在搞什么鬼？"灵儿大怒，"我不知道那位先生为什么三番两次让你来，啰唆个没完没了，打的是什么主意？先是让我帮忙舀水，又要我帮忙穿玉，如今又要来馈赠我钱财。我是一个还没有出嫁的大姑娘，如果让别人以为我和这狂徒有什么往来，叫我以后怎么见人？"

"对不起，灵儿姐姐！"阿牛一见灵儿真生气了，慌忙道歉，然后捧着50金回到子贡身边。

"先生，灵儿姐姐说你是个狂徒呢！你还是赶快离开吧，时候不早了，我还要回家去给我娘做饭呢！"

"谢谢你，阿牛。"子贡将50金都给了阿牛，"这些钱拿去，给你以后娶媳妇用。不过，别忘了我们的约定，今天的事情，不可以告诉任何人！包括灵儿姑娘问起，都不可以说实话！记住了吗？"

"嗯。"

阿牛兴奋地将金子在身上藏好，解开缰绳，赶着牛离开了。

子贡通过这一番试探，知道灵儿姑娘真是一个知书守礼的女中君子，不由低声吟出《诗经》中的一句来：

　　　　南有乔木，
　　　　不可休思；
　　　　汉有游女，
　　　　不可求思。

"怪不得炅儿的心思都在这个姑娘身上，果然是值得追求的有德淑女啊！我对这门婚事可以放心了！"

子贡回家之后，将自己试探灵儿姑娘的经过告诉了勾氏，勾氏对灵儿姑娘的德行也钦佩不已。

这门婚事经过子贡的允许，就这么定下来了。接下来就是问名、纳聘等一系列的准备礼仪。

婚礼在3个月之后隆重举行。端木炅和蘧灵儿这一对有情人，经过多年等待，幸福地结合了。

新婚1个月之后，子贡将儿子端木炅叫到跟前，问他说："炅儿，你现在已经成家了，成家之后，也该立业了。"

"是。"

"你有什么打算？"

"孩儿听父亲安排！"

"那好，"子贡点了点头，道，"我最近正准备去齐国走一趟，考察一下那里有没有商业机会。你不是一心要和我学习经商吗？我想，不如趁这个机会，你跟我一起去历练一番吧，怎么样？"

"好！"

于是，父子二人商定之后，子贡和勾氏告别，端木炅也和新婚妻子灵儿告别，二人一同动身，奔赴齐国。

子贡所以动了念头到齐国考察一番，是因为子贡既然决心将自己的后半生用来经营商业，那么齐国是非来不可的。

齐国，是姜太公的封国，当年姜太公和周公旦一同受封，周公旦封在鲁国，姜太公封在齐国。

即将去受国的时候，在姜太公和周公旦之间，发生了一场著名的对话。姜太公问周公旦："如何治理鲁国？"

周公旦的回答是："尊尊亲亲。"

周公旦对于鲁国的治理思想非常明确，就是确保自己以下，鲁国的历代君主的血缘纯正性。周公旦是王室血统，他希望以后自己的子孙能够世世代代拥有鲁国，依靠周室一脉的本身能力，来治理国家。

听完了周公旦的回答以后，姜太公沉思了一下，然后说出了一句著名的话："鲁从此弱矣！"

姜太公的判断：仅仅依靠周王室自己的子孙，不见得每一代都有贤才出现。如果有几个昏庸的不肖子孙出现，那么鲁国的国力就会急剧下降，最终鲁国会从诸侯之长沦落为末流，逐渐消亡。

对于这个结局，其实以周公旦自己，又何尝不知，不过没有更好的解决方法而已。他反问姜太公：

"何以治齐？"

姜太公的回答和周公旦截然不同："举贤尚功。"

举贤，就是不问出身贫贱，从那些最普通的、最广泛的人群里选拔出贤能之士；尚功，就是引导和鼓励大家建功立业，最大限度地激发出每个人的能量，创造出一个百舸竞流的公平竞争局面。

姜太公所以选择这么一个治国方略，和他的出身有关。他不像周公旦一样是王室血脉，而是出身草莽，靠自己的一生所学，赢得周文王的尊敬和礼遇，最终辅佐文、武二王建立了不世功业。

因此，姜太公的出发点和周公旦完全不同。还有一点，齐国和鲁国的地理环境不同：齐国是一个不毛之地，是以东夷人为主居住的滨海国家。这里的生产能力和文明程度都与鲁国大为不同。姜太公要把齐国治理好，非超出常规，将人的主观能动性发挥到极致不可，实际上只有"举贤尚功"这一条路可以走。应该说，姜太公和周公旦的考虑，都是最适合各自情况的。

对此，周公旦听了之后，也做出了一个著名的预言："后世必有劫杀之君。"

周公旦的意思是说，齐国虽然从此会强大起来，但你姜子牙的子孙，未必都能如其先祖一样英明神武。如果有一天出现了软弱无能的君主，而选拔出来的大臣却总是一个比一个厉害，那么总有一天，这种君弱臣强的局面会被颠覆，会被有能力且有野心的大臣窃取姜氏的君位。

姜太公和周公旦，不愧俱为一代人杰，他们的预言都准确无比：鲁国的局面是一代不如一代，最终毁于三桓；而齐国倒是人才辈出，姜氏子孙也的确有出类拔萃者，但最终还是被田氏窃了国！

不过，不可否认，姜太公的确是个治国高手，他为齐国制定的发展战略，简单说有两点：一是人才战略，二是经济战略。

人才战略，姜太公将之概括称为"六守"，就是：一仁、二义、三忠、四信、五勇、六谋。

经济战略，姜太公将之概括为"三宝"，就是："大农、大工、大商。"大农，就是把所有从事农业的人们聚集在一起，发展农业生产，粮食就会充足；大工，就是把所有手工业者集聚在一个地区，发展工业生产，器物就会充足；大商，就是把商人积聚到一个地区经商，货物就会充足。农、工、商三业各安其所，老百姓就能安居乐业，而不至于有什么顾虑。如此，百姓就不会扰乱乡土，也不会扰乱亲族。做臣子的财富不会超过君主，都城不会大于国家。

总之，姜太公指出，如果能长期坚守用人的六条标准，那么君主的事业就会昌盛；如果始终保全农、工、商三业发展的领导权，那么国家就可实现长治久安。而后者对于齐国发展尤其重要。

齐国最初的国都，选择在营丘。这个地方当时的自然地理条件并不好，《史记·货殖列传》载："太公望封于营丘，地潟卤而人民寡。"《盐铁论》则说："昔太公封营丘，辟草莱而居焉。"

大略地说，姜太公在齐国初创，将发展经济放在第一位：一、以鱼、盐作为主营。二、鼓励农桑。三、冶铁。四、设立"轻重九府"（太府、王府、内府、外府、全府、天府、职内、职金、职币），分别掌管国家钱币的铸造、储存、支出与更新，负责国内外货物的贸易和交换，并调剂农、工、商"三宝"产品生产的数量和比重，切实保障财货入出的基本合理和正常流通。

对于国家控制经济发展的命脉，是姜太公"轻重术"的核心思想，他强调：

> 万室之邑，
> 必有万钟之藏，
> 藏镪千万；
> 千室之邑，
> 必有千钟之藏，
> 藏镪百万。

这就是姜太公著名的"九府圜法"，是中国商业史上最早的"国家经济学",为齐国的崛起奠定了基础。

如今,子贡和儿子端木炅来到齐国的都城临淄。临淄的规模,比起当年的营丘来不知道大了几百倍,其繁华和喧嚣程度,在当时的列国之中,也是绝对排列在前三位的大国之都,然而仔细观察,还可以处处看到姜太公的遗泽所在,像姜太公这样的圣贤,对后人的恩惠真是太大了!

正如孔子一生都在推崇周公旦一样,子贡在自己的内心里,一直推崇的一个人,就是姜太公。

姜太公之后,另外一个使齐国确立大国地位并且最终成就春秋首霸、尊王攘夷事业的是管仲。

对于管仲,子贡和老师在一起的时候,曾经多次谈论到他,孔子的评价也是有褒有贬,抑扬不一。

例如,孔子一生以"尊礼"为最高目标,对于管仲,孔子则认为,管仲是一个"礼"的极大破坏者!

"邦君树塞门,管氏也树塞门。邦君为两君之好,有反坫,管氏亦有反坫。管氏而知礼,孰不知礼?"

按照周礼,只有国君才有资格当门立照壁,才能在堂上设有献酬后回放酒杯的台子,而管仲却做到了这些。管仲的这种僭越行为,是彻底的非"礼"。如果管仲算知"礼",还有谁不知"礼"呢?

如果说仅仅不知道"礼"也罢了,因为管仲自己也说过,他是一个"不拘小节"的人,在君子眼中和法律一样不可动摇的繁文缛节,在管仲这样的洒脱不羁的人眼中的确不值得一提!

有弟子问:"那么,管仲是一个懂得'俭'的人吗?"

孔子听了,更加生气,毫不客气地指责管仲说道:"管子有'三归',官事不摄,焉得'俭'?"

"三归",有人解释说,是指市面上的赋税,归于管仲所有。本来是国君的,却归了管仲。

当初，齐桓公欲拜管仲为相，管仲提出了三个基本条件：一，"贱不能临贵"。自己的身份和地位太低微，不能驾驭朝中的大臣，于是齐桓公给予他最高待遇，直接任命他为上卿。二、"贫不能使富"。管仲自己家境贫穷，不能役使那些富有的人。于是齐桓公赏赐给他齐国市租，也就是"三归"。三、"疏不能治近"。管仲毕竟不是王室成员，不能够处分犯错的王公贵族，于是齐桓公立他为"仲父"。这一方面反映了齐桓公的求贤若渴，也反映了管仲的个人欲望之奢。管仲是一个在个人行为上很不检点、很不注意节制自己欲望的人，他甚至认为，齐桓公"好田"、"好酒"、"好色"，都是一个君王的正常欲望，称不上什么危害。

据说，管仲的富奢，要吃味道最美的食物，欣赏韵律特别动听的音乐，蛋类要先在上面画上图画再煮了吃，木柴要先雕刻成美丽的艺术品再烧。难怪孔子要批评他实在太不懂得"俭"了！

既然管仲根本不把"礼"看在眼中，在生活上又奢侈浪费到无度，那么，究竟该如何评价他呢？

孔子最后给出的评价，只有一个字，却出乎所有人的意料之外，孔子说管仲："他称得上'仁'啊！"

这已经是孔子所能给出的最高评价，只有周公旦、姜太公等，才配得上"仁"，而孔子居然在心目中，将管仲和周公旦、姜太公放在一起，不能不令众弟子大为惊诧。子贡当时在旁边，听了就颇不服气，问孔子："老师，管仲真的称得上'仁'吗？他首先辅佐的是公子纠，不是小白。后来小白当了国君，将公子纠逼迫而死。所有跟随公子纠的人都自杀殉主，只有管仲却做了小白的相国。这样的一个人，在品格和操守上大有问题，难道这也能称为'仁'吗？"

子贡的话，道出了大部分弟子的心声，众人都将疑惑的目光一齐投向孔子。

"有大功者，不计小过。"孔子评价管仲的着眼点，的确高出众弟子之上。他严肃地说道："管仲这个人，也许在身上有很多缺点，但他却一心要做一件事情，就是辅佐明主，而霸诸侯，一匡天下。如果没有他提出的'尊王攘夷'，没有齐国的九合诸侯,那么我们今天这些人们,只怕还要和野蛮人一样,披头散发,穿着衣襟朝左边开的褂子。所以说我们都受管仲的恩惠啊!如果以普通人的眼光来打量他,以凡夫俗子的标准来要求他,那么他就是陪伴旧主而死,用一根绳子把自己吊死,尸体横陈腐烂在路边的小水沟里,又有谁知道他、谈论他呢?"

　　孔子所说,也正是管仲一生功业的最高峰。管仲辅佐齐桓公九合诸侯,都不是依靠武力,而是依靠"尊王攘夷"的政治主张,以代表华夏正统的周王室作为号召,联合诸侯,对抗南夷北狄:

　　　　戎狄豺狼,

　　　　不可厌也;

　　　　诸夏亲昵,

　　　　不可弃也。

　　今天看来,管仲的"华夏正统论"当然也自有其局限性,可以视作是管仲为了齐国的霸业而精心制造出来的一套说法。然而在当时,华夏文化的确面临南夷和北狄的夹攻,命悬一线。因此孔子才给出管仲那么高的评价,将他赞为"仁"。如果管仲地下有知,当引孔子为"知音"吧!

第16章

义利之分

正如儒家基于管仲"尊王攘夷"的王霸之道而提出了"华夷之辨"的著名论题一样,子贡在创立自己的一门崭新学问——商业之学的开始,也设立了一个命题——义利之分。

前面说过,"义"、"利"是一体两面,不可分割。然而这还是要先回答一个问题:先有义,还是先有利?这和后来的儒家一直争辩的另外一个问题极为类似:先有善,还是先有恶?

子贡发现,老师孔子一生所推崇和追求的"仁道",不可外求,而是上天根植在每个生命深处的"种子"。这颗"种子"一经生发,就会产生义、利两端,或者叫善与恶。

那么,区分义利或者选择善恶的标准究竟是什么?这个问题困扰了子贡许久,最后从老师孔子晚年学《易》中得出了启示,知道老师其实早找到了答案——合乎时宜!

子贡带着儿子阿炅来到齐国的都城临淄以后，第一件事情就是去拜访在这里做官的师兄宰予。

宰予在孔门弟子中是一个非常有趣的人物。他最著名的一件事情，就是在大白天睡觉，被孔子批评为"朽木不可雕也"。腐朽的木头不可以拿来雕刻，孔子以此斥责宰予，不懂得把白天的每一寸光阴都用来学习。然而，这并不妨碍宰予成为孔门言科中的第一高材生。他比子贡大一岁，入门又比子贡早了几年，因此，孔子推许言科的学生成就，将他排名列在子贡之前。

而宰予也的确不负孔子所望。他在孔门弟子中，出仕仅仅在冉有之后，在孔子结束周游列国，返回鲁国后不久，宰予就应齐国的相国陈恒之聘，回到齐国出任了临淄大夫一职。

那时候，陈恒因为听从子贡的建议，除去了国、高两个强劲的竞争对手，在国内已经没有可以制衡他的力量。于是大胆地发动了政变，将齐简公以及齐简公的宠臣监止一起杀死，另立新君，是为齐平公。

在鲁国的孔子，听说了陈恒弑君之事，大为愤怒，于是沐浴更衣，来到朝中请求见鲁哀公。

一见面，孔子立即跪倒哭泣，请求鲁哀公说："齐国的陈恒，以下犯上，弑君专权，请大王讨伐他！"

鲁哀公却道："鲁国弱小，齐国强大，以弱讨强，不是自取其祸吗？先生有什么必胜的把握？"

孔子回答说："陈恒弑君，国内有一半的人不赞同他这么做。以鲁国的一国之力，加上齐国的一半之众，要想消灭一个陈恒，实在太简单了！这对鲁国来说，可是千载难逢的一个机会啊！"

可是，鲁哀公接下来的话，却令孔子大失所望。鲁哀公道："那好，你去对季孙氏说吧！"

这分明是鲁哀公的推托之词，然而也是实情。鲁国的大权由三桓分掌；三桓之中，又以季孙为首。如果要触动倾国之兵，去讨伐齐国的陈恒，那么非得由季孙号召三桓，一齐动员起来才行！

孔子不是不知道这件事情，只不过他看到鲁国这么多年来，终于有一线希望，可以战胜齐国，作为鲁国的一个子民，他不能不把自己的智慧贡献出来。至于鲁哀公是否采纳，又是另外的事情了。

鲁国最终没有趁机发动讨伐陈恒的战争，而陈恒弑君之后，知道会引起诸侯的不满，于是将齐国侵占的鲁国、卫国等国的土地返还，又与晋国等交好，迅速在国际上消弭了不良影响。在国内，大斗放粮，小斗收回，以收买人心。国内的百姓贪图他的利益，于是纷纷对他交口称赞。

当陈恒弑君的事件刚发生时，由于传说陈恒杀死的监止有个同族叫做"子我"，这个人的字和宰予一模一样，孔子和众弟子还以为是宰予力抗陈恒之乱，而被陈恒所杀，纷纷将宰予推许为"义士"。但很快，消息传来，被杀的人，不是宰予，于是孔子立即命令人去齐国，将宰予叫回来。

在孔子看来，像陈恒这样的人，无父无君，不但弑君，还要窃国，怎么能给这种人去做家臣呢？

可是，宰予却十分不舍得自己这个临淄大夫的职位，而且他对陈恒的作为，并不如何反对。

宰予给出的解释是：齐简公的确是个昏庸之君，一味宠信监止，任凭监止胡作非为，鱼肉百姓，残害大臣，而不加制止，这样的国君倒不如杀掉，让有能力的人来代替更好！陈恒这个人比齐简公不知道能力强出多少倍，不要说他扶立新君，就是亲自取代姜氏，自立为君，也不为过。

宰予的这番奇谈怪论，传到孔子的耳朵里，孔子简直要气得吐血，不由又破口大骂宰予："粪土之墙，不可圬也！"意思是用粪土堆砌起来的墙，外表装饰得再华丽也无法改变其本质。

孔子对宰予是如此失望，但宰予却自有一套与老师不同的处世态度，例如当年在孔门，孔子讲到"礼"，对"居丧"的要求是"3年"，但宰予却质疑说："如果一个人的父母死了，守孝3年，时间不是太长了吗？君子3年不习礼，礼仪必定会毁坏；3年不演奏音乐，音乐一定会败坏。我倒以为，应该将3年改为1年。1年的时间，正好陈旧的谷子吃完了，新的谷子也到了成熟的季节。钻木取火的木材都换遍了,需要去上山砍伐新的来代替!守丧1年可以了。"

孔子听后呵斥他:"你这个家伙,父母死了不到3年,你就吃稻米饭、穿锦缎衣,你心安吗?"

结果宰予竟回答说:"心安呀!"

宰予令孔子生气的事情还不止这一件。还有一次,宰予故意想了一个问题来问孔子:"老师,我想做一个仁者。"

孔子高兴地道:"好啊!"

可是宰予接着道:"但如果我做了仁者,却正好发现另外一个仁者掉落井中,我救还是不救?"

孔子一听就皱起眉头,斥责宰予:"你为什么这么想?一个有仁德的君子,自然会立即去救人。但前提是你自己不能白白搭性命在里面,否则就不是死了一个仁者,而是两个都死了!"

从宰予向孔子请教的这些问题上,可以看出宰予是在试探性地请教老师:君子处世,是否可以圆通一些?

而孔子给出的回答也很明确:"礼"是死的,人是活的。人在这个世界上,当然要圆通灵活,巧妙应对。但一旦"礼"的绝对地位受到挑战时,作为君子是绝对不可以动摇和迟疑的。比如在陈恒弑君这件事情上,孔子一定要去劝说鲁哀公出兵讨伐,明知道不会有结果却非那么去做不可。

宰予和冉有,一个在陈恒那里做官,一个在季孙那里做官,都因为未能阻止他们对"礼"的破坏而遭到孔子的责骂。其实,孔子又何尝不知,他们也和自己一样,不过是有心无力罢了。

倒是子贡,选择了另外一种方式:他离开了季孙,并且在当时列国混乱的局面中,不再从政,而选择了经商。

子贡以一个商人的身份来到齐国,拜见了师兄宰予。宰予和子贡同为言科高材生,在一起学习的时候,两个人的感情就非常好。如今一别数年,同窗重聚,那份激动之情自然难以言表。

"师兄,我来看您了!"

"阿赐，真没想到，你会来看我，快请！"

宰予的府第，华丽而豪奢。他作为陈恒面前的第一得意之人，所受到的赏赐不计其数。出了这座宅子，尚有土地千亩，都租给了百姓耕种。仅仅是为宰予管理家产的仆人，就有数十人。

一个区区临淄大夫，已经拥有如此显赫的身家，则作为齐国第一人的陈恒，其威风可想而知！

跟随父亲第一次出门的阿炅，自从进入临淄，就被临淄的繁华和喧嚣所震撼。如今亲眼见到宰予的府上这般富丽堂皇，才知道自己以前在卫国的家中，实在是井底之蛙，不值一提！

"师兄，这是我儿子阿炅，我带他出来见见世面。他年纪小，什么都不懂，请师兄多多指教！"

"哪里，后生可畏呀！"

宰予却知道子贡的家学渊源。早听说他的儿子是蘧伯玉老夫子一手教出来的，因此对阿炅很是看重。

"贤侄，快请坐！初次见面，也没有什么东西赠送，这个小玩意儿你就收下吧。"

说是小玩意，其实却是一颗晶莹剔透的珍珠。齐国临海，百姓从海中采取这种受日月精华而孕育成的珍珠，将其拿到市面上高价出售。王公贵族则竞相以佩戴这种珍珠为时尚。像宰予这么一出手，就是这么一颗个头不小的珍珠，足见其财力之厚！端木炅暗暗咂舌，连忙接住。

"谢谢伯父！"

当下，坐定以后，宰予迫不及待地问起子贡这几年的情况。尤其听说子贡刚从鲁国老师墓离开，宰予非常关心子贡下一步的打算是什么。当听说子贡准备将余生放在货殖经营上，宰予大为惊讶！

"什么，阿赐，你要去经商？"

"是！"

"以你的才华和抱负，去经商不是大材小用了吗？"宰予忍不住嚷了起来，

"我刚才还在心里想,如果你肯来齐国,在齐国出仕,我应该给你推荐一个职位。我知道,就连我这个临淄大夫,你也不放在眼里。以你的高才,非担任齐国的相国不可。我还正在暗暗思量,如何去为你打通关节,走陈恒的门路呢,你却说什么要去经商?你该不是在和我开玩笑吧?"

"师兄,我哪里敢和你开玩笑,我是认真的。"子贡坚决地道,"我在给老师服丧的这最后3年中,终于想通了一个道理,就是老师对我的评价。"

"哦?"

"我曾经问老师:'如果我想博施民众,以济天下',将这个目标作为我一生的追求,然后坚持不懈地去践行,算不算得上'仁'呢?老师听了之后,回答说:'赐啊,你能这么想,这是很好的,你能按照自己想的去做,我也不怀疑你。但你即使这样最做了,也仍然达不到'仁'啊!"

"老师为什么这么说?"

"是啊,我也一直不理解。难道我在老师门下,这么多年,付出了那么多的辛苦和努力,难道一直都无法成为一个'仁'者吗?我于是又问老师:'我不想让别人将意愿强加给我,我也不将自己的愿望强加给别人,这么去做,算不算得上是'仁'呢?'老师回答说:'你这叫做'己所不欲,勿施于人',这个境界对于君子来说已经非常难得了,但仍然无法称得上'仁'啊!"

"那就奇怪了。"宰予在孔门弟子中,成就非凡,却也一下子捉摸不透孔子这番话语中的意思。

"我实在想不明白,如何才能达到'仁',成为一个'仁'者,于是我又换了一个方式问老师:'如果有一个字,可以用一生来践行,使自己受益,又不伤害别人,请问老师是什么呢?"

"老师怎么说?"

"师兄你猜一猜,老师教给我的是什么字?"

"嗯……"宰予凝神半晌,最后还是摇了摇头。毕竟孔子的思想博大精深,智慧深若海洋,不可蠡测。

"老师只说了一个字,就是'恕'。"

"'恕'？"宰予反复在口中喃喃念着这个字，仿佛又在接受老师的教诲那样陷入了沉思……

这天晚上，为了迎接子贡和阿炅的到来，宰予在府上大摆宴席，不过请的客人却不多，都是孔子弟子中在齐国颇为著名的，这其中包括孔子的爱婿公冶长，还有几位孔子晚年的关门弟子。

既然是孔门弟子的聚会，在宴席上就不能只是一味地吃喝。众人先一起敬了老师孔子，然后按长幼之序，分别敬酒。

很快，话题从回忆老师孔子，拉近到了现在。就子贡准备经商的问题，众人展开了激烈讨论。

"我曾经和老师谈论过，我这一生最应该从事的职业是什么。"子贡说道，"我对老师说：'我不想再这么无休止地学习下去了，如果有机会的话，我想去侍奉一个君主，以此终老，可以吗？'"

"对此，老师回答说：诗云：'温恭朝夕，执事有恪。'事君之难，不是一般的困难可比。想要以此来终老，只怕难以做到啊！"

"于是，我又说：如果是那样的话，那么我愿意和自己的双亲在一起，快乐生活，以至终老。"

"老师回答说：诗云：'孝子不匮，永锡尔类。'事亲之难，也非一般的困难可比，只怕不行吧？"

"我又问：那么和妻子儿女在一起呢？"

"老师回答：诗云：'刑于寡妻，至于兄弟，以御于家邦。'妻子儿女，都不可以与之终老啊！"

"我又问：那么和朋友在一起呢？"

"老师回答说：诗云：'朋友攸摄，摄以威仪。'朋友也不是我们最终的归宿啊！"

"我又问：那么我就一个人去山林中隐居，过着日出而耕、日落而息的生活，可以终老了吧？"

"老师回答说：诗云：'昼尔于茅，宵尔索绹，亟其乘屋，其始播百谷。'躬耕山林，不可终老啊！"

"我实在想不出来,还有什么是可以终老的生计了,于是问老师:那么我是没有可以依靠的归宿了?"

"老师回答说:

> 望其圹,
>
> 皋如也,
>
> 颠如也,
>
> 鬲如也,
>
> 知所息矣。

"我于是明白,君子和小人,其实并没有什么不同,所有的人生旅程,都会走到同一个终点。在那里,君子安息,小人埋骨,难怪晏子会说出那样的话:'真好啊,自古以来就有死亡!仁慈的人在那时休息了,不仁的人在那时被埋葬了。'死亡,并非上天对我们的惩罚,而是对我们的恩赐,是一种至高无上的'德',它将这个世上所有的善恶都一笔勾销,所有的志向、抱负、夸夸其谈或者聪明能干,博取功名,都化作一抔尘土,无声无息地洒落在永恒的山林间。"

"每个人的归宿,都已经注定。死是没有选择的,那么我们唯一能选择的,就是如何去走向它。当你投入它的怀抱的时候,不会感到恐惧,不会感到难过或者哀伤,不会在心中留有遗憾。"

"作为个人的道德修行,我在老师门下学习了18年。作为对这份学习的证明,我多次斡旋于各个国家的君主之间,完成老师交付给我的任务。即便是有些事情过分地迁就世俗的'利害'原则,而有损于老师要求我们一再坚持的'道义',我也顾不得那么多了。就拿陈恒这件事情来说,我明明知道,如果让陈恒的计谋得逞,他就会在齐国有恃无恐,成为齐国姜氏的心腹之患,也知道为了救鲁国一个垂死之国,却要将吴国、越国、晋国等都拖入战争漩涡中,却不得不这么去做,因为老师说过,鲁国是父母之邦,埋骨之所。为了老师一个人的鲁国,却要被迫搭上那么多无辜人的性命,我一直在想,这么做是对,还是错,还是本无对错?"

"在我最后给老师守丧的3年中,我经常一个人在山林中行走,在一座一座的坟墓之间穿行。有时候，我就坐在石板上或者荒草堆中，思考我接下来的人生要做什么事情。是继续去践行老师未竟的理想，还是按照我自己的人生选择去过活？如果让我自己选择，那么我要去做什么呢？"

"我一遍遍地问自己的内心，最后我想到了我外公蘧伯玉在我最初产生拜入老师门下的念头时候，给予我的忠告。他说：也许我在道德修炼上，并不能达到老师那样的'仁'的境界，但道并行而不相悖，我可以在学问之道、为政之道之外，另外创立一门学问，那就是商业之道。"

"商业之道？那是什么？"包括宰予在内，众人都是一惊。公冶长博闻多学，甚至据说能听懂鸟语，也从来没有听说过，什么叫做商业之道，因此众人都将疑惑的目光投向了子贡。

"关于这门商业之道的学问，我也没有想好。不过我想，它应该和老师所传授的礼的学问相同，又有不同。"

"所谓相同，指的是商业之道的学问的核心，即一个'利'字，和礼的发端，即一个'义'字，是二者一体的，譬如一面铜镜的正面与背面。只不过'义'是在正面，是可以看见的；而'利'是在反面，是看不见的。"

"义利一体？"

"对。"子贡点头道，"经过长久以来的思考，我发现，正如老师说讲，'仁'不可外求，它就根植于我们每个人的内心深处，从一生下来，我们的内心里就蕴含着一颗'仁'的种子一样。'义'和'利'也是如此。它们都是'仁'这颗种子所生发出来的。'义'，又可以被称作'善'，而'利'，则被称作'恶'。'善'的东西自然容易被大家所喜欢，而'恶'的东西则被羞于提起。"

"从'仁'开始，生发出了'义'和'利'，也可以叫做'善'和'恶'，因为有了'义'、'利'或者叫'善'、'恶'的区分，从而又生发出了'礼'，也就是将'义'加以发扬，将'利'加以抑制；或者说将'善'加以发扬，将'恶'加以抑制的需要，这种需要最终引出了'礼'的诞生。"

听子贡这么从一个全新的角度去阐释"礼"，众人一个个听得目瞪口呆，有些匪夷所思，但又合情合理。

"你们都知道，老师毕生所追求的，就是恢复到先前那个以'礼'治世的太平之世。然而，我却以为，这从一开始就是错误的。因为'礼'所产生的根源，在于扬'义'抑'利'，或者扬'善'抑'恶'。可是，为什么一定要这么做呢？同样是'仁'生发出来的一体两端，为什么不能平等相待？正如老师所说，既然我们每个生命的最后归宿，都是山林间那一个高高的土堆；那么，'义'也好，'利'也罢，'善'也好，'恶'也罢，又有什么是尊卑高下，或抑或扬，非要加以区分呢？"

"是啊，为什么一定要加以区分呢？"宰予和公冶长等人都喃喃自语，跟随子贡低声发问。

可是，他们也很快发现，如果不加以区分，那么也就不存在"礼"，那么他们跟随老师孔子这么多年，那么专心致志地学习"礼"，并且教导别人也按照"礼"去生活，又有什么意义呢？

最终，他们得出一个结论：正如"仁"是上天播洒在我们心灵深处的种子一样，区分"义利"，或者"善恶"，也正是上天赋予我们的一种先天能力，是一种"智"，是高于禽兽的生存智慧。

可是这样一来就牵扯到一个问题：区分的原则是什么？为什么一定要宣扬其中一个，而贬低另一个？

对此，子贡根据自己跟随老师晚年学习《周易》，提出了一个见解：老师所以晚年好《易》，以至于废寝忘食，就在于他发现了自己学说的重大问题，并且为这个重大问题找出了一个解决之道。

这个解决之道，说穿了就是四个字：

合乎时宜。

什么叫做合乎时宜？就是要根据事情的具体变化，从而选择最与之适合的一种做事方式和方法。

"正是从老师的这一根本指导思想出发，我才明白了一件事情。老师一生孜孜传道，弘扬'仁'，传播'仁'，这并没有错。他说自己是肩负天命来到这个世界上，指的也正是这件事情。"

子贡继续说道："然而，为什么老师一生落寞，生前身后，皆不得志？老师其实自己已经得出了结论：时也，命也。老师做这件事情是他一生里唯一能做的事情，但他却没有能够'合乎时宜'。为什么？就因为老师选择了'义'这一条道路，从一开始就与这个现实的世界格格不入。那是一个在上古之世被人们普遍所遵守的神圣法则，但在今天，这个世界的人们所遵循的法则却发生了根本变化，不再是'义'，而变成了'利'。这并不是说'利'比'义'更好或者更坏，没有好坏之分，有的只是'合乎时宜'与不'合乎时宜'。老师一生都不得'时'，他自己因此而遭遇了那么多的挫折和打击，受到那么多的磨难和考验。这些我们都见到了。"

"所以，在替老师守丧前后6年，经过漫长的思考和反复的比较以后，我决定走一条与老师不同的道路。我要从'利'入手，而不是从'义'入手，从而经过努力实践，去达到和老师一样的目的，弘扬'仁'，传播'仁'。我想，这也是我自己最终能够达到'仁'，成为一名'仁'者的唯一一条途径。这就是我所选择商业之道，并决心将余生用来货殖经营的一个根本原因。"

听完了子贡的这一番话，宰予和众弟子无不大受感动。他们才知道，子贡所以花了这么长的时间，替老师守墓。在人生最可宝贵的年华里，他却傻乎乎地不肯出仕，而是在山林泉野里徘徊，原来他要做出抉择，他要走一条和老师不同的道路，从而更好地实现老师的未竟之志！

"阿赐，既然你已经决定了，那就这么去做吧！"宰予带头站起来，和众人一道给子贡敬酒，"虽然我们都不敢肯定，你选择的是一条什么样的道路。但我们能感觉到，你和我们的心意，始终是相通的。我们都是一样的，因为一个恢弘的梦想被吸引到老师的门下，接受了老师的教诲。如今，是我们用自己的行动回报老师的时候了！不管做什么，我们对老师的这份情感，是不会改变的；我们内心对那个恢弘的梦想的坚持与相信，是从来都不会动摇的。老师说过，要让每个生命活出精彩和绚烂，让每个人成为顶天立地的'人'。我们一定会实现老师的理想，那也是我们共同的梦想，对不对？就让我们为了这个过去、现在和将来不变的梦想干杯吧！"

"干杯！"

众人的情绪都被调动起来，每个人都热泪盈眶，连阿炅的心里也燃烧起了从未有过的蓬勃火焰……

第17章

天命有归

如果要问,子贡在老师孔子门下学习到的最重要的学问是什么,大概就是"天命"的人生观了。

何谓"天命"?就是每个生命来到这个世间,一定有其存在的理由。为什么你成为一个"人",而不是一棵树,一朵花,一颗草?为什么你只能是你,而不是别人?就因为你肩负着上天交给你的使命,这种使命只能由你,而不是别的什么人来完成。

有的人是作为君主来治理天下,有的人是作为臣子来辅佐明君;有的人是传播仁义,有的人是耕作播种;还有的人是搬有运无,成为商贾……总之林林总总,每个人的命运都是从一开始注定的。

商秉天命,士、农、工、商,各安其道,并不存在谁尊谁卑,谁贵谁贱的问题。作为商人,你的天命就是货殖,通过货品的交换而"创富"。所谓"无商不活",没有商,人们各种各样的欲望就得不到满足,商为人们提供服务,为满足人们的需求而存在。

商之天命,在于"通达天下"。明确了这一点,就没有人再会为自己作为一个商人而自卑自贱了……

孔门高足子贡来到临淄的消息，很快传到相国陈恒的耳中。陈恒能够有今日局面，当日得子贡一番巧妙点拨，可谓是一大关键。因此，陈恒立即吩咐人带着厚金重礼来邀请子贡去府上做客。

子贡虽然不欲在齐国出仕，但他有心在齐国经商。对一个从事商业经营的人来说，能够有陈恒这么一位相国朋友，是非常了不起的事情。子贡深谙此中道理，因此，接到陈恒的邀请，立即答应了。

第二天一早，子贡就动身起来，洗漱完毕，外面相国府上派来的豪华车子已经等候多时了。

因为考虑到和陈恒见面，会谈论到一些较为隐私的事情，所以，子贡没有带儿子阿炅，让阿炅自己利用这个闲暇，去市场上走一走，了解一下齐国商业鼎盛的情形，看有什么生意可做。

虽然是早上，可是临淄的街头上已经是人头攒动。从四面八方来做生意的小商小贩们，早早就等候在各个城门之外。城门一开，这些人蜂拥而入，挑着各式各样的货物，奔去市场交易，以图牟利。

子贡坐的这辆车子，乃是相国陈恒专用。陈恒用自己的车子来接子贡，足以显示对子贡的看重。而临淄街头上的人们，并不知道这车子里坐的是什么人。一见相国的车子，路人纷纷闪避，足以看出日常陈恒出行，是何等威势显赫。如果有人不小心挡了车子，只怕难逃一顿重责。

车子来到相国府，子贡从车子里出来，下车早有一群人等在那里迎接。这些人平日里在百姓面前，一个个都是作威作福惯了的，然而今日得到陈恒吩咐，知道有贵宾驾临，因此见了子贡，虽然只是一介布衣，但一个个还是毕恭毕敬，大气都不敢出，引着子贡进了府上，去见陈恒。

陈恒也早早起来了，在厅堂上正在悠闲地喝着茶，等候子贡。一听通报子贡来了，陈恒立即起身下堂迎接。

"啊呀，端木先生，好久不见，老夫想念你想念得很哪！"

"哈，相国大人，一别10余年，大人可是风采依旧啊！"子贡虽然以布衣而见相国，也仅仅是拱手作礼。

"端木先生说笑了！老夫已经是大半截身子入土的人了，倒是先生春风满面，足见得意哪！请！"

"哈哈，请！"

来到堂上，分宾主坐定，陈恒首先向子贡表示慰问："令师仲尼先生，离开已经有6年了吧？唉，我一直都想找个机会，去令师墓前凭吊一番，不想一直杂务缠身，实在抽不出工夫来。"

"相国大人有这份心意，我老师泉下有知，定当欣慰。"子贡知道他不过是应酬之词，因此答道。

"对了，听说端木先生率领孔门众弟子，给令师守丧3年。众人去后，先生又独自守丧3年。这份忠孝之情，感天动地，这个，实在令人钦佩……"陈恒说着，居然挤下几滴眼泪来，眼圈也红了。

"哪里，为先师守丧6年，我还觉得时间太短了。如果可能，我真想一辈子留在那里陪老师。"

"话虽如此，可是以先生大才，如果不出来加以施展，以拯天下，仅仅靠我们这些平庸之人勉力支撑，有什么用呢？"

"相国大人太谦虚了！"子贡自然不会把陈恒的恭维之话当真的。"我从进入临淄以来，所见的是一片繁荣昌盛，所闻的是人们对相国的一片赞扬之声。相国大人这些年，称得上劳苦功高啊！"

二人这么互相客气一番，这时候，宴席早已摆好，陈恒从自己府上的门客中，精选了一批饱学之士，来陪伴子贡。当然，也暗含有让子贡见识自己的人才阵营的意思。陈恒先请子贡入席，等子贡坐定之后，才将这些人一一叫来，介绍给子贡，然后各自按照身份入席坐定。

宴席的丰盛，各种精美的菜肴琳琅满目，那是不用说了。席间，陈恒府上的门客，都是第一次见到子贡。虽然很多人都对子贡的事迹有所耳闻，但如今亲自见到，觉得他似乎不如想象中那么卓越不凡，甚至有人心里嘀咕，子贡是不是依靠老师孔子的名头，才在外面博得如此声望？

因此，等席间陈恒有事稍离，立即有人对子贡发难，故意询问道："听说端木先生跟随令师周游天下，与各国的国君都打过交道。不知道令师游说诸侯，是真有本领，还是仅仅靠口舌之利？"

"我的老师，和我等人不同。"子贡回答，"诸位和我一样，所谋者，食；而我的老师，所谋者，道。"

"哦？愿闻高论！"

"谋食者，所关心的是'利'。趋利避害，是人的本性。如果一个地方起了大火，相信诸君和我一样，一定会争着避开那个地方。这是因为我们这个生命对我们有存活下去的要求。不但'自利'，而且还要求为我们的父母、妻子、儿女，为他们谋取利益，以求一代代繁衍下去。"

"然而，谋道者不同。谋道者，所关心的是'义'。何谓'义'？简单来讲，就是'利他'，首先为自己和父母、妻子之外的人着想，然后才考虑到自己和家人。做任何事情的出发点，第一要素必然考虑别人，考虑到做这件事情对整个天下的影响。必要时，甚至可以献出自己的生命。"

"就拿我的老师来说，十五而有志于学，三十而立，四十不惑，但他也是直到五十岁那一年，才懂得了什么是'义'，懂得任何一个生命来到这个世界上，都包含着上天根植在其中的'仁'的种子。而我老师所谋的'道'，就是要帮助每个人去深入到自己生命的深处，去发现这颗种子，然后用道德修养和实践的方法，去帮助这颗种子成长，生根发芽，最终开花结果。让每一个人都成为一个'仁'人，成为那个符合上天要求的顶天立地的'人'，最终领悟'天命'。"

"'天命'？"

在座的各位，都是第一次听到这个词语，不由地喃喃念着，却茫然不解其意，只能疑惑地看着子贡。

"不错，天命！"

子贡这几年来，思考最多的就是这个问题。他立即侃侃而谈："每个生命来到这个世间，一定有其存在的理由，为什么你成为一个人，而不是成为一头猪，一条狗，或者一朵花，一棵草？为什么你只能是你，而不是别人？就因为你肩负着上天交给你的使命，这种使命只能由你，而不是别的什么人来完成。这是不可代替的，也是你的一生所必须达成的目标。有的人的天命是作为君主来治理天下，有的人天命是作为臣子来辅佐明君；有的人天命是传播仁义，有的人的天命是耕作播种，生产粮食；还有的人的天命是搬有运无，成为商贾……总之林林总总，每个人的命运都是从一开始注定的。如果你不明白自己肩负的是何种天命，那么你的一生将茫然无着，如同浮萍一样随波逐流，而找不到自己的方向，认识不清自己的本来面目。你的肉体也许可以享受声色犬马，可以尽情放纵欲望，可是你的内心将永远体会不到安静与快乐，你的精神将永远没有一个可以自由翱翔的天空，你直到死去的那一天，也将体会不到作为一个真正的人在这个世界上活过的乐趣，你甚至不如一朵绽开的花朵，不如一只自由飞翔的小鸟……"

子贡的这一番话，无疑是在座的所有人都没有听过的，一个个目瞪口呆，仿佛灵魂都出了窍。

这时候，正好陈恒从外面回来，听子贡谈论到"天命"，陈恒大感兴趣，便也加入到讨论中来。

"那么，令师行走列国，以说诸侯，最后终老于鲁，一生不得遂其志，却乐而忘忧，原来是懂得'天命'啊！"

"正是。"子贡道，"我以前也不理解老师，不懂得老师为什么坚持要这么做。后来，我们在夷地碰到了一个封人，他给我老师打了一个形象的比喻，说我老师是'天之木铎'，所以流转四方，正是为了让天下人都听到天籁之音。听了他的比喻，我才真正恍然大悟，懂得了老师。"

"天之木铎？"

"是！"

于是，子贡将夷地封人和老师孔子相见的那一次经过，详细地讲给大家听，众人听后，都若有所思。

这一顿宴席，一直吃到很晚才散。酒宴结束后，众人退去，陈恒单独邀请子贡，进入密室深谈。

"端木先生，你所说的'天命'，我第一次听到，不过我对此很感兴趣，可否请你说得再详细一些？"

"可以。"

于是，子贡又将自己跟随老师研究《周易》的一些感悟、心得，大略给陈恒讲了讲，听得他一头雾水。

"端木先生，实话告诉你吧，我是想问一问你，我陈氏在齐国这么多年，究竟'天命'为何？"

子贡其实早知道，陈恒邀请自己来，就是想自己帮助他分析一下，陈氏有无将来取代姜氏的一天。

因此，子贡先对陈恒分析了晋国的情况："晋国有六卿，相国大人知道吧？结果如今只剩下了四卿。当年季札预言，四卿最后，也不过只剩下赵氏一家而已。晋国如此，鲁国亦如此。鲁国有三卿，而实际上，只有季氏一家独大而已。其他如我所到过的国家，宋国、郑国、楚国等，也都是卿大夫把持国政，君主不过是一个傀儡而已。可以断言，将来这些国家君主的祭祀，都会中断；卿大夫崛起而取代君主，成为新的开国之君，这些都是迟早的事情。"

"既然天下大势已然如此，具体到齐国，我认为陈氏已经广有人心，取代姜氏，也是早晚的事情。"

"啊？真的？"

"不错。我讲'天命'，这便是'天命'。天子衰微，王道不兴，于是诸侯崛起，产生了霸道。如今诸侯也都衰落了，霸道已经没有人使用了，接下来就会是卿大夫崛起，兴衰更迭更加剧烈，兼并征战将更加频繁。如果谁在这个时候能顺应潮流，应天行事，就会获得上天保佑！"

"先生说得太好了！"陈恒对子贡佩服得五体投地，迫不及待地问，"那么，我陈氏什么时候取代姜氏合适呢？"

"这个，不能着急，需要一个'时'字！"子贡提醒他道，"有一件事情，不知道相国大人可有耳闻？"

"哦，什么事情？"

"就是几年前，相国大人和监止互相攻杀，将监止杀死，然后又派人追上出逃的齐侯，逼迫其而死？"

"那件事情……不是我的本意……"

"大人莫慌！我并没有逼迫大人的意思，我只是要告诉你，事情出来以后，列国之间人人传诵：陈恒弑君！消息传到鲁国，我老师大怒，立即沐浴更衣，去见鲁侯。你知道我老师怎么对鲁侯说的吗？"

"不知……"

"我老师说，陈恒弑君，国内有一半人不服。如果以鲁国倾国之力，加上齐国一半之力，则陈恒必败！"

"啊？"陈恒最清楚这件事情，自己是冒着怎样的奇险，如果真如孔子所言，鲁国出兵来讨伐，那么自己除了自刎而死，实在别无选择。

"大人当知道我老师的厉害，只可惜那鲁侯不能自主，反而要我老师去说服三桓，白白错失良机，唉！"

子贡将前后经过一讲，把陈恒给吓出来一身冷汗。

"为什么我老师之'道'不行，而相国大人你的'术'却可以成功，这就叫做'天命有归'。齐国姜氏的基业，早晚都是你陈氏的。不过，我提醒你，你现在奉姜氏为正统，还可以赢得时间，为陈氏积蓄力量。一定要等到晋国或者鲁国的卿大夫有所行动，开了'以臣代君'的先河以后，你才可以采取行动。如果在你的这一代不能等到，就耐心地到你儿子、孙子那一代。总之，这件事情，一定不可以草率地去做，否则，我担心陈氏这么多年的苦心经营，将化作东流之水！"

"先生真当世奇才也！"陈恒惊叹不已，"我陈氏倘若日后侥幸能取代姜氏，囊有齐国，皆赖先生指点！"

于是，陈恒又吩咐，再次摆开宴席，且歌且舞，和子贡作长夜之饮。一众青春美姬，妖冶作态，撩人之极。

"我之'天命'，已然知晓。"陈恒一边端起酒杯，一边试探地问子贡道，"不知道先生的'天命'，又是什么？"

"我的'天命'，说出来只怕要招相国大人笑话。"子贡哈哈一笑，"我的'天命'，无非'货殖济世'四个字而已。"

"'货殖济世'？"陈恒一愣，"那不就是做一名商贾吗？以先生大才，难道竟然屈为商贾，虚度此生？"

　　"做一名商贾有什么不好？逍遥自在，行走天下，所取者，义；所行者，信。自利利他，岂不快活？"

　　"可是，据我所知，世人货殖经营，无非为了一个'利'字而已。先生难道是缺钱吗？如果需要钱，我这里要多少有多少，现在就可以交付给先生。先生何必为了钱而浪费自己的才华呢？"

　　"为利经商，那是普通商人的做法；我要做的，却是一名大商，要通过货殖去传播信义，去行'仁道'。"

　　"唉，我还是不能理解啊！"陈恒摇着头，"倘若先生肯辅佐我陈氏子子孙孙，风云际会，以成王霸之业，伸展抱负于天下，岂非更逍遥快活？不但得利，亦享尊名，何苦去奔波逐利呢？"

　　"相国大人可知，一人称王，一人称霸，天下又将有多少人被卷入进来，多少人家妻离子散？"

　　子贡摇头道："不是我不肯帮相国大人，实在是'道不同，不相为谋'啊！我的'天命'，就是要继承老师的遗愿，将大道传播于世！"

　　"可惜，不过却也可敬！"陈恒不知道如何说，只能对子贡道，"我之心思，天下只有先生一人知道而已！既然先生不肯相帮，还请先生代替我保守秘密！"

　　"当然！"

　　"先生既然立志'货殖济世'，则不管何时何地，有需要我陈氏的地方，尽管开口，我无不答应！"

　　"多谢！"

　　这番谈话结束，已经是深夜。陈恒坚持要留子贡在府上过夜，并且提出让他自己挑选美姬，以作陪伴。

　　然而，子贡毕竟是真君子，声色犬马，不过是粪土朽木，他又怎么会放在眼里？一笑婉拒，飘然离去……

第18章
定陶授徒

子贡发现，每个人的人生皆有目的。问题是，我们如何去达到实现自己的目的？我们的目的和别人的目的，一定会出现交叉、冲突甚至彼此成为难以逾越的障碍，怎么办？我们每个人都需要钱，需要很多的钱，可是这么多的钱从何而来？如果人人都拥有无尽的金钱，那么钱对我们来说还有什么意义？钱本身还能代表那么令人着迷的价值吗？

所以，每个人都实现自我设定的人生目标，这叫做"小我"，而要实现这个"小我"，就必须先将这个"小我"放在一个"大我"中。这个"大我"是什么？就是除了我们的亲人、朋友，还有我们的邻居，我们的乡亲，我们的国人，以至于遥远的天下那些从未谋面的陌生人。

没有"大我"，就没有"小我"，这个道理就像没有江河湖海，就不会有我们喝的每一滴水一样简单。

很快，子贡就发现，齐国虽然商业鼎盛，市场环境很好，然而这里并不适合自己开拓事业。

原因很简单，这里的市场已经成形，在这里从事商业经营的人，个个都富有头脑和眼光，经营手段和谋略，都超出一般地方的人。以他们对市场行情的判断，基本上八九不离十。如果和他们竞争，即使获胜，那么获得的利润也不会丰厚。与其在这里展开拼搏厮杀，不如另辟蹊径。

这天，子贡经过仔细思量，忽然想起来一个地方——陶邑。陶邑本来是曹国的都城，当年子贡跟随孔子去宋国，曾经路经曹国，注意到陶邑这个地方，地理交通非常好，可以和鲁国、宋国等大国做生意，旱路、水路，四通八达，是东西交汇之处，南北沟通之所。几年前，曹国因为和宋国发生战争，结果被宋国所吞并。宋国其实早看上了陶邑的繁荣昌盛，将曹国灭掉后，仍然保留了陶邑的商业之都的独特地位，并且随着吴王夫差北上与晋国争霸，凿通了济水和泗水，于是陶邑集江、淮、河、济于一身，能够通达的国家又多了秦、晋、齐、吴、楚等。

作为一个新兴的商业都会，陶邑可以说百废待兴，而其一日千里的发展速度，自然不是临淄这等古老的商业都会可以相比的。在那里，每天一睁眼，就会有无数的商业机会自己送上门来。

子贡决定去陶邑走一趟。为了锻炼儿子，他将阿炅单独留在了临淄独立经商，托付给宰予师兄照顾。

这天，子贡一人一车，轻车简从，悄然来到了陶邑。陶邑是一座古城，早从文王之子曹叔受封的时候，就开始建设，一直到现在。城中最蔚为壮观的，就是包括曹叔在内历代君主的大坟，层层叠叠，上面长满参天大树，虽然是大坟，然而形状如山，因此当地的人们称为"仿山"。

依靠着"仿山"，人们在这里建起了一条条绵延数里的街道，各种商品琳琅满目，在这里交易。

子贡毕竟是孔门弟子，虽然为了寻找生意机会而来，一入陶邑，他却更关心这里的风土人情，民风民俗。

比如，在跟随老师学习《诗经》的时候，子贡就注意到，《曹风》中有一首

《蜉蝣》与众不同：

> 蜉蝣之羽，衣裳楚楚。
> 心之忧兮，於我归处。
> 蜉蝣之翼，采采衣服。
> 心之忧兮，於我归息。
> 蜉蝣掘阅，麻衣如雪。
> 心之忧兮，於我归说。

当时，学习这首《蜉蝣》，众弟子便问孔子："老师，蜉蝣究竟是一种什么东西？"博学的孔子，也有些含糊，只说是一种很小很小的昆虫，早上起来出生，在傍晚的时候便死去，寿命苦短。

这么一种小小的昆虫，为什么引起曹国的人们这么深沉的哀思？对此子贡心中一直存有疑惑。

多年之前，虽然和孔子等经过曹国，只可惜行色匆匆，并没有机会去了解一下关于"蜉蝣"的知识。

但现在，终于有机会来到陶邑，而且有这么多闲暇，从容不迫，子贡便到处向人们打听"蜉蝣"。

在当地人的指点下，子贡才发现，原来陶邑这个地方，四面八方，都是水泽。蜉蝣这种昆虫，是专门在水泽中生长的。它们不是一只一只地出现，而是一群一群，蔚为壮观。它们的个头都很小，不过却长着一对大大的、美丽的翅膀，还有两条长长的尾须。这么成千上万的蜉蝣，在黄昏日落的时候，在生命即将结束的时候聚集在一起，一起在空中翩翩而舞，那种生命即将结束时候绽放出的绚丽光芒，是令人震撼的。经过漫长的光阴，从水泽中孕育出来的生命，一天都不吃不喝，只在空中盘旋飞舞，求欢交配，将全部的生命都用来拥抱这狂欢的时光。最后，一片一片的蜉蝣完成了交配，也走向了死亡，和落日一道坠落，如同白雪一样铺洒在水面上，积成厚厚的一层。令目睹之人不由感叹：生命原来可以如此绚丽，又如此短暂！

子贡终于明白，这里的人们为什么对蜉蝣这种小东西如此重视，引以为精神上的知己了。这与曹国的命运何其相似!

曹国从一开始受封建国,就处在年年进贡、朝不保夕的风雨飘摇之中。如何在大国之间求生存,成为历代国君都必须面对的一个宿命性难题。正因为小国求生,颇多艰难,因此人们对于生命的理解,也就哀伤多过欢乐。正如蜉蝣,艰难地成长,只为最后生命一刻的绚丽起舞,以迎接死亡。生,反而不如死那么对人们更有吸引力。朝生暮死,虽然短暂,然而却极尽壮烈!

这一"哀荣"的思想,也直接影响到这里人们的生存状态。限于地理形势,这里的人们很少有从事耕种的,大部分都从事商业交易。而得来的利润,并不用于继续交易获利,很多人都是一掷千金,过着极尽奢华、醉生梦死的生活。这里的市场虽然是新兴起的,商人却一片暮气。

子贡就是在这么一种情形下来到陶邑,经过和当地人的初步接触,他深感这种沉沉暮气,对于陶邑将来成为"天下之中"的商业都会的发展,将是一种怎样的阻碍和羁绊。为此,一个念头在子贡心中产生了:

他要教导人们,怎么经商,怎么去做一名商人,怎么去理解自己作为一个商人所肩负的"天命"!

这就是子贡,如果说他的老师通过游说君主来实现理想,那么子贡决心通过教化商人来"行道"!

很快,几天以后,一条消息在陶邑的大街小巷上传播开来:孔子的高足子贡来到陶邑,要开坛授徒了!

而且,据说子贡所要传授的内容,并不是圣人那一套仁义道德之学,而是教导人们如何货殖经营,赚钱致富!

这消息的轰动性可想而知,人们都争相询问,打听子贡即将开坛授徒的所在,如潮水般涌来。

子贡选择的开坛所在,是"仿山"下最大的一处开阔场地,足能容纳上千人。这里早已经搭好了一处高台,高台之上,摆放一把椅子,子贡就坐在那上面,下面密密麻麻站满了来听讲的商众。

天气晴朗,阳光灿烂。正是春意盎然的季节,在这么一个天气里,子贡开始了自己的第一堂"商课"：

"陶邑的各位父老乡亲们，我叫端木赐，也许你们更熟悉我的字——子贡。我的老师你们都知道了，是鲁国的圣人孔子。我从24岁拜在老师门下，跟随老师学习了18年。老师离开我们大家以后，我又和众师兄弟在老师的墓前守丧，大伙一起服丧3年，我自己又服丧3年。算起来，已经24年过去，我也已经48岁，快到了我老师所说的'知天命'的年龄。"

子贡一上来就和大伙儿絮叨家常，显得格外亲切，和众人的距离一下子拉近了。不过众人显然更关心，子贡将给大伙讲述什么样的赚钱致富的本领。关于孔圣人的事迹，大家并不怎么感兴趣。

"如果你们要问我，在老师门下这么多年，最大的收获是什么？我要告诉你们，就是我明白了一件事情：这件事情，就是我这一生，只能从事货殖经营，只能选择成为一个商人。"

"也许你们一定很奇怪吧，为什么我的同门中，那么多人都选择去做官，或者选择去做学问，加强自身的道德修养，而我却偏偏要选择出来做一名商贾？难道是因为我比他们更爱钱吗？"

果然，他这个问题，一下子说出了台下上千人的心中疑问。顿时，众人鸦雀无声，都专心地望着他。

"钱，是每个人都爱的。说这句话并没有什么不好意思，也不必加以掩饰。钱本身并不能代表什么，但有了钱，就可以给我们提供丰衣足食的生活，可以帮助我们拥有更为丰富多彩的人生。"

"钱，当然是不可或缺的。然而我们作为人，来到这个世界上，绝不仅仅是为了钱活着。钱是手段，不是目的。"

"那么，我们每个人活着的目的和活着意义究竟是什么？如果不是为了钱而活，那么我们为什么而活？"

"我知道你们中的人，心里已经说出了那个答案。是的，这个答案就是：我们为自己的父母而活，为自己的妻子儿女而活，为我们的朋友而活，为了所有那些我们关心和爱的人而活。"

"每个人的人生皆有目的，关于这一点，我和老师不止一次讨论过。问题是，我们如何去达到实现自己的目的？我们的目的和别人的目的，一定会出现交叉、冲突甚至彼此成为难以逾越的障碍，怎么办？我们每个人都需要钱，需要很多的钱，可是这么多的钱从何而来？如果人人都拥有无尽的金钱，那么钱对我们来说还有什么意义？钱本身还能代表那么令人着迷的价值吗？"

"所以，每个人都实现自我设定的人生目标，这叫做'小我'，而要实现这个'小我'，就必须先将这个'小我'放在一个'大我'中。这个'大我'是什么？就是除了我们的亲人朋友，还有我们的邻居，我们的乡亲，我们的国人，以至于遥远的天下那些从未谋面的陌生人。"

"没有'大我'，就没有'小我'，这个道理就像没有江河湖海，就不会有我们喝的每一滴水一样简单。如果整个天下都陷入了动荡与混乱，每个人都陷入了尔虞我诈的无序竞争中，那么，我们每个人的这点小小的财产又怎么能保住呢？国与国之间互相残杀，大国对小国任意用兵，那么我们普通百姓的性命，不如同风中之落叶，水泽之蜉蝣？我们有什么保全之道呢？"

这一番话，引发了众人强烈的共鸣。毕竟曹国的民众刚刚经历了被宋国兼并的动荡，战争的创伤尚未抚平。

"让每一个人的'小我'都融入'大我'，最后整个天下达到'无我'的和谐之境，仿佛所有的水滴都汇集起来，进入江河，最后流入大海。这是我的老师一生都一直在做的事情。一个人，当你处在'小我'的境界时候，只懂得'自利'，这与禽兽动物是没有区别的；如果你处在了'大我'的境界，就会懂得'利他'，这时候，你就懂得了'义'，心中就会充满快乐和喜悦。"

"然而这还不够，还必须成为一个君子，一个将自己的仁德、爱心与天地的仁德、爱心融合在一起的顶天立地的君子。那样你就会进入到'无我'的境界，你就会体会到'义利合一'的至高境界。"

"那么，如何能够实现'义利合一'，抵达'无我'的仁者之境呢？这就是我来陶邑的目的。"

"我经过多年的思索、讲老师传授给我的知识，结合我自身的货殖经营的实践，创造出一门功课。这门功课，在我老师的言语、德行、政事、文学之外，我将它称为'货殖之学'，也称'商学'。"

"这门学问，我一共设置了五个科目，分别是信、义、智、礼、仁，今天，我先给你们简略讲一讲'信'。"

子贡讲到这里，喘了口气，稍微整理了一下自己的思绪，然后，就开始滔滔不绝地讲起来：

"既然我所创立的这门学科，叫做'商学'，那么我要回答的第一个问题就是：商，是什么？"

"商，就是商民、商人。天生万物，地育四民。有的人生来就是要继承礼乐，以行教化的，这叫'士'；有的人生来就是要耕耘土地，播种五谷，这叫'农'；有的人生来就是要工于技艺、制造生产的，这叫'工'，还有的人生来就是要搬有运无，从事货殖经营的，这叫'商'。"

"我说过，万物之生，皆顺于'天道'，而秉'天命'。天之道，损有余以补不足。商之'天命'，即在于'以其有余，易彼不足'。有商，则互通有无，天下乃活；无商，则财宝不出，万民无着。"

"商，助理天下之治，而令财宝流通，万民心安，此好比天道流转，四时轮替，万物并育。"

"所以说，士，为礼乐之主；农，为谷物之主；工，为器具之主；商，为财宝之主。然则各何以立？士以'仁'立，农以'勤'立，工以'巧'立，商以何立？答案无非一个字：'信'。"

"我曾经问过我的老师：'如果治理一个国家，有什么最简单、最有效的办法？'我的老师回答说：'足食、足兵，而后民足信之。'我又问：'如果再简单一些，可以去掉哪一点？'我老师回答说：'去掉兵。'我又问：'如果再简单一些呢，应该去掉什么？'老师回答：'去掉食。'我反问：'老师不是经常说，民以食为天吗？'我老师却道：'人生自古，皆有一死。没有粮食吃，自然会饿死。然而即使饿死，也不能失去信。'从我老师那里，我知道'信'实在是太伟大了，太了不起了！"

"天以信立：黑白交替，四时更迭。水到了涨潮的时候一定会涨潮，风到了季风的季节一定会从那个方向吹来。

"地以信立：春天的时候播下种子，夏天一定茁壮成长，秋天一定收获果实，冬天一定孕育生机。"

"人以信立：我听说吴国的贤公子季札，曾经在出使鲁国的途中路过徐国，徐国的国君喜欢季札的佩剑，而没有说出来。季札明白徐国的国君心事，却也没有说出来。后来，季札从鲁国回来，徐国的国君已经去世。季札在其墓前，将自己的佩剑解下，悬挂在旁边的树枝上，然后离开。有人问：'徐子已经不在了，为什么还要送剑给他呢？'季札回答：'那是因为在我的心里，当初已经答应他了，只因我还没有完成出使的任务，所以当时不能给他。现在我任务完成了，自然应该兑现我心里对他的承诺。不能因为他已经死了，我就违背我当时许下的心愿。'

"天、地、人，无不以'信'而立，则可见'信'的力量和作用实在是太大了，太了不起了！"

这是子贡第一次将自己多年来形成的关于"商"的学说公布于众，众人听得新鲜，无不如痴如醉。

"也许你们中有的人会问，商言'利'，何必言'信'？不错，商言'利'，这是商赖以生存的根本。士，依靠君王赐予的俸禄而生存；农，依靠收获的粮食谷物而生存；工，依靠出售生产的器具而生存；商，也必须依靠通过交换获得的'利'来生存。这些都是最基本的生存之道，是首要的保证条件。"

"然而，'利'从何来？'利'，不是天上掉下来的，也不是钱财放在家中，自己生出来的。'利'，一定产生于交换。要交换，就要有交换的对象。而交换的对象是什么，就是'人'。在我们每个人的内心深处，都有一种趋利避害的基本欲望，这就好像水要往低处流一样，是天性。"

"每个人都要获'利'，参与交换的双方，都要求自己的'利'得到保障。这是买卖存在的必要条件。"

"卖方卖出货品，要求自己得到'利'；购买者买进货品，也要求能够在转手交易中获得'利'。任何一方的'利'都被要求，不能受到损害。那么，这就出现了一个问题：如何保证这种交换是公平的？如何保证参与交易的双方都有'利'可图？这就需要一个保障，这就是'信'。"

"信者，直也。商以卖货获利，左手之物过于右手，倘若只取什一之利，此为'直'，若以行情上涨，百钱之物，而卖出一百二三十的价格，此乃天之所为，毕竟行情有涨有跌，犹如潮水有涨有落。行情上涨则生意兴隆，行情下跌则生意萧条，此非人力，非出于商人之私，因此仍然可以称为'直'。可是，如果将利润加到五六十，甚至5倍10倍，囤积以居奇，这就不是叫做'直'，而是叫做'曲'，也叫做'奸'了。这样的商人，就可以称作'奸商'了。"

"所以说，商以'信'立，以诈败。士不用命，难称为士；商不守信，难称为商。……"

不知不觉，一天过去了，一直讲到斜阳在山，子贡才结束了今天的讲课。众人犹恋恋不舍，不肯散去。

第二天，子贡一大早起来，抖擞精神，继续给大家讲"义"。这天台下围拢来的人们又多出许多。

"商以义取。什么叫做'义'，所谓'义'，就是先'利他'而后'自利'，舍'小利'而取'大利'。"

"什么叫做'自利'？这是我们的生命对我们的根本要求。在这个世界上，不管肩负怎样的'天命'，生命对于我们的第一个要求就是活下去。只有活着，才能完成大大小小的事情。连刚生下来的小孩子，都懂得努力去吮吸母亲的乳汁，这是生命要求保全自己的第一反应。

"每个人都希望保全自己的生命，使这个生命完整而不受到任何伤害，但问题是，总有人会受到伤害。在这个世界上，总有一些不平等，总有一些以强凌弱、以大欺小的现象存在着，这一现象在小孩子那里表现尤其明显：年龄稍微大一些，身强力壮的孩子，总喜欢欺负年龄小的、身体弱小的孩子。可是我们不能永远停留在孩子的阶段，我们是要成长的，是要肩负起责任的。这个责任最初是对自己负责，然后是对家庭负责，最后就是对国家、对天下负责了。"

"懂得了责任，我们就会懂得，什么叫做'利他'了。'利他'不是盲目地奉献自己，而是因为懂得，我们都生活在一个更为广阔的天地里。正如一条鱼能自由自在地嬉戏在池塘里，不是因为这条鱼自身多么健康、聪明，而是因为整个池塘的水是干净的、健康的。如果水被污染了，变坏了，那么所有在这个池塘里的鱼就都会死去，无一幸免。'利他'的目的，是更好地'自利'。"

"所以说，'自利'是'小利'，'利他'是'大利'。当这二者之间发生冲突的时候，一定是先'利他'而后'自利'，一定是舍弃'小利'而选择'大利'的，这是基本的、也是唯一的生存之道。"

"义，不是非要强迫人们去做什么，而是人们自觉地去遵守，心甘情愿地按照这个要求去付出。"

"记得我的老师曾经说过一句令人印象的话，他说：'不义而富且贵，于我如浮云'。作为商人，这句话一定要牢记。不义之财，一定要当做天上的浮云一样，不可以妄想据为己有。有人说，商人皆贪。其实不独商人，人人皆有贪欲；但是人有能力控制自己的贪欲，否则一个人一味地放纵自己的欲望，那就只能是自取灭亡。你整个人都不在了，其他一切还有什么意义？"

"所以说，商以义取，以贪亡。如果说商人第一戒的是诈，那么第二戒就是贪，这是一定要谨记的。"

接下来，子贡又给大家继续讲"智"。

"商以智识。什么叫做'智'？智，就是眼光，能够有敏锐的眼光，懂得市场行情的变化，这是一个优秀商人的基本本领。"

"我曾经有很长一段时间，跟随我的老师学习《易经》。《易经》的核心内容，只有一个字：变。"

"天地万物，都在变化，人也在变化。在这个世界上，唯一不变的就是变。不懂得变，不能经商。"

"变，看起来似乎没有规律，不可捉摸。其实，万变不离其宗，任何变化，都离不开一个'时'字。"

"那么，如何去认识时、顺应时，并且应用时呢？这就需要用到《易经》里面的原则：'位'法、'时'法和'用'法。"

接着，子贡详细给大家讲述《易经》里面的奥妙，不知不觉，从晌午到黄昏，又是一天过去了。

第三天，子贡继续给大家讲述"礼"和"仁"。

"商以礼约。'礼'，大家想必都知道一些。我的老师一生都在研究'礼'。'礼'往复杂里去说，可以说无边无涯，往简单里说，却只有一个字，就是'俭'。我老师说过：'奢则不逊，俭则固。与其不逊，宁固。'在'俭'与'奢'之间，宁'俭'勿'奢'，而大部分商人，却恰恰相反。"

"'俭'，所以被重视，是因为它能帮助人们固守正道，按照各自的身份和地位行事。而'奢'却因为经常逾越，容易发生问题。一旦问题接踵而至，那么就会麻烦大了，采取措施改正也来不及了。"

"所以说，'俭'，不是吝啬，而是节用。'俭'，是仁；'吝'，是欲。古今治世之道，无非以俭约为本。……"

讲完了"俭"之后，最后子贡又讲到了"仁"。

"商以仁成。'仁道'是我老师一生都在推崇和传播的大道，成为'仁者'也是我个人的至高追求。"

"然则，'仁'究竟是什么？它究竟产生在我们身体的外部，还是产生在我们身体的内部？"

"关于'仁'，不同的人有不同的理解。然而每一个人都可以达到'仁'的境界，这是毫无疑问的。士、农、工、商，任何一种职业，都可以通过在这种职业上的修炼而抵达仁者之境。"

"具体到商来说，什么叫做'仁'？就是将自己通过货物交易牟取的利润，不是用来满足个人的欲望，也不是用来留给自己的妻子儿女、子子孙孙，而是将这些利润拿出来，为整个天下所共用。就好像天下的江河之水，都奔涌到他那里去，而他又将这些水升腾到天上，化作雨水降落下来，滋润万物。他已经没有任何的私心，超越了任何的得与失、义与利的观念……"

子贡最后所讲到的"仁"的境界，其实也正是他立志经商，通过经商而抵达"仁者之境"的真实心声……

第19章

范蠡论道

商业之道，如何由"小我"走向"大我"？子贡设计了一条途径：以信立之，以义取之，以智识之，以礼约之，以仁成之。一个普通人，如果按照这条路径去走，就会成为一名大商人。

但子贡追求的，却还不止于此。他要通过"商道"来实现"仁道"，而这必须达到"无我"之境。

范蠡的出现，为子贡解开了心头的疑问。范蠡师从计然，而计然据说是老子的学生。范蠡的那一套理论，纯粹是道家的：持盈、节事、定倾。尤其范蠡讲的财富如水一样，具有"反噬"作用，因此提出了一套"散财论"，将子贡的"以仁成之"，改为"以仁散之"，一字之差，却将商业之道的最高境界，一下子豁然贯通。

有人说，子贡离开定陶，是因为在商业上被范蠡击败。其实，我们宁愿相信，子贡是主动避让，以成全范蠡，体现了虚怀若谷的君子之风。子贡和范蠡，一个是儒商之祖，一个是道商之祖，他们后来合称"陶朱事业，端木生涯"，同为后世所敬仰！

一转眼，子贡在定陶授徒讲学，已经3年了。3年之中，拜在子贡门下学习"商学"的，不计其数。

3年中，定陶的商业亦大为发展。因为这里的商风纯正，依靠一个"信"字声名远播，很多地方的商人都专程赶来这里，一方面是跟子贡学习商业之道，一方面是依靠这里的市场获利。

然而，子贡又毕竟不是老师孔子，是个纯粹以教书育人为至乐的圣人。子贡自己也不喜欢在一个地方长久地待下去。他年轻的时候跟随孔子周游列国，如今过了天命之年，忽然又起了去天下走一走、看一看的念头。

于是，3年一满，子贡立即宣布关闭了讲坛，让自己的弟子们各自去从事商业经营的实践。

子贡自己呢，只选择了几个年富力强、聪明好学的弟子，作为自己的随从，一起驾车行走列国。

他首先回到了齐国的临淄。阿炅这3年在这里，同样经营得不错，生意上做得顺风顺水，已经能独当一面。不但如此，他还将灵儿接来，小夫妻很快有了一个爱情的结晶，为端木家又添了一个男孩。

子贡在临淄并没有过多停留，尤其没有惊动陈恒。毕竟他知道的陈恒机密之事太多，如果他长久地在临淄逗留，陈恒一定会不放心，最起码会感觉到他是一个威胁。因此子贡立即选择了离开。

离开齐国后，子贡又回了一趟鲁国。在老师孔子墓前，子贡仔细地清理杂草，和老师絮絮叨叨，谈论自己这几年来授徒讲学的事情。他知道老师一直担心自己会抛弃甚至荒废学业，如今，听说自己在商业之道上自创一门学问，一定会很高兴吧？只可惜听不到老师对他的指点了！

在即将离开老师墓的时候，子贡忽然听说，自己原来的一个师弟叫做原宪的，现在就住在附近。当年，和子贡先后拜入孔子门下，年龄相仿的，原宪算得上是一个，和子贡也很谈得来。

于是，子贡立即带领众弟子，驾着马车赶过去。却不料，原宪居住的地方，是在一条弯弯曲曲的小巷子里，车子勉强能行，一路上尘土飞扬。小巷子的尽头是一个柴扉搭起来的门户，两间小草屋子歪歪斜斜，似乎就要倒闭，不像有人居住的样子，子贡还以为自己走错地方了。

可是，就在这时候，却从里面传出"叮咚"的琴声。子贡一听那琴声，就知道是原宪住在这里了。

"请问，里面可是子思在弹琴？"他喊着原宪的名字，因为即将和故人相见而难掩欢悦之意。

"谁呀？"里面那人却懒洋洋地答应一声，琴声停了半晌，才从里面走出来一个人。瞧他的样子，蓬首垢面，穿着一件补丁摞补丁的上衣，下面的裤子一条腿长，一条腿短；脚上虽然穿了一双草鞋，却也和光着差不多；他的手上挂着一根拐杖，常常的头发垂下来，和胡须连作一团。

这个人一出来，子贡简直认不出他是谁，"请问你是……？"

"怎么，端木师兄富人眼高，不认识我了？"那人冷冷一笑，"既然如此，你又来做什么？"

听他的口音，才知道他正是原宪。子贡连忙上去拉住他的胳膊："子思，对不起，我一下子还真没有认出你来。怎么……几年不见，何以成了这个样子？哎呀，你是不是生病了？"

"生病？"原宪将散乱的头发撩到两边，露出一双深凹进去的眼睛，里面射出来尖锐的光芒，刺向子贡，"我听说，一个人没有钱，这叫做'贫'，一个人掌握了学问，而不能去加以实践，这叫做'病'。我这个样子，无非是因为没有钱而贫困罢了，怎么能说我生'病'了呢？"

不愧是孔门弟子，这几句话一说出口，令子贡和身后众弟子都是脸上一红。不过，子贡是什么人，如何会去跟自己的同门计较？于是立即哈哈一笑："对呀，这才是我认识的子思嘛！"

当下，子贡和众人跟随在原宪后面，进入院子。由于里面屋子小，没有地方，众人就在院子里席地而坐。

子贡首先问原宪："子思，这几年来，难道你就一直是这么过来的吗？"

"有什么不可以吗？"原宪的神态依旧骄傲。"端木师兄你选择周游天下，结交君主和卿大夫,教导他们如何为自身谋取利益,这样的选择,是你的自由;而我的自由却和你不同。在我看来,这个天下纷纷扰扰,根本没有值得留恋的地方。整个世界都是荒芜的,肮脏的,所以我只能退而清洁自己的内心。我有薄田,足为丝麻;我有琴弦,足可自娱。我还记得老师称赞过颜回师兄,说他'一箪食,一瓢饮',而不改其乐。我不过是像颜回师兄一样,贫而乐道罢了!"

"好呀!老师曾经说过,'饭蔬食,饮水,曲肱而枕之,乐亦在其中矣'!吃着粗茶淡饭,喝着凉水,以胳膊当做枕头,一样可以逍遥自在。看来,子思你所继承的,正是老师的'乐道'啊!"

从原宪处告辞出来,子贡对众弟子道:"你们看到了吗?这叫做知足常乐,人之所贵,无非自知自足而已!"

他叹道:

养志者忘形,

养形者忘利,

致道者忘心。

"看来,我想要最终达到老师所说的'仁'的境界,还真不是一件容易的事情,需要多努力呀!"

离开鲁国以后,子贡又带领众弟子回到卫国。这时候,子贡的父母妻子俱已不在,不过端木家族依旧人丁兴旺,繁荣昌盛。子贡去父母坟墓上磕头拜祭,又给夫人勾氏的坟墓上添土烧纸,唠唠叨叨,说了一些心里话。

休整一宿,然后,第二天一早,子贡独自一人,去拜祭外公蘧伯玉。

蘧伯玉的墓地上草木葱郁,从这里的情形也可以看出:生前喧嚣,死后凄凉,大抵为人生常态!

子贡对于外公蘧伯玉的感情,简直难以表达。在这个世界上,外公是第一至亲之人,其次才是老师孔子,再次,才是父母、妻子、儿女、亲朋。蘧伯玉是子贡的长辈、老师,也是朋友。

子贡一个人在外公的墓前坐下来,一边动手清理杂草,铲除荆棘,一边倾吐对外公的思念之情。

"外公，我回来看望您了！您知道吗？我这些年比以前更加想念您，也更加感激您教给我的一切。"

"外公，我也已经是50而知天命的年龄了，但我总觉得还是那个在您面前调皮捣蛋的小孩子，我经常在梦里回来，还是从前的样子，一次次推开您的家门，您总在笑盈盈地迎接我。"

"外公，您知道吗？我最感激您的，就是您推荐我去拜在仲尼先生门下。我这一生能有今日成就，全都是拜我的老师所赐，自然，也是赖您的指点，是您帮我推开了另一个更为辽阔世界的大门。"

"外公，我这些年走过的地方越多，见过的人和事越多，我就越思念您。您总给我讲，觉得自己这个地方不对，那个地方不对，总有那么多不完美的地方，可是，我现在才明白，您是世界上最完美的君子。您和仲尼先生一样，都是上天赐给这个世界的不可多得的天纵之圣。您总以自己的理想抱负不能充分施展，不能为百姓谋取福利而自责，我倒觉得，您做得已经足够多了。不要说这个世界上像您和仲尼先生这样的君子并不多，即使再多几个，也无济于事。"

"因为，整个天下的风气已经坏掉了，人心已经不再像原来那么纯朴、简单。人心的混乱和贪欲的膨胀，是任何人都没有办法改变的。除非老天能降下惩罚，以作警戒，可是上天会这么做吗？"

"世道已经如此，所以也没有什么好悲伤的。我的老师一生从'义'入手，结果却并不尽如人意。"

"我和我的老师不同。外公，我始终记着您告诉我的话。我不敢说自己终于参悟了商业之道，但我的确从'利'入手，走上了一条和我老师完全不同的道路。'义'和'利'，殊途同归，最后都会抵达'仁'的境界。虽然我不敢自我吹嘘说，能够达到老师那样的境界，但我肯定，我所选择的这条道路是没有错的。外公，我相信您一定也同意我的判断吧？您一直支持我的！"

"外公，我不知道，自己还有多少的世寿，但我总会有一天，会回到这里来陪伴您的。外公，到那时候，我就不再离开您了，我将永远和您在一起，外公，您等着我，我一定会回来的！"

子贡说着，哭着，泪水滂沱。他哭得那么情难自禁，仿佛又回到了几十年前的孩童岁月……

结束了在自己国家卫国的逗留，子贡继续带领学生，前往晋国、秦国等，观察山川地理，风土人情。

尤其在秦国，子贡观察到这个地方，依旧保持着朴素的民风，人与人之间依旧崇尚"义"而不崇尚"利"，不由地大为感叹："将来要匡扶和拯救整个天下的，无非还是秦人啊！"

从秦国离开，子贡又去了楚国、吴国和越国游历。吴国这时候已经被越国所灭，越王勾践取代吴王夫差，成为称霸诸侯的一代新霸主。曾经听闻子贡到来，郊迎30里的勾践，如今听说子贡来到，也不过是在雄伟的殿堂上，对子贡微微点一点头而已。这个勾践已经不是那个勾践了。

子贡倒并不期望勾践如何感谢自己。毕竟勾践的这番事业是他自己卧薪尝胆创出来的，子贡并未参与其中。如果子贡为其创造了机会，那也不是为了越国，而是为了救鲁国。因此，子贡心中并无埋怨之意。倒是听说勾践的两位患难与共的大臣，一个是范蠡，一个是文种，都没有什么好结果。范蠡在灭吴以后，急流勇退，迅速选择了离开，这算是明智的；至于文种，贪恋功名富贵，不相信勾践是那种无情无义的君主，结果被勾践找了个理由，将他赐死了。

　　　　飞鸟尽，

　　　　良弓藏；

　　　　狡兔死，

　　　　走狗烹。

据说，这是吴王夫差曾经说给范蠡的话，范蠡又告诉文种，只可惜文种不听，最后落得凄惨而死。

而范蠡因为先一步离开，反而引得勾践思念不已，在自己的王位边上塑了一个铜像，每日相见。

子贡和范蠡，在以前并没有见过面。不过现在，子贡倒觉得，他很想见一见这个智慧过人的范蠡了。

只可惜，没有人知道范蠡去了哪里，甚至有传说，他在灭吴以后，携带吴王之妃西施、他昔日的情人，二人一起泛舟五湖，不知所踪。不过这也只是传说，毕竟没有人亲眼见到他们。

子贡叹息着，和众弟子一道离开越国，从越国北上，一路向定陶进发。

而这一趟列国之行，距离他从定陶出发，又过去了3年。

3年，定陶依旧繁华喧嚣：城门之下，车水马龙，各个国家的商人，各种各样的商品，如潮水般涌来。

子贡一回到自己府上，很快，众弟子就赶来问候，各自汇报这3年来的经商成就，所思所悟。

一切都和子贡预料的一样。众弟子经过商业实践，在商业之学上的学问进境，无不是一日千里。但也有一个令子贡想不到的消息：所有的弟子都提到一个人，他自称"陶朱公"，是一个异常强劲的竞争对手。

"陶朱公？"

子贡从来没有听说过这个名字，也不知道对方是怎样的一个人。"你们说说，他是如何经商的？"

"是！"

于是，众弟子将自己所遭遇到的"陶朱公"一讲，此人果然经营有方，生财有道，更重要的是，此人善于在市场竞争中使用谋略，而且对市场行情的预测异常准确，经常在这一年，就已经预知了下一年的市场情况，从而早作准备，一旦出现了商机，就毫不犹豫地出手，大赚一笔。

更令人称奇的是，"陶朱公"并不将这些赚来的钱用于个人挥霍。相反，他的生活异常俭朴，从他的吃穿用度上，根本看不出来他是一个大商人。他为人低调，行事神秘，却因为经常救济穷苦之人，而深得百姓拥戴。以前人们经常口称"端木公"是他们的大恩人，如今却变成了"陶朱公"。子贡的弟子中有不服气的，上门去和"陶朱公"辩论，却无不灰头土脸，大败而归。

"哦？"

子贡一听，这个"陶朱公"竟然是如此莫测高深的一个人，顿时来了兴趣。

他暗想:"莫非此人是一位隐士?和我与老师周游列国,所见到的那些隐士一样?我倒要亲自去会一会此人!"

子贡争强好胜,这个毛病,孔子曾经批评过他很多次,可是子贡却始终改不了。不过他最大的优点,就是如果真正遇到比自己有学问的人,就会心悦诚服地赞赏对方,以对方为师。可是,当今之世,能够在学问之道上令子贡折服,能够有资格担当得起子贡老师的,又有几人?

第二天,子贡迫不及待,在几个弟子的引领下,来到了这位"陶朱公"的府上。这位"陶朱公"在定陶城外,购买了上千亩的山林,背山面水,将畜牧和水殖结合在一起,是一位实业家。

听说子贡来访,"陶朱公"不敢怠慢,亲自出来迎接。二人一见面,就互相打量起对方来。

子贡眼中所见的这位"陶朱公",衣着平常,头发微微有些花白,不过身材高大,腰背挺得笔直。子贡看人,先看人的眼睛。然而目光对接,却从对方的目光里,看不到任何的锋芒。那种淡泊,那种内敛,仿佛大海一样深不可测。只有经历过人生的大风大浪,才能如此淡定!

而这位"陶朱公",显然也对子贡大感兴趣。他显然早听说过子贡的大名,对子贡的所作所为,耳熟能详。

"哎呀,原来这位就是大名鼎鼎的端木公!"他上来热情洋溢地打着招呼,"早听说端木公乃孔门第一高士,不但精通礼、乐,更兼自创了一套'商业之学',盖世无双,今日登门,必有教我。"

"哪里,哪里,"子贡也谦逊道,"谈不上什么创造,不过多年货殖经营,有所感悟而已。"

当下,进门之后,在厅堂之上,分宾主坐定。子贡和众弟子这边,人才荟萃,济济一堂;对面的"陶朱公",却只有一个人,看上去有些孤单。不过他似乎并不在乎这些,恭恭敬敬地请教:

"请问端木公,您所创造的'商业之学',究竟是什么?"

"很简单,就是五个字而已:'信、义、智、礼、仁'。"子贡于是将自己的"商业之学"的内容，又简单讲了一遍。

"嗯，不错，商以信立，以义取，以智识，以礼约，以仁成，讲得实在太好了！""陶朱公"频频点头。

"那么，先生又有何高论？"子贡反问。

"哦，我的商业之道，和端木公的学问不同。勉强说出来，请端木公指点。""陶朱公"不像子贡那么口若悬河，滔滔不绝，而是平心静气，不慌不忙地讲出来一套道理：

"和端木公将商分为'信、义、智、礼、仁'不同，我所认为的商，是从另外一个角度去定义的。"

"这个定义，可以归结为三个字：天、地、人。"

"哦？"

"天，创生万物，无欲无求。我听说，'天道盈而不溢，盛而不骄，劳而不矜其功'，不溢、不骄、不矜，这是天道的基本规律。"

"不溢，就是永远保持在不满盈的状态。这一点端木公跟随孔夫子身边多年，当知道孔夫子曾经推崇一种'敧器'，当里面的水少的时候，它是倾斜的；当里面的水多的时候，它也是倾斜的；只有当水不多不少，保持平衡的时候，它才是端正的。对吧？"

"对。"

"所以，这就是天道给我们的第一个启示：要永远保持在一种不满溢的状态，处于亏损的状态，商业经营将难以为继；但如果处于满溢的状态，过多地积蓄，就变成了掠夺社会上的财富，就会遭到'反噬'。"

"'反噬'？"

"不错。为什么我们见到有那么多的人痛恨商人，一提起商人来就咬牙切齿，斥为'奸商'，就因为他们不懂得，天下财宝，如水一样流动，不能只停留在一个地方。如果水积蓄多了，必然会冲垮堤坝。到时候，就是想采取挽回的措施，也来不及了。我把这叫做'反噬'。"

"说得好！"

"不骄,是告诫人们,永远都不要把自己一时的成就当做多么了不起。没有人可以单独去做成一件事情,在你的成功的背后,一定有很多的人为你劳动,为你付出,甚至连上天都在暗中眷顾,赐予你机会。如果你不懂得这些,被愚蠢和自负遮蔽了双眼,那么败亡是迟早的事情。"

"对。"

"不矜,就是不贪功。天创造了万物,却并没有因此而去表白自己是多么有功劳。同样,即使我们通过自己的劳动,做成了一些事情,创造了一些财富,那也不值得炫耀什么,要永远使自己像天一样,保持一种虚空的状态,只有这样才会源源不断产生新的催动的力量,生生不已。"

"讲得太好了!"

"下面我再讲一讲地。"

"如果说,是天创造和催生了万物,赋予了万物以生生不息的力量,那么地就是这万物的容器,是这万物的养育者。地,承载山川河流,草木五谷,给它们提供生长所需要的一切条件。不管是美好的事物,还是丑陋的事物,在它那里都没有任何的好恶,没有任何的偏倚,这叫做'德'。"

"地之德,如果用一个字来概括,可以称为'节'。天道持盈,损有余以补不足,使得天下万物,永远保持在一个平衡而不满溢的状态,这是天的伟大;地德节事,如同水流一样,水是天下最公正、最无私的。水永远从高处流向低处,甘于居住天下最低的地方,而没有任何怨言。水,没有自己固定的形态,可以为涓涓细流,也可以为滔滔江河,可以滋润禾苗,也可以摧毁山谷。水并不坚持什么,并不表白什么,然而却让天下万物都能得到它所提供的'利'。"

"所以说,商之道,即是天道;商之德,即是地德,也可以叫做水德。士农工商,皆秉此德,天下就太平了!"

"下面我再说一说人。"

"人,是天和地共同作用,孕育而成的生命,是天下万物的主宰。人,能根据天时,知道如何采取行动,也知道根据地德,如何使用自己的能力。人,懂得趋利,也懂得避害,这叫做'定'。"

"如何来做到'定'？就需要对天下事物发展，有一个明确而清晰的预测，可以在事情刚发生的时候，看出它最后的结局。也就是说，我们在秋天粮食丰收的时候，要想到来年春天的饥荒；在冬天干旱寒冷的时候，要想到第二年夏天的洪水肆虐，从而修筑堤坝，开挖沟渠，以作准备。"

"具体到商业经营上来说，这就叫做'积贮'。怎么去做呢？当市场出现低迷的时候，就低价、大量吃进货物；当市场高涨的时候，就高价、迅速地抛出货物。因为物价贵到极点，就会返于贱；当贱到极点的时候，就会返于贵，所以说，要做到贵到极点时，货物全部卖出去，视同粪土；当贱到极点时，要及时购进，当做珠宝一样不要被竞争对手抢去，这叫'物极必反'……"

"陶朱公"还在继续阐述他的关于"天地人"的商业之道，可是子贡却已经听不到了。子贡的头脑中，正在浮现出当日老师给他讲过的，去见老子的一幕：当时，孔子已经博学多识，可是，在老子面前，孔子却发现自己的那一套学问，和对方根本没法比，因此感叹老子"犹龙"也！

如今，子贡的感觉，这个"陶朱公"也好像"龙"一样，见首不见尾，可是，子贡又坚信，这么一个才智非凡的当世贤才，一定不会是无名之辈！"陶朱公"一定不是他的真名，那么，他会是谁呢？

这天，论道结束后，时候不早，"陶朱公"早吩咐准备了酒席，并且在酒席上，将自己的两个儿子叫出来，与子贡相见。

这两个儿子姓范，却并不姓"陶"。正是从这一个"范"字上，子贡忽然领悟了什么。

"哎呀，原来你就是……"

"嘘——"

"陶朱公"却止住了他，等众人酒酣之际，"陶朱公"悄悄地将子贡唤离席上，进了里面的密室。

"哈，我道'陶朱公'究竟是何方大贤？原来却是那个帮助勾践灭了吴国、功成身退的范大将军！"

子贡一进入密室，立即揭穿了"陶朱公"就是范蠡的秘密。范蠡笑着承认，上前给子贡深施一礼：

"在下所以不用真名示人，实在有难言之隐，请端木公见谅！"

"当然，我能理解。"子贡道，"我不久前刚去过会稽，见过勾践，他可是对你思念得紧哪！"

"是思念得紧，还是不放心得紧？"范蠡苦苦一笑，"我如果迟走一步，只怕就和文种兄一样的下场！"

"文种先生的墓前，我也去拜祭过了。"子贡安慰道，"当地的百姓，给他立了庙，足见敬重之情！"

二人互相叹息一番。子贡忽然又好奇地问道："对了，范先生既然已经隐迹货殖，为什么又起这么一个名字呢？"

"你是指'陶朱公'三个字？端木公不妨猜一猜！"

"嗯，让我想一想。"子贡微一沉思，有了答案。"陶朱，'逃诛'之意也！先生是指自己逃过勾践之诛吗？"

"不止是勾践，还有另外一个人，也要追杀我呢！"范蠡苦苦一笑，"我从越国离开后，先去了临淄，化名鸱夷子皮。不料，因为身份泄露，而被陈恒强迫，去做了他府上之宾。偏偏又被齐侯邀请，要我施展计谋，削除陈氏。我好容易从一个大火坑里跳出来，又怎么肯再入另一个火坑？因此，我放弃了在齐国创立的基业，从那里逃到这里来，起了这么一个奇怪的名字。"

"陈恒？"子贡一听，也不由地摇了摇头，"这个人的野心还真不小。看来姜氏离中断不远了。"

"岂止一个陈恒？当今天下，像他这样怀有野心的人多了去了。小人得志，君子避道。我正是因为厌倦了这种你争我夺的生活，所以才离开了勾践，选择投身隐迹于商业，以利济世，安度残生。"范蠡道，"说起来，我倒真的佩服你的老师孔夫子，明知道这个天下混乱不堪，不可拯救，却还是要去奔走呼号，明知不可为而为之。圣人之心，悲天悯人，实在令人佩服啊！"

"很惭愧，我虽然跟随老师多年，却最终无法做到像老师一样，去投入那么巨大的热情，来拯救这个天下。我所能做的，只是以'利'来引导人们，教人们用'义'来克制永无休止的贪婪欲望而已。"子贡想起老师,也不由发出慨叹,"像老师那样的圣人,大概不会有第二个了。"

二人谈论着,一直到深夜,子贡才和范蠡恋恋不舍地作别,带领众弟子离去。临行,他答应范蠡,一定替范蠡保守秘密。

经过这次和范蠡的交谈,子贡回来后,一直在思考一个问题:自己还有没有必要,继续在定陶待下去?

虽然说,定陶有今日的这番局面,子贡的开拓之功,不可抹杀,而且他在这里,传授了那么多弟子,如果他要坚持在这里立足,发展下去,范蠡也不会和他争风头,顶多为了避开他,而选择离开定陶而已。可是,范蠡从越国逃到齐国的临淄,又从临淄逃到定陶,几次三番,改名换姓,已经够不容易了,难道还要再逼迫他继续逃亡下去吗?子贡想一想都觉得不忍。

于是,子贡终于做出了一个决定:主动选择离开定陶,回齐国的临淄去。虽然那里是陈恒的天下,在那里他对陈恒始终是一个威胁。但毕竟他对陈恒有恩,陈恒不会对他当真下手的。再说,子贡从和范蠡的一番交谈里,也明白了一个道理:天道戒盈,不可过满。如果说此前子贡的一生,一直都在永不停息地进取,那么,从任何一个角度来讲,他都已经达到自己人生的辉煌顶点。从今以后,他该学习范蠡那样,收敛锋芒,去过一些安静淡泊的日子了。也许,和颜回师兄、原宪师弟一样,他也能从向内心深处探索的过程中,领悟老师的"乐道"呢!

第20章

子贡卒齐

子贡在齐终老。没有可以确定的记载，说明他是在哪一年去世的。

子贡晚年在齐，似乎并没有做出太大的事业，至少历史上不见有轰轰烈烈的记载。

作为子孙满堂的子贡来说，亲自去经商已经不可能，那么只有一个解释：他在潜心研究商业之道。

他一定久久地把玩《易经》，参悟老师所留下的《春秋》。子贡是幸福的，他有孔子这么一个伟大的导师，留下这么丰厚的一笔文化遗产。

子贡不为人知，说明他已经达到了老师所期许的"仁"的境界，他的一生可谓圆满。

子贡去后，他的孙子端木叔将万贯家产都分给了百姓。所谓"富不过三代"，这也许令今天的人们难以理解。其实，将巨额的财富留给子女都是耻辱，更不要说孙辈了。作为一个商人，在你这一生中，创造巨大的财富是你的荣耀；将这笔财富用于社会事业，用于救济天下，让尽可能多的人从你的创造中获益，你才配得上你的"天命"。从这个意义上讲，子贡比起"三散千金"的范蠡，毕竟还是逊色了一点。

多年以后的一个冬夜，一场纷纷扬扬的大雪从齐国临淄的天空悄然飘落。这是新年的第一场雪。

子贡已经老了。

尽管屋子里炭火熊熊，子贡还是能感觉到那彻骨的寒意从窗缝里、门底下，从墙壁外透进来。他不由得裹紧了披在身上的棉被。已经多少个夜晚了，他这么拥被而坐，注视着寂静而漆黑的窗外。

他在想什么？

他想的一定很多很多，想自己在卫国度过的少年岁月，想自己弱冠经商，行走列国。他还会想起外公蘧伯玉的谆谆教导，鼓励他要做一个君子。

但他想得最多的，一定是关于老师孔子，那些和孔子在一起的日日夜夜，尤其那些颠沛流离的日子，在一个又一个陌生的国家之间狼狈奔走，几次遭遇生命危险，甚至连老师都被讥笑为"丧家之犬"。可是，就是那一段艰难岁月，现在想来却最令人难忘，最令子贡怀念不已。

因为那段时间，也正是孔子和弟子们一起同心协力，对抗命运的经历。面对命运之神的戏弄，孔子和弟子们一样，不肯屈服。他们鼓起了全部的勇气，甚至不惜牺牲自己的性命，来捍卫虚无缥缈的"道"。那是他们坚守的最至高无上的理想，也是他们认为值得付出一切去实现的"梦"。

是的，仿佛所有的人都在梦中，他们那么地尊崇孔子，那么地信奉他说的每一句话、每一个字。他们对孔子只有服从，而没有任何的怀疑。对那些年轻人来说，有这么一段弥足宝贵的人生经历，将对他们以后各自的人生发展起到决定性的作用。他们终将会发现，在这个世界上，值得你全身心去付出，去为之奋斗奉献，值得你放弃全部的疑惑、全部的迷思，而无条件去相信、服从的东西并不多。能遇到孔子，并且跟随他一起有过那样的经历，不管是幸与不幸，都是他们一生中最惊天动地的事件。毕竟，孔子只有一个，而孔子的弟子却可以有无数个。

孔子是独一无二的。这些年，子贡越接近自己的生命终点，越坚定不移地相信：孔子就是上天派下来拯救这个世界的那个人。仔细回想孔子的一生，73年的人间岁月，似乎除了51岁出仕，到55岁离开鲁国，这段时间实行了轰轰烈烈的"堕三都"政治改革，孔子的人生中，并没有什么特点的亮点。周游列国14年，不被一个国家的君主所接受，基本上是一事无成。唯一值得欣慰的是他收了大量的弟子，培养出如颜回、子路、子贡、冉有、宰予这样杰出的弟子10人，加上其他有特长的72人，再就是上千个亲传或者再传弟子，号称3000。

这3000个弟子，虽然不见得人人都称得上人才，但这么多人集中在同一人门下，学习同一门技艺——儒，不管在当时，还是还后来很长一段时间，都是非常轰动的事情。孔子因此而成为传奇和不朽。

也许，没有人真正了解孔子的深邃思想。孔子晚年经常发出感叹，感叹自己孤独，被上天抛弃。

子贡一直不理解，老师为什么会那么敬畏"天"，那么把天摆在高高在上的位置？子贡就不以为然。他常常觉得，与其相信一个看不见、摸不着的虚无缥缈的上天，还不如相信自己的理智和判断，相信自己的头脑和眼光。子贡对市场的敏锐观察，对行情涨跌的准确判断，被孔子赞叹为"亿则屡中"，很多同门师兄弟都感叹他"运气好"，有上天在"保佑"，子贡从不这么想。

可是，等子贡真的和孔子一样，来到人生的晚年，当这场人生的华丽旅行已经可以看到终点，子贡才发现，"天"在你刚出生的时候，就已经给你预先铺设了这么一条道路，你可能在人生的中途流连风景，止步不行；也可能一时兴起，误入了另外的岔路。但归根到底，你还是要回到自己的人生轨迹上来，并且抵达终点。那种决定一切的力量从来都存在，只不过时隐时现。

每个人的一生，只能由他自己来度过，无论你遗憾也好，欣慰也罢，你都无法重新从头来过。

所以，你才会诅咒或者感谢上天。诅咒者，诅咒上天给了你这噩梦一样无法摆脱的命运；感恩者，感谢上天赐给你这么一段风景如画、妙不可言的人生旅程。除了接受，一切都无从选择。

孔子最后明白了这一点，所以在晚年倾注心血，编写了一部《春秋》，交给子贡作为传世之作。

子贡没有辜负老师的心愿，他最终顺利地将这部书刻了出来，在列国间传阅。

子贡在最近几年，每天都在读老师的著作，然而《春秋》中的深邃思想，有时候他也琢磨不透。

"如果颜回师兄还在就好了。"他常常这么想，"如果说这个世界上还有一个人能了解老师的思想，那么这个人就是颜回。"

可惜的是，颜回在老师之前就先一步去世了。是上天故意这么安排，还是命运本来就这么残酷？

颜回之死，带走了孔子亲眼看到自己的"道"在这个世界上传播的最后的，也是唯一的希望。

还有子路。子路在学问上令孔子失望，但子路在情感上又是孔子最大的寄托，是孔子苦难人生里的最大慰藉。

孔子曾经这么感叹："道不行，乘桴浮于海。从我者，其由与？"孔子想找个小木筏漂流出海，认为唯一可以陪伴自己的人就是子路。

然而子路也先一步离去了，死在卫国之乱的毫无意义的争斗中。子路却认为自己是"君子之死"。

事业因为颜回的死去而夭折，生活因为子路的死去而无趣，那么孔子还能留恋什么呢？他只能嘱咐子贡，在自己死后，承担起照顾众孔门弟子的责任，不要使"仁道"的传播因此而中断。

子贡还记得孔子最后离世前，在院子门口倚门而望，悲伤地唱着歌谣的情形：

> 泰山其颓乎？
> 梁木其坏乎？
> 哲人其萎乎？

在孔子眼中，泰山是赖以支撑天地不坠的擎天柱，他将自己比作泰山，认为自己死后，世道人心，不可挽回。

那时候，子贡还曾经试图劝慰老师，可是他今天面临相同的心境，才知道人之将死，其言也哀。

还有什么可说的呢？即使说了又有什么用呢？不管还有多少心愿，多少未竟的事业，你都不得不放下了。

面对这个你爱过也恨过，给过你欢乐也给过你痛苦的世界，你能怎样呢？也许只有那些避世隐居的贤者，才能逍遥而豁达地面对这个生命的结局，因为对他们来说，死是归人，而生是过客。

子贡还记得，自己曾经和老师一道，在一处田野的垄间行走的时候，碰到一个百岁老者。那位老者，在暮春时节，还穿着破烂的棉袄，在麦田里行走，捡拾麦穗。也许他已经丧失了劳动能力，只能靠这些别人丢弃的麦穗过活吧！可是他不但不为自己哀伤，反而看上去非常快乐，一边捡拾麦穗，一边口中高声作歌，那神态旁若无人，逍遥之极。

孔子看见这位老者，就叫子贡上去和他谈话，"这位老叟一定会给你很多启发，你去和他请教一番吧！"

"是！"

于是子贡恭恭敬敬地走上去，给老者施礼，然后问道："请问老人家，您在这里做什么？"

老人看了他一眼，有些不满自己被他打扰了兴致，不过还是回答他："你这小子，没看到我在拾穗、作歌？"

"请问老人家，您今年高寿？"

"99。"

年龄过百岁的老人，没有说自己超过100岁的，不管什么人询问，都称自己是99岁，这是当地风俗。

"老人家没有妻子吗？"

"没有。"

"没有儿女吗？"

"没有。"

"那么，您不后悔吗？"

"后悔什么？"

"年少的时候，不注重学习；年岁稍长，不懂得抓住机会，创立事业；到了老了以后，孤苦无依。如今即将走到人生的终点，却还要一个人流落在山野里，依靠捡拾麦穗而过活，您不后悔吗？"

"哈哈！"老者听了他的问题，忽然放声大笑起来，笑声爽朗而洪亮，在空旷的田野里传出去很远。

"小子，让我来告诉你。"他大声道，"正因为我年少时候不学习，稍长时不去追名逐利，无妻无子，因此才能不受任何的连累，我才能活到今天这把年纪。虽然我快要死了，可是想到这一点，我就忍不住想放声高歌。"

"为何？"子贡更加不理解了，"寿，是人人都向往的；死，是人人都厌恶的，老人家何以以死为乐？"

"普通的人，一听到要死了就吓得不行，那是因为他们不懂得，死，其实和生一往一返，是连接在一起的，犹如一条棍子的两端。你从这一端抵达另一端，又从另一端返回来。在此死，在彼生，生生死死，永无休止。又何必为了这一时的转化，而徒然产生烦恼呢？小子，你说呢？"

子贡哑口无言。他在孔子那里所学的各种辩论技巧，至此全然派不上用场。只能看老人大笑而去。

回到孔子身边，将老人的话一讲，孔子也不由感叹说："我知道他是个隐者，却不料他如此精通自然之道啊！"

如今，子贡在病榻之上，再想起当年老者的话，思索他讲的一生一死，往返之道，仍然惊叹他对生死参悟得那么透。也许，人到了晚年的时候，都会看淡生死，和年轻人的心境截然不同吧！

子贡这么思绪滚滚，不觉又是一夜未眠。天刚放亮，门就被推开，儿子阿炅来给他问候行礼了。

端木炅也已经是人到中年，身材发福，一张脸上写满了舒适与安逸。他这些年一直在临淄经营，端木字号的商铺，已经开了数十家，甚至他自己也开始授徒讲课，成为亦商亦师的一代名家。

可是，在父亲的眼里，他还和少年时代的那个阿炅没有什么区别。子贡对这个儿子说不上十分的满意，他本来期望自己的儿子可以有更大的成就，但也知道天赋所限，他永远超不过自己了。

作为儿子，阿炅最令人称道的，是他的一颗孝心。他对父亲子贡的话从来不违逆，只要是父亲指出他的做人和做事上有什么可以改进的地方，他都立即去改进。他的谦逊和勇于改过的精神，完全和蘧伯玉夫子一样，可以想象蘧伯玉夫子当年是如何教诲他的。子贡对此也不能不叹服。

端木炅为人性情淡泊，不像父亲那样大开大合，雷厉风行。他这样的性格，似乎有些懦弱和保守了一些，但也有好处，就是能够守住事业。不急躁冒进，因此就不会在生意上犯大错误。

和端木炅相比，他的三个儿子可就大不相同了。大儿子端木伯，性情急躁，过于自负；二儿子端木仲，是个典型的纨绔子弟，只懂得挥霍享受，和一群王公贵族的子孙吃喝玩乐；唯有三儿子端木叔，聪明伶俐，喜欢读书，对于"礼乐之道"有天生的热爱。作为祖父的子贡，十分喜爱这个孙子，因此一手对其加以栽培，同时传授儒学和商学两门学问，齐头并进。

子贡行将离世，他还有最后一件事情放心不下，就是为端木家族选择一个未来的接班人。

这个接班人，在子贡的内心，可以说已有人选，就是端木叔。但端木伯和端木仲一定不会服气，因此子贡必须考虑一个周全之法。这个法子，就是让三兄弟各自施展才华，公平竞争。

这天，子贡等儿子端木炅进来，就将自己的想法告诉了儿子，"阿炅，你就说我这里有一道题目，要考他们。"

"是！"

端木炅答应一声，立即去将三个儿子叫来。端木伯和端木仲都已经过了弱冠之年，在生意上独当一面；而端木叔则只有十五六岁，一直在子贡身边学习，还没有机会到外面去接受历练。

"我这里有三块价值相同的美玉，你们各自拿一块到市面上去出售，看看谁卖的价钱最高。"

子贡将三块玉分别交给三个孙子。三人心里都明白，这道题目的胜出与否，关系到将来家业继承。

于是，长子端木伯立即率先拿着玉走了出去。他来到临淄最好的作坊，请最好的师傅，给这块玉镶嵌了黄金，又配以最精美的装饰，然后拿到市场去出售，果然卖出了一个不菲的数字。

端木仲则和大哥不同，他根本没有到市场去出手玉，而是找到了自己的狐朋狗友，假意让他们以高价买走了玉，其实那价钱都是端木仲自己出的。高得离谱的价钱，和端木家族的未来掌门人比起来，又能算得了什么呢？端木仲认为，自己这么做，一定可以稳稳赢得比赛胜利。

只有端木叔不同。他接过玉以后，首先自己端详，又到玉石店去，找同行的人了解玉的价值，最后，确定了一个大体合理的价位以后，他来到市场上，以并不怎么高的价钱，将玉脱手。

等端木叔回到家中，大哥和二哥早等在那里了。等端木叔坐定，子贡亲自当裁判，问老大端木伯：

"你卖了多少钱？"

"50金。"

子贡又问老二端木仲："那你卖了多少钱？"

"100金。"

子贡又转向端木叔："你卖了多少钱？"

"10金。"

答案都摆在那里，显而易见，若以先前的标准，端木仲是获胜一方。然而正当他洋洋得意，却听子贡宣判道：

"我出这道题目，其实要考你们的不是'商术'，而是'商德'。我一再告诫你们，商以信立，以诈败，难道你们忘记了？这3块玉，其实是再普通不过的，价值无论如何，也不超过10金。"

"啊？"

"老大将其经过装饰而卖到50金,已经是夸大了它的价值;老二不知道用什么方法,多半是花言巧语,以欺骗的方法卖到100金,那么就是在牟取暴利了!只有老三的方法是正确的。他先自己做出了判断,又去询问了同行的师傅,最后以公平的价格出售,所以,只有他答对了。"

就这样,子贡以巧妙的试题,从三个孙子中,最终选择了端木叔作为家族生意将来的继承人。

子贡的选择很难说是对是错。因为后来,正是在这个端木叔手上,为端木家族积累了巨额的财富,他最后又将这一大笔财富全部拿出来,分毫不剩地散给了众人,以至于自己身死之日,除了一块入殓的薄棺材,连件像样的衣服都没有,但为他送行的普通百姓,却堵塞街道,哭声震天。

不久之后的一个春夜,子贡悄无声息地离开了这个世界。外面一片寂静,大地回春,万物萌动……